Monique Nagel-Angermann

DAS ALTE CHINA

THEISS WISSENKOMPAKT

Inhalt

Ein Panorama der chinesischen Kultur

Anfänge

Tradition und Moderne bilden die Basis des neuen Nationalgefühls der
Chinesen, die mit Stolz auf ihre über 5000-jährige Kulturtradition
zurückblicken. Gleichwohl regieren starke Gegensätze das riesige Reich und
es fällt schwer, alle Eindrücke zu einem Bild von China zu verbinden.

■ Was ist China?

China, dieser Begriff stand lange für die Faszination des Fremden und Un-
verständlichen. Stagnation und Gleichförmigkeit hießen andere Stereoty-
pen. Inzwischen hat sich unser Bild gewandelt. Nun hört man, China sei ein
schlafender Drache, der erwacht sei. Bewunderung und Angst mischen
sich angesichts des chinesischen Wirtschaftswachstums, und konfuzianische Tugenden werden neugierig hinterfragt. Je näher man sich aber mit
China befasst, umso deutlicher kristallisiert sich die Frage heraus: Was ist
China überhaupt? Und was verbindet die Chinesen auf der ganzen Welt,
gleich ob sie in der heutigen Volksrepublik China leben oder außerhalb?
Die Antwort liegt in der Geschichte. Sie zeigt auf, wo die Wurzeln der chinesischen Kultur liegen. Dabei können wir uns an der chinesischen Geschichtsschreibung, einer der umfangreichsten der Welt, orientieren. Ihr
steter Rückbezug hält der Gegenwart einen Spiegel vor und verknüpft sie
mit der Vergangenheit. Eine solche Geschichtsschreibung wäre jedoch
kaum denkbar ohne die spezifische chinesische Schrift, ein System von
Zeichen, das besser als eine Alphabetschrift die Grenzen von Zeit und
Raum zu überwinden vermag. Die Schriftzeichen sind bis heute die augen-
fälligsten Symbole der chinesischen Identität und bilden die Basis der chinesischen Kultur.

Je näher wir uns dann aber tatsächlich mit der chinesischen Geschichte
beschäftigen, umso mehr verblassen die scheinbar klaren Konturen. Statt

Kniende Hofdame mit
Flöte in Dreifarben-
Glasur, Grabbeigabe aus
der Tang-Zeit.

der oft postulierten Kontinuität des chinesischen Kaiserreichs erkennen wir einen Wechsel zwischen Einheit und Teilung dessen, was wir heute als China verstehen. Jenseits der Kerngebiete chinesischer Besiedlung treffen wir auf ganz unterschiedliche Kulturen, die ihre Spuren hinterlassen haben. Archäologie und Geschichtswissenschaft erforschen die Peripherie und korrigieren das vereinfachte Bild von der chinesischen Geschichte und so muss für jede Zeit gesondert gefragt werden: Was ist China?

■ Wüsten, Gebirge, Ebenen und Küste

China ist mit einer Gesamtfläche von 9,6 Mio. km² heute das drittgrößte Land der Erde. Große Teile des Landes sind allerdings für die dauerhafte Besiedlung durch den Menschen ungeeignet. So sind der Westen und der äußerste Norden Chinas von ausgedehnten Wüsten, weiten Steppengebieten und hohen Gebirgen geprägt. Oasen schufen in der Geschichte die Basis für Handelswege, die diese lebensfeindlichen Regionen durchzogen. Die Steppen wurden meist von nomadischen oder halbnomadischen Volksstämmen dominiert. Im Südwesten bestimmt das Bergland von Yunnan das Leben der Menschen. Hier entspringt der Perlfluss, der sich schließlich zwischen Macau und Hongkong ins Südchinesische Meer ergießt. Entlang der Taiwanstraße erhebt sich das Südchinesische Bergland. Krankheiten, verursacht durch das subtropische Klima dieser Regionen, setzten der

Wüste in Gansu, Blick auf den Berg Mingsha bei Dunhuang.

Kolonisierung durch die Han-Bevölkerung enge Grenzen. Dadurch entstanden Rückzugsgebiete für einheimische Völkerschaften, die sich diesen widrigen Bedingungen angepasst hatten.

Die Hauptsiedlungsgebiete Chinas befinden sich in der Zentralchinesischen Tiefebene an den großen Flusssystemen. Der Huanghe und der Yangzi, der im Chinesischen Changjiang heißt, durchfließen beide das chinesische Kernland in östlicher Richtung. Der Huanghe (»Gelber Fluss«) erhielt seinen Namen aufgrund der großen Mengen an Sediment aus den Lössregionen des Nordwestens. Durch diese Fracht verlangsamt sich seine Laufgeschwindigkeit nach Osten stetig. Zudem lassen die Ablagerungen sein Flussbett ständig ansteigen, wodurch es in der Vergangenheit mehrfach zu Laufänderungen und Überflutungen kam. Seit der Frühzeit kam der Pflege der Deiche eine große Bedeutung zu. Auf der anderen Seite sind nördlich des Huanghe die Niederschlagsmengen oftmals so gering, dass der Ackerbau auf künstliche Bewässerung angewiesen ist und Dürre eine häufige Bedrohung darstellte. Im Unterlauf des Yangzi, der seinen Ursprung im tibetischen Hochland hat, dann das Sichuan-Becken durchquert und durch ehemals gewaltige Schluchten Richtung Ostchinesisches Meer fließt, ist es hingegen wärmer und feuchter. Ausreichende Niederschlagsmengen ließen schon früh mehrere Ernten pro Jahr zu. Auch ist der Yangzi über weite Strecken schiffbar und bildet mit zahlreichen kleineren Flüssen im Süden ein ausgedehntes Verkehrsnetz, das im Verlauf der Geschichte die

Die Stromschnellen am Hukou-Wasserfall. Hier an der Grenze zwischen Shaanxi und Shanxi schwillt der Gelbe Fluss durch die Aufnahme von Nebenflüssen noch einmal an, bevor er, befrachtet mit dem Sediment des Lössplateaus, seinen Weg in das Gelbe Meer sucht.

Migration immer größerer Bevölkerungsteile in den Süden Chinas lenkte. Die Küsten Chinas boten unterschiedlich gute Lebensbedingungen. An den Flussmündungen entstanden schon früh Siedlungen.

Der Gelbe Fluss – Wiege der chinesischen Hochkultur?

Lange galt der Gelbe Fluss als die Wiege der chinesischen Hochkultur. Hypothesen über die Entstehung von Hochkulturen an den großen Flusssystemen des Nil, Euphrat und Tigris sowie Berichte der traditionellen chinesischen Geschichtsschreibung über den Großen Yu, der die Fluten bändigte und somit eine Zivilisation ermöglichte, prägten diese Sichtweise. Frühe archäologische Funde der Yangshao-Kultur aus dem Bereich des

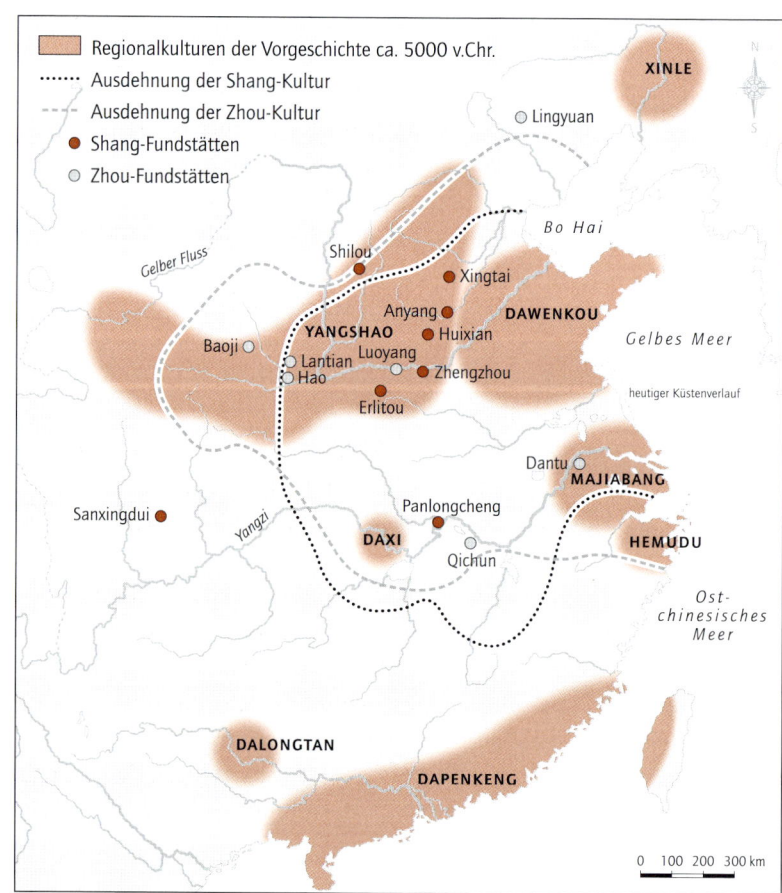

Verbreitung neolithischer Regionalkulturen ca. 5000 v. Chr. und Ausdehnung der Kultur der Shang (trad. 16. Jh. v. Chr.– ca. 1045 v. Chr.) und der Zhou (ca. 1045 v. Chr.–221 v. Chr.).

Gelben Flusses sowie Berichte über die legendäre Xia-Herrschaft und Siedlungsspuren der Shang-Dynastie wiesen ebenfalls in dieses Gebiet.

Die jüngere Archäologie revidierte dieses Bild mithilfe von Arte-
fakten anderer früher Regionalkulturen außerhalb des Gebiets
des Gelben Flusses. Sowohl im Norden wie auch im Süden vollzog
sich vor ca. 10 000 Jahren der Übergang von der Jagd zum Ackerbau.
Ab dem 5. Jahrtausend v. Chr. zeigen Regionalkulturen aus dem
Norden Chinas und besonders auch aus dem Bereich des
Yangzi sowie aus dem Südwesten und Süden bereits eine
erstaunliche Vielfalt früher Ackerbaugemeinschaf-
ten. Damals konnte im Nordosten in heute sehr
trockenen Gebieten von Siedlern der Xinle-Kultur
noch Hirse angebaut werden. Auch domestizierten
sie bereits Rinder und Schafe. Die Dawenkou-Kultur
im Nordosten der Region um Shandong gehörte auch zu
den Hirsebauern. Die Siedler besaßen schon eine differenzierte Grabkultur. Aufsehenerregend waren die Funde am Unterlauf des Yangzi und im Gebiet der heutigen Provinz Zhejiang.
Dort lebten die Menschen der Majiabang und Hemudu-Kultur bereits
vom Reisanbau. Sie hatten Lotus und Wasserkastanien als Nutzpflanzen erkannt und hielten Hunde, Schweine und Wasserbüffel. Der Fischfang
spielte ebenso eine große Rolle. Ihre Siedlungen standen auf Pfahlkon-
struktionen an Fluss- und Seeufern. Am Mittellauf des Yangzi wurde die
reisanbauende Daxi-Kultur nachgewiesen, deren Dörfer z. T. bereits schon
durch Walle gegen potentielle Feinde gesichert waren. Ganz im Süden er-
strecken sich Funde der Dapengkeng-Kultur auf beiden Seiten der Taiwanstraße bis nach Vietnam. Ihre Wirtschaft beruhte auf Ackerbau, Jagd und
Fischfang. In der Forschung wird diskutiert, ob hier vielleicht ursprünglich Vorfahren der heute noch auf Taiwan zu findenden austronesischen
Bevölkerungsgruppen beheimatet waren.

Statt von einer am Gelben Fluss entstandenen Hochkultur auszugehen,
die sich dann über China verbreitete, so wie es die traditionelle Geschichtsschreibung vorgibt, scheint es somit eine lange Phase der Interaktion
verschiedener Regionalkulturen gegeben zu haben, bis sich mehrere
Megakulturen herausbildeten. Sie bestanden nebeneinander, bis China
tatsächlich 221 v. Chr. unter einer zentralen Herrschaft vereint wurde und
mit einem übergreifenden Standard in der Schrift und einer zentralen
Verwaltung die Basis für ein umfassendes Einheitsreich gelegt wurde, das
zum Wunschbild auch späterer Generationen wurde.

Polychrome Keramik
aus der Yangshao-
Gruppe mit anthropo-
morpher Darstellung
(um 2500 v. Chr.).

Die Geschichte des alten China

Könige und Kaiser dominieren das Bild der chinesischen Geschichte und doch sind es die vielfältigen Wechselwirkungen im Inneren und die Berührungen mit den Nachbarvölkern, die das alte China während seiner wechselhaften Geschichte zwischen Einheit und Teilung prägten.

Von der Vielfalt zur Einheit – der lange Weg zum Großreich

Die Entstehung der chinesischen Hochkultur oblag, dem Mythos nach, übermenschlichen Göttergestalten, Kulturheroen und weisen Herrschern der Frühzeit, die es vermochten, eine umfassende Ordnung für das ganze Reich zu schaffen, wobei die Randzonen des Reiches von Barbaren dominiert schienen, die unterworfen und zivilisiert werden mussten. Den Anfang bildeten die »Drei Erhabenen« (*Sanhuang*), gefolgt von den »Fünf vergöttlichten Vorfahren« (*Wudi*). Sie wurden abgelöst durch Yao, Shun und den Großen Flutenbändiger Yu, bevor mit der Xia (trad. 21.–16. Jh. v. Chr.) erstmals eine auf patrilinearer Erbfolge beruhende Dynastie die Herrschaft über China ausgeübt haben soll. Der Streit über die Historizität der Xia, die mit Siedlungsfunden in Erlitou, in der Provinz Henan, in Zusammenhang gebracht wurde, hält bis heute an und ist ein Politikum in der VR China. Die lange und scheinbar kontinuierliche Geschichte der chinesischen Hochkultur ist in der Gegenwart wieder zu einem wichtigen Pfeiler der Identität und des großen Nationalstolzes Chinas geworden. Ganz anders sah es zu Beginn des letzten Jahrhunderts in China aus.

Die Shang

Das Zentrum der Shang lag im Bereich der Provinzen Henan, Anhui, Shandong, Hebei und Shaanxi. Der Überlieferung nach residierten sie

In der Gegenwart geschaffenes, prächtiges Mausoleum des mythischen Kaisers Yandi alias Shennong (»Göttlicher Landmann«) in Hunan.

nacheinander in fünf verschiedenen Hauptstädten. Den Archäologen gelang es inzwischen zwei wichtige Städte der Shang zu lokalisieren: zum einen Zhengzhou, das vermutlich als Kultzentrum diente und zum anderen Anyang, wo über zwei Jahrhunderte hinweg der Regierungssitz der Könige lag.

Die Kultur der Shang war geprägt von einer klaren gesellschaftlichen Hierarchie, die vom König und seiner Familie beherrscht wurde. Der König kommunizierte mithilfe von Opfern und Divinationen mit Naturgottheiten und den Ahnen, an deren Spitze der oberste vergöttlichte Ahn (*shangdi*) stand. Das Opferwesen war ausgefeilt. Aber auch der Versorgung der hochrangigen Verstorbenen wurde große Aufmerksamkeit geschenkt. Bronzen, Jade, Waffen, aber auch Hunde, Pferde und eine große Anzahl von Männern und Frauen begleiteten hochrangige Tote ins Grab. Manche der Menschen scheinen als Sklaven geopfert worden zu sein und finden sich zerstückelt in den Gräbern, während andere prächtig geschmückt dem Grabherrn folgten. Reste von Stadtmauern aus Stampflehm bezeugen die Notwendigkeit, den in den Zentren versammelten Reichtum an Gütern und Menschen zu schützen. In großen Werkstätten organisierte Handwerker beherrschten eine differenzierte Bronzetechnologie, die Jadeschnitzerei, Töpferei sowie Seidenherstellung. Die Shang verfügten über domestizierte Pferde, die jedoch Statusobjekte waren. Sie hatten die Aufgabe, die Wagen des Adels zu ziehen und wurden auch als Begleitopfer dargebracht. Die Shang unternahmen Feldzüge in weit entfernte Gebiete, um kostbare Rohstoffe oder Sklaven zu erbeuten. Letztlich unterlagen die Shang den Zhou, einem Verband, der sich im Westen des Reichs formiert hatte und bereits länger neben den Shang bzw. als Teil des Shang-Reichs existierte.

Bronzegefäße nahmen eine wichtige Position im rituellen Leben ein und sind häufige Grabbeigaben. In ihnen wurden den Ahnen Trank- und Speiseopfer dargebracht. Sie zeigten den Rang des Besitzers an und dienten auch der Legitimation. Die Herstellung der Kultgefäße war komplex. Nach der Beschaffung von Kupfer und Zinn über teilweise weite Entfernungen galt es zuerst ein massives Tonmodell zu formen und zu brennen, um dann mit Tonplatten eine äußere Form zu gewinnen, die von einem inneren Kern mit Abstandhaltern getrennt, die Gussform bildete.

Ge-Axt aus der Shang-Zeit mit einem Bronzegriff und einer Jadeklinge.

Die Zhou erhalten das Mandat des Himmels

Wuwang, der »Kriegerische König«, wie er posthum genannt wurde, soll es gewesen sein, der den letzten tyrannischen Herrscher der Shang ablöste. Er vollendete damit das Werk seines Vaters, der unter dem kanonischen Namen Wenwang als erster König der Zhou in den Quellen genannt wird. Ihrer eigenen Gründungslegende zufolge stammen die Zhou vom »Herrn der Hirse« *(Houji)* ab und siedelten über mehrere Generationen als Vasallen der Shang in Shaanxi, wo sie sich gegen Angriffe der Rong und Di-Barbaren erwehren mussten und so ihre militärischen Techniken verbesserten. Mehr und mehr wurden Zhou und Shang zu Konkurrenten. Schließlich rückten die Zhou den Quellen nach mit 45 000 Mann und 300 Streitwagen nach Muye in die Nähe der Shang-Hauptstadt Zhaoge vor, die ca. 50 km südlich von Anyang im heutigen Henan liegt. Das genaue Datum des Machtwechsels ist umstritten. Vieles spricht dafür, dass die Zhou um ca. 1045 v. Chr. die Vorherrschaft errangen. Ihr Sieg wird begründet mit der Erlangung des Himmelsmandates *(tianming)*. Dieses Konzept sieht vor, dass der Himmel *(tian)* als oberste Instanz einem Herrscher oder einer Dynastie das Herrschermandat *(ming)* je nach Charisma und Güte gewähren oder entziehen

Bronzedreifuss ding für Speiseopfer aus der West-Zhou Zeit.

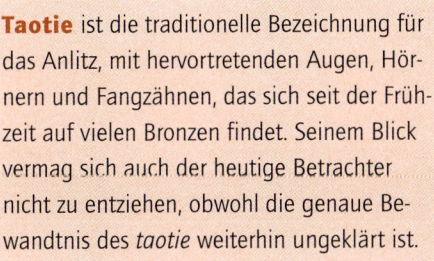

Taotie ist die traditionelle Bezeichnung für das Anlitz, mit hervortretenden Augen, Hörnern und Fangzähnen, das sich seit der Frühzeit auf vielen Bronzen findet. Seinem Blick vermag sich auch der heutige Betrachter nicht zu entziehen, obwohl die genaue Bewandtnis des *taotie* weiterhin ungeklärt ist.

ALLEN ZWEIFLERN ZUM TROTZ: DRACHEN-KNOCHEN BELEGEN DIE EXISTENZ DER SHANG

Der Zusammenbruch des Kaiserreichs 1911 verlief parallel zu einer tiefgehenden Krise der traditionellen chinesischen Kultur. Die Erfahrung der Schwäche gegenüber den westlichen Mächten und besonders gegenüber dem asiatischen Nachbarn Japan rüttelte an den Grundfesten chinesischen Denkens. Der feste Glaube an die traditionelle Geschichtsschreibung wandelte sich bei einigen Gelehrten unter dem Einfluss neuer textkritischer Methoden zu einer Haltung des Zweifels am Altertum. Bisher geheiligte Geschichtswerke wurden nun kritisch betrachtet.

Orakelknochen mit Schriftzeichen aus der Shang-Zeit aus Anyang, Henan.

Die Existenz der Shang-Dynastie (16.–11 Jh. v. Chr.), die zweite der 25 Dynastien der offiziellen Geschichtsschreibung, wurde in Zweifel gezogen – hatte man doch bis dato keine Beweise. Doch tatsächlich waren sie stets vorhanden, nur hatte man es bisher versäumt, ihnen die gebührende Aufmerksamkeit zu schenken. Bei den Beweisen handelte es sich um Knochenfragmente, die nördlich des Dorfes Xiaotun im Bezirk Anyang in der Provinz Henan im Erdreich gefunden worden waren. Um die Jahrhundertwende wurden sie in den Apotheken zerkleinert und als Medizin vertrieben. Ein Antiquitätenhändler war einer der ersten, der ihren wahren Wert entdeckte. Die Drachenknochen – Schildkrötenpanzer und Schulterblätter von Rindern – trugen nämlich Zeichen. Man erkannte, dass diese Zeichen eine Frühform der chinesischen Schrift darstellten und entzifferte die Namen der letzten neun Shang-Herrscher, so wie sie in den tradierten Quellen angegeben waren. Damit war der Beweis für die Existenz der Shang erbracht.

Mitten in den Wirren der Warlord-Zeit gegen Ende der Qing-Herrschaft begannen nun namhafte Forscher fieberhaft mit der Katalogisierung und Entschlüsselung dieser Dokumente. Aufgrund ihres Charakters werden sie als Orakelknochen bezeichnet, da sie Anfragen an die Ahnen der Shang enthalten. Nachdem die Knochen aufbereitet und gesaubert worden waren, gab ihnen der Orakelpriester der Shang eine Nummer. Es wurden dann kleine Löcher hineingebohrt, mit deren Hilfe unter Hitzeeinwirkung Risse hervorgerufen wurden. Als die Deutung erfolgt war, wurde diese in den Knochen geritzt und zum Teil mit farbigen Pigmenten ausgefüllt. Auf manchen Knochen ist ein Datum der Divination, der Orakelpriester, die Vorhersage und ihre Verifikation ablesbar. Das Spektrum der Divinationen reichte von der Sorge um die Niederkunft der Shang-Königin bis hin zu Fragen bezüglich der Ernte, Kriegszügen, Bauvorhaben oder Träumen und Krankheiten der Herrscher. An die 200000 Orakelknochenfragmente haben somit nicht nur die Existenz der Shang bewiesen, sondern auch geholfen, das Bild der Shang-Herrschaft genauer zu zeichnen.

Bronze jue, dreibeiniges Kultgefäß aus der Shang-Zeit für Libationsopfer

kann. Letztlich muss der Herrscher sich durch eine weise und humane Herrschaft gegenüber seinem Volk bewähren. Er gilt als Himmelssohn (*tianzi*) und fungiert über Opfer auch als Vermittler zwischen dem Himmel und dem Volk. Schlechte Omina, wozu auch Naturkatastrophen zählen konnten, dienen ihm als Warnung. – Soweit die Theorie und die traditionelle Geschichtsschreibung.

Der Zyklus der Geschichte

Das traditionelle chinesische Geschichtsbild ist zyklisch. Die erste legendäre Dynastie der Xia bildet den Anfang einer scheinbar lückenlosen Kette einander ablösender Herrscherhäuser, die China bis zum Ende des Kaiserreichs anführten. Die Geschichtswerke erwecken den Eindruck, als habe stets ein charismatischer, starker Herrscher mit der Unterstützung des Volkes die Herrschaft angetreten, nachdem die Vorgängerdynastie abgewirtschaftet hatte und nur noch unfähige, oft grausame, den Lastern und Frauen zugewandte Herrscher hervorbrachte. Bei näherer Betrachtung erweist sich dieses Schema als grobe Vereinfachung. So übten oft andere im Namen des Herrscherhauses die eigentliche Regierungsgewalt aus, darunter Militärs, Regenten und Verbündete der Kaiserinnen. Über längere Abschnitte der Geschichte war China geteilt und mehrere Herrscherhäuser stritten darum, das Erbe des letzten großen Einheitsreichs anzutreten. Letztlich begründete das traditionelle Geschichtsbild die Fiktion einer kontinuierlichen Hochkultur und schuf einen Orientierungsrahmen, der bis heute Gültigkeit besitzt. Gesellschaftliche, soziale oder technische Transformationen werden mit diesem Raster nicht erfasst.

Wenwang, Wuwang und der Herzog von Zhou

Die drei Gründerfiguren der Zhou verkörpern drei Kardinaltugenden chinesischer Herrscher. Wenwang, formal noch Untergebener der Shang, wurde aufgrund seiner hohen moralischen Integrität und seiner Befähigung Bündnisse zu formen, ohne jedoch selber mit Waffen gegen die Shang aufzubegehren, zum Symbol des abwartenden »zivilisierten« – so eine mögliche Übersetzung des Begriffes *wen* – Gründungsvaters. Sein Sohn Wuwang glänzte mit militärischer Kraft, ließ aber gleichzeitig Respekt walten, indem er einem Sohn des letzten Shang-Herrschers eine Stadt zuwies und ihn mit der Weiterführung der Ahnenopfer betraute. Als dritte Symbolfigur erschien der Bruder des Wuwang, der Herzog von Zhou, dem die Aufgabe zuteil wurde, als Regent für den minderjährigen Thronfolger das Reich zu verwalten. Er soll die alte Shang-Elite in das Reich integriert und das Herrschaftsgebiet gesichert und ausgedehnt haben. Sein gepriesener Machtverzicht zugunsten des volljährigen Sohnes von Wuwang machte ihn zu einem Musterbeispiel für Loyalität.

Im Dienstes des Königs

Inschriften auf Bronzegefäßen vervollständigen und korrigieren unser Verständnis der frühen Zhou. In den Texten ist oft von Belehnungen die Rede. Als Belohnung für geleistete Dienste, wurden Städte und ihre Bewohner Mitgliedern des Zhou-Adels und anderen Verdienstvollen unterstellt. Der Adel war dem Zhou-König zu Gehorsam und Tribut verpflichtet. Kultisches Zentrum der Königsfamilie wie auch der anderen Adelsfamilien war der Ahnentempel. Den Ahnen galt es, Bericht zu erstatten und zu opfern. Die früher hohe Zahl der Menschenopfer ging dabei mehr und mehr zurück. Die Vielzahl der gefundenen Bronzegefäße für Trank und Speiseopfer verdeutlicht bis heute den hohen Stellenwert der Opfer an die Ahnen unter den frühen Zhou. Ein strenges Regelwerk legte dabei fest, wer mit welchen Gefäßen welchen Ahnen opfern durfte. Die Bronzen waren dabei nicht nur Gefäß, sondern auch Medium der Kommunikation. Auf ihnen ließ der Adel Inschriften anbringen, die den Ahnen Mitteilung über geleistete Verdienste machten. Im Gegensatz zu den Shang verlor das Knochenorakel an Bedeutung und wurde weitgehend durch das Schafgarbenorakel ersetzt. Das »Buch der Wandlungen« *(Yijing)*, das traditionell auf den ersten Zhou-König Wen zurückgeführt wird, vermittelt einen Eindruck von dieser Art der Divination, die bestimmten Hexagramm-Konfigurationen prognostischen Charakter zuweist.

> Die Bronzeinschrift endet: »... und machte hiermit für Vater Yi das kostbare **Ritualgefäß** – Siglum.«

> Tritt man auf Reif, kommt das Eis nach.
> (**Hexagramm** 2 *kun* ☷)

Abreibung einer
Bronzeinschrift
aus der West-
Zhou-Zeit

Durch die Praxis der Belehnung bestand das Herrschaftsgebiet des Zhou-Königs ursprünglich aus einer Vielzahl kleiner, teils umwallter Stadtstaaten mit einem Adelshaus, Kämpfern und Handwerkern. Sie waren die Keimzellen für größere und auch ein größeres Territorium umfassende Lehnstaaten. Nicht erschlossene Gebiete wurden von ihnen urbar gemacht und einige der Stadtstaaten wandelten sich so zu größeren Territorialstaaten, die im Lauf der Zeit kleinere Staaten schluckten.

Verlagerung nach Osten – Frühling- und Herbst-Epoche

Mit dem Niedergang der Königsmacht der Zhou-Familie und ihres unfreiwilligen Umzugs nach Luoyang in den Osten beginnt die sogenannte Ost-Zhou-Zeit, die damit von der frühen Periode der Zhou, der West-Zhou-Zeit, abgegrenzt wird. Die Zhou-Könige verfügten kaum noch über reale politische Macht und waren auf rituelle Funktionen beschränkt. An ihrer Stelle übten verschiedene Herzöge der aufstrebenden Fürstenhäuser als Hegemonen (*ba*) im Namen des Zhou-Königs die Oberherrschaft über die anderen Fürstenhäuser aus.

Tradierte Texte wie die »Überlieferung des Herrn Zuo« (*Zuozhuan*) oder die »Staatsgespräche« (*Guoyu*) berichten über Allianzen und Auseinandersetzungen der damaligen Fürstenhäuser untereinander. Es herrschte eine

Ein hochrangiger Grabherr aus der Zhou-Zeit wurde neben anderen Grabbeigaben von diesem Fuhrwerk aus einem Wagen und sechs Pferdeskeletten begleitet. Das Grab fand sich in Luoyang, Henan.

KONFUZIUS

Konfuzius (479–551 v. Chr.) soll es gewesen sein, der in seiner Eigenschaft als Justizminister des Lehnstaates Lu im heutigen Shandong die »Frühlings- und Herbstannalen« (*Chunqiu*) redigierte, die der ersten Hälfte der Ost-Zhou-Zeit ihren Namen gaben. Es heißt, das äußerst trockene und knappe Werk, das die Jahre 722 bis 479 umfasst, drücke implizit Lob und Tadel des großen Philosophen aus. Konfuzius war ein Denker, der an die alten Ideale der Frühzeit der Zhou anknüpfen wollte und für den die rechte Form (*li*) das Fundament einer hierarchisch geordneten Gesellschaft darstellte, deren Bewahrer der Edle (*junzi*) sein sollte. Tugenden wie Bildungsstreben, Aufrichtigkeit, Loyalität sowie Kindespietät, werden mit seinem Namen assoziiert. Seine Schüler überlieferten sein Denken in kurzen Episoden, den »Gesprächen« (*Lunyu*).

Mengzi und Xunzi galten ebenfalls als Konfuzianer. Sie gehören jedoch bereits zu den Denkern der Hundert philosophischen Schulen der Zeit der Streitenden Reiche gegen Ende der Zhou-Herrschaft. In ihren Überzeugungen bildeten Mengzi und Xunzi ein Gegensatzpaar. Während Mengzi die Natur des Menschen für gut hielt und der Ansicht war, dies müsse durch Erziehung bewahrt werden, schätzte Xunzi die menschliche Natur negativ ein. Für ihn war es Aufgabe der Erziehung, das unkontrollierte und damit schädliche Ausleben der Emotionen zu unterbinden. Eine geordnete Gesellschaft beruhte nach Xunzi auf dem moralischen Handeln des Einzelnen. Nicht der Himmel oder eine andere Instanz gibt das Handeln vor. Der Mensch selber muss durch Lernen und durch die Orientierung an Vorbildern in die Lage versetzt werden, die richtigen Entscheidungen zu treffen. Der Musik maß Xunzi eine große Kraft zu, den Menschen positiv oder auch negativ zu beeinflussen. Viele Machthaber der chinesischen Geschichte erkannten später, dass im Konfuzianismus und seinem klaren Bekenntnis zur Hierarchie und zum Gehorsam ein wirkungsvolles Mittel lag, die Untergebenen fest an den Staat zu binden. Sie förderten Tempel, in denen Beamte ihre Aufwartung zu machen hatten, und konfuzianische Texte bildeten den Grundkanon der Beamtenprüfungen. Der Konfuziuskult späterer Jahrhunderte erklärt sich somit als die Etablierung einer Staatsideologie, die alle Beamten im Reich an den Herrscher binden und auf einheitliche Werte einschwören sollte.

Abreibung einer Stele des Konfuzius (551–449 v. Chr.) aus der Tang-Zeit, Stelenwald Xi'an, Shaanxi.

rege Diplomatie. War sie erfolglos, wurden die Konflikte mit militärischen Mitteln ausgetragen. Der Theorie nach galt ein quasi ritterlicher Ehrenkodex, der das Kampfgeschehen zahlenmäßig und in der Form begrenzte.

Stein- und Jadeinschriften aus Opfergruben mit Bündnisschwüren aus Houma, Provinz Shanxi, vervollständigen unser Bild. Die Schwüre entstammen dem Ende der Frühlings- und Herbst-Epoche und kreisen um das Oberhaupt eines bedeutenden Clans des zentralen Lehnstaates Jin. Über 600 Inschriften bezeugen eine Art Vendetta zweier bedeutender Clans. Für den Fall, dass es zum Schwurbruch kommen sollte, wurden die Ahnengeister der verstorbenen Herrscher des Staates Jin aufgefordert, denjenigen und seine ganze Familie zu vernichten. Die Schwurbrüder schmierten sich Blut von Opfertieren auf die Lippen während sie den Schwur vor den Ahnengeistern des Staates Jin ablegten. Auf der Wende zur nachfolgenden Zeit der Streitenden Reiche konkurrierten nicht nur die Staaten untereinander, auch innerhalb der Staaten gab es oftmals Aufruhr. Nicht ererbter Rang, sondern Machtbewusstsein und wirtschaftliches Geschick bestimmten mehr und mehr die Position der Familien und einzelner Führer. Dies war die Welt, in der Konfuzius lebte.

> **Hegemon Herzog Huan von Qi**
>
> 657 v. Chr.: »Es möge keine Behinderungen der Bewässerung geben, keine Aufkäufe von Getreide, kein Wechsel der Thronfolger, Konkubinen mögen nicht den Platz der rechtmäßigen Gemahlinnen einnehmen und Frauen sich nicht in Staatsgeschäfte einmischen.«

Zeit der Streitenden Reiche

Aus den kleinen Stadtstaaten der frühen Zhou wurden im Verlauf der Zeit mächtige miteinander rivalisierende Territorialstaaten, über die das Königshaus der Zhou keine wirksame Kontrolle mehr hatte und die sich auch nicht mehr einem Hegemon unterstellten. Es war die Zeit, in der wechselnde Allianzen geschlossen und gebrochen wurden und ein jeder Staat versuchte, eine möglichst günstige Position zu erlangen. An die Stelle ritualisierter Gefechte waren Massenschlachten getreten, die mit hohem Einsatz an Menschenleben ausgefochten wurden.

Berater zogen von Fürst zu Fürst und eine Vielzahl von rivalisierenden Schulen entstand, die miteinander darum wetteiferten, die besten Rezepte für einen starken Staat zu liefern. Gleichzeitig vollzog sich ein Wandel in der Gesellschaft. Nicht mehr ererbter Rang bestimmte die Position sondern Vermögen und Macht, und trotz der vielen Kriege prosperierte die Wirtschaft vieler Staaten. Die Zahl der Staaten nahm durch die Kämpfe stetig ab und schließlich erfolgte in nur zehn Jahren ein Wettlauf unter den verbliebenen sieben Staaten um die Führung, den der Staat Qin unter der

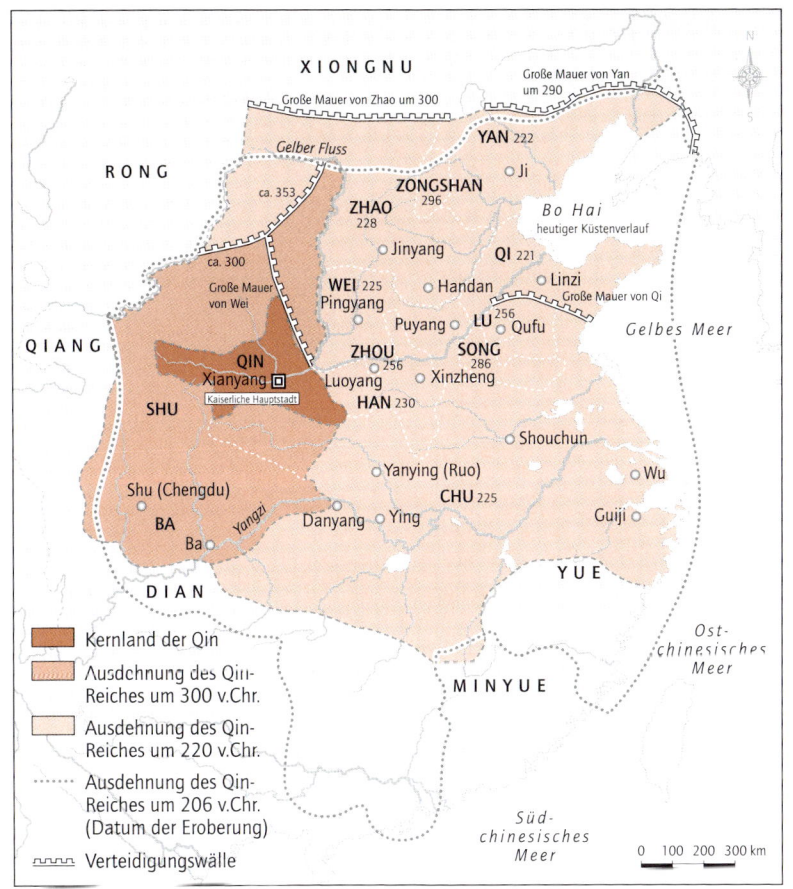

XIONGNU

Große Mauer von Yan
um 290

Große Mauer von Zhao um 300

Gelber Fluss

YAN 222

Ji

RONG

ZONGSHAN
296

ca. 353

ZHAO
228

Bo Hai
heutiger Küstenverlauf

Jinyang

QI 221

Linzi

ca. 300

Handan

Große Mauer von Qi

Große Mauer
von Wei

WEI 225
Pingyang

Puyang

LU 256

QIANG

Qufu

Gelbes Meer

QIN
Xianyang

ZHOU 256

SONG
286

Luoyang

Xinzheng

Kaiserliche Hauptstadt

SHU

HAN 230

Shouchun

Shu (Chengdu)

Yanying (Ruo)

Wu

BA
Ba

Yangzi

Danyang

Ying

CHU 225

Guiji

Y U E

DIAN

*Ost-
chinesisches
Meer*

Kernland der Qin

MINYUE

Ausdehnung des Qin-
Reiches um 300 v.Chr.

Ausdehnung des Qin-
Reiches um 220 v.Chr.

Ausdehnung des Qin-
Reiches um 206 v.Chr.
(Datum der Eroberung)

Verteidigungswälle

*Süd-
chinesisches
Meer*

0   100 200 300 km

Der Aufstieg des Staates Qin in der Staatenwelt der Zeit der Streitenden Reiche (453/03–221 v. Chr.) und seine endgültige Ausdehnung bis zu seinem Ende im Jahre 206 v. Chr.

Führung des Herzog Zheng (259–210 v. Chr.) gewann. Nachdem Zheng 230 v. Chr. den zentralen Staat Han erobert hatte, löschte er 228 v. Chr. den nördlichen Staat Zhao aus. Zhao hatte als erster Staat die Vorteile der Kavallerie erkannt, was jedoch schnell von seinem Nachbarn Qin übernommen wurde. 225 v. Chr. schlug Qin den Staat Wei und 225 v. Chr. das südliche Chu-Reich.

Nun galt es für Qin nur noch 222 v. Chr. das nordöstliche Yan und dann auch noch 221 v. Chr. das starke und prosperierende Qi im Osten zu bezwingen, bevor sich sein Führer zum Ersten Erhabenen Kaiser *(shihuang di)* ausrufen lassen konnte und damit das erste Einheitsreich Chinas begründete.

»Wider den Angriffskrieg«, so lauten einige Kapitel im **Mozi-Konvolut**. Vertreter dieser Schule predigten eine Utopie der allgemeinen Menschenliebe, in der weder die konfuzianistische Hierarchie in der Familie noch der Wunsch nach einem starken Staat herrschen sollte.

Der Staat Qin beschritt besonders konsequent neue Wege, um den Erfordernissen der Zeit gerecht zu werden. Staatsziele der Zeit der Streitenden Reiche waren eine florierende Agrarwirtschaft zur Versorgung und eine ausreichende Zahl an kampffähigen Bauern, denn diese bildeten den Kern der neuen, großen expansiv vorgehenden Massenheere. Auch trugen die Bauern die Hauptsteuerlast. Sie waren es auch, die die großen neuen Befestigungswälle errichten mussten und noch brachliegende Landstriche urbar machten. Im Handel lösten Münzen teilweise die bisher üblichen Seidenballen als Zahlungsmittel ab. Neue Technologien wurden gefördert und Eisenwaffen und Ackerbaugeräte aus Eisen kamen in Gebrauch. Ein Staat nach dem anderen erkannte die Vorteile zentraler Verwaltungsstrukturen, besetzt mit Beamten, die nicht mehr allein nach Herkunft, sondern nach Befähigung ernannt wurden. Statt konfuzianischem Protokoll und Rücksichten auf Rang und Herkunft forderten Denker wie Hanfeizi (280–233 v. Chr.) oder Shang Yang (gest. 338 v. Chr.) die Durchsetzung legistischer Prinzipien.

Die Reformen des Shang Yang

Tätig unter dem Herzog Xiao von Qin (361–338 v. Chr.) legte Shang Yang den Grundstein für den späteren Erfolg des Staates durch ein umfassendes Reformkonzept, das nach seinem Tod in dem Werk »Buch des Fürsten Shang« (*Shangjunshu*) niedergelegt wurde. Das vom Herrscher gesetzte und im ganzen Land proklamierte Recht sollte der einzige Standard für Beamte und für das Miteinander in der Gesellschaft werden. Seine Ziele waren ein reicher Staat und eine schlagkräftige Armee. Dazu diente eine umfassende Registrierung der steuerpflichtigen Bevölkerung, die in Fünfer- und Zehnergruppen einge-

Phönix aus lackiertem Holz; Chu-Kultur. Chu lag an der Peripherie der damaligen Staatenwelt. Geister und mythische Wesen auf Seiden und Lacken aus Chu weisen bis heute in die reiche Geisteswelt des Südens.

teilt wurde. Sie mussten gegenseitig füreinander haften und wurden ohne Zwischenstufen direkt dem Staat unterstellt, was die alten Vasallenbeziehungen im patriarchalischen Lehnsystem, das die Zhou-Zeit bisher geprägt hatte, ablöste. Mit Erreichen des frühen Erwachsenenalters galten allgemein Militärdienst, Arbeitsdienst und Steuerpflicht. Die Bauern sollten selbst Eigentümer des Landes werden und die Steuern nicht nach Ertrag, sondern Fläche erhoben werden. Ein neues Rangsystem, das Erfolge im Militärdienst belohnte, ersetzte alte Hierarchien. Eine Verwaltungsreform teilte das Gebiet 350 v. Chr. in 31 Kommandanturen ein, die zentral von auf Zeit ernannten Beamten der Qin geführt wurden.

Stärke durch Einheit – Das erste Kaiserreich Qin

Dem Vorbild anderer starker Staaten der Zeit der Streitenden Reiche folgend beanspruchte der Herzog von Qin 325 v. Chr. den Königstitel *wang*. 256 v. Chr. zerstörte Qin das ohnehin machtlos gewordene Haus der Zhou. Wirtschaftlich und militärisch äußerst erfolgreich hatte Qin 221 v. Chr. alle seine Konkurrenten überwunden. Wichtigste Berater des Ersten Kaisers waren noch vor der Reichseinigung Lü Buwei, von Haus aus Kaufmann, und sein Nachfolger Li Si (gest. 208 v. Chr.), der Shang Yang in seinem legistisch geprägten Reformprogramm folgte. Auf Li Si

Bronzenes Hu-Gefäß mit szenischen Darstellungen aus Yong, Provinz Shaanxi, aus dem Staat Qin zur Zeit vor der Reichseinigung.

geht die umfassende Schriftreform zurück, die als Grundstein für die Entwicklung einer in ganz China verständlichen Verwaltungsschrift betrachtet werden kann, wodurch die Einheit über längere Zeiträume und regionale Grenzen in China erst ermöglicht wurden. Ebenso wurden Hohl- und Längenmaße, Gewichte, Wagenräder und Münzen vereinheitlicht. Ein hohes Maß an Standardisierung erreichten auch der Straßenbau und die Rüstungsproduktion.

Herrschaft des Gesetzes

Konfuzianischem Verständnis folgend sollte die Gesellschaft mittels Moral und klarer Hierarchie eigentlich ohne Gesetze auskommen, doch bereits 536 v. Chr. ließ Kanzler Zi Chan aus dem Lehnstaat Zheng einen Gesetzeskodex auf einem Bronzegefäß festhalten. Später übernahmen Bambusleisten die Funktion als Schriftträger der Gesetzessammlungen. In Qin nahm Shang Yang das um 400 entstandene sechsteilige *Fajing* (»Rechtekodex«) des Li Kui aus dem Lehnstaat Wei zum Vorbild. Wichtige Bereiche des Kodex waren: Raub, Tötung oder Körperverletzung, aber auch Überschreiten der Staatsgrenzen, Geldspiele, Obszönitäten und Regeln zur Verschärfung und Verringerung des Strafmaßes gehörten dazu. Das negative Bild, das die traditionelle Geschichtsschreibung vom Staate Qin schuf, führte lange dazu, dass man das Qin-Recht für eine Summe grausamer Strafnormen hielt. Im Qin-Recht gab es jedoch bereits das Prinzip der Strafmündigkeit, das Kinder und Jugendliche keiner oder nur einer reduzierten Strafe unterwarf. Es wurde zwischen unbeabsichtigter Verletzung oder Tötung und vorsätzlichem Handeln unterschieden. Die Grabtexte eines ca. um 262–217 v. Chr. Dienst leistenden Beamten der Lokalverwaltung aus Shuihudi bei Yunmeng in der heutigen Provinz Hubei geben Auskunft über das differenzierte Verwaltungsrecht und den Umfang der Beamtentätigkeit. So hatten bestimmte Beamte z. B. die Pflicht, der Zentralregierung Bericht über Wetterverhältnisse und Naturkatastrophen zu erstatten. Es gab Vorschriften zur Überwachung der Gesundheit der staatlichen Kurierpferde, und die postalische Beförderung staatlicher Schreiben war in einem Gesetz zum Schriftverkehr geregelt. Handwerker waren Gesetzen zur Markierung und Normierung unterworfen, die es zu kontrollieren galt. Zwangs- und Sklavenarbeit waren gesetzlich geregelt. Große Bedeutung kam den Prinzipien der Beamtenernennung zu. Für die Beamten galten besonders strenge Normen, da sie die Basis des neuen Staatswesens bildeten. Variantenreich und hart waren auch die Strafarten: Geldstrafe, Amtsentzug, Arbeitsdienst, Brandmarkung, Abschneiden der Nase oder der Füße, Verbannung,

DAOISMUS

Der frühe philosophische Daoismus wird vornehmlich von zwei tradierten Schriften repräsentiert: dem *Daodejing*, welches traditionell dem Weisen Laozi zugeschrieben wird, jedoch erst ca. im 3. Jh. v. Chr. seine heutige Gestalt erhielt und dem etwas älteren *Zhuangzi*-Konvolut aus dem 4.–3. Jh. v. Chr. *Dao* bedeutet soviel wie »Weg« oder »Prinzip« und Lehrsprüche über das *dao* als transzendentes und immanentes Prinzip des gesamten Universums bilden den Kern des *Daodejing*, während das *Zhuangzi*-Konvolut eine Vielzahl von farbigen Anekdoten und fiktiven Gesprächen z. B. über die Relativität von Leben und Tod und die Bedeutungslosigkeit von Rang und Ehre überliefert. Eine enge Verbundenheit mit dem Wechselspiel der Natur verbindet sich mit weltflüchtigen, individualistischen Tendenzen. Auch ist dort bereits von langlebigen oder gar unsterblichen Wesen (*xian*) die Rede. Zur Zeit des Ersten Kaisers versuchte man mithilfe von Alchemie zur Herstellung von Wunderdrogen, mit Diäten, Heilgymnastik bis hin zu Sexualpraktiken diesen *xian* gleichzukommen. Der Wunsch die Sterblichkeit zu überwinden oder zumindest hinauszuzögern, bildet auch im späteren religiösen Daoismus einen Schwerpunkt. In Sekten unter der Führung sogenannter Meister organisiert, bildeten sich auf der Grundlage als geheiligt angesehener Texte religiöse, messianische und eschatologische Gemeinschaften, die zuweilen sogar versuchten, weltliche Regime zu errichten.

Von den Konfuzianern meist mit Misstrauen betrachtet und in enger Konkurrenz zu den Buddhisten, etablierte sich der Daoismus in ganz unterschiedlichen Färbungen als Volksreligion. Lediglich die Herrscher der Tang-Zeit erhoben den Daoismus zur Staatsreligion. Später erlangte der volkstümliche Daoismus seinen Platz in lokalen Kulten und Tempelorganisationen. Diese Organisationen besaßen ein großes Potential zur Netzwerkbildung und bildeten oftmals Keimzellen für Aufruhr, was häufig eine negative Haltung des Staates ihnen gegenüber zur Folge hatte. Von den Reformern des ausgehenden Kaiserreichs wurde der Daoismus als Aberglaube diskreditiert und unter der Volksrepublik zunächst negiert. Inzwischen gibt es dort jedoch wieder Zentren zur Erforschung des Daoismus, da er als ein wesentlicher und autochthoner Bestandteil der chinesischen Kultur betrachtet wird.

Der daoistische Weise Laozi auf dem Büffel, Pinselbecher aus der Qing-Zeit.

öffentliche Hinrichtung und Zurschaustellung, Auseinanderreißen durch Wagen, Kochen im Bronzekessel bis hin zur Ausrottung der gesamten Familie sind zu nennen.

Göttergleich

Der Erste Kaiser der Qin ließ sich wie ein Gott verehren und verstand seine Herrschaft als einen Beginn einer auf die Ewigkeit ausgerichteten Dynastie. Seine Palastanlage war an das Sternbild des Obersten Himmelsgottes angelehnt und sein Mausoleum war nicht nur eine Nachempfindung

Wagenlenker auf einer vierspännigen Staatskarosse, Grabbeigabe aus dem Areal des Mausoleums des Ersten Kaisers der Qin-Dynastie.

seines Palastes, sondern auch des Gesamtreiches und des kompletten Universums. Nachdem er auf fünf großen Reisen das Reich inspiziert und in Besitz genommen hatte, indem er sich auch des Beistands der lokalen Gottheiten versicherte, ließ der Erste Kaiser als Zeichen seines Machtanspruchs Inschriftenstelen im ganzen Reich errichten. Im Verlauf seiner Herrschaft scheint der Erste Kaiser mehr und mehr von religiös daoistischem Geistesgut und Praktiken beeinflusst worden zu sein. Die Angst vor dem Tod und der Wunsch nach Unsterblichkeit ließen ihn 219 v. Chr. auf Anraten eines Mannes aus dem vormaligen Küstenstaat Qi eine großangelegte Expedition von jungen Mädchen und Knaben auf das offene Meer zu heiligen Inseln schicken, wo angeblich Unsterbliche leben sollten. Es war nicht die letzte Gesandtschaft, die vergeblich aufbrach, um eine Unsterblichkeitsdroge zu beschaffen. Der Erste Kaiser verstarb schließlich auf einer Reise im Jahre 210 v. Chr. Weil sie Angst vor Unruhen hatten und wohl auch um die Nachfolge manipulieren zu können – so heißt es in den Berichten – bedienten sich Kanzler Li Si und andere Beamte der engen Entourage einer List. Sie ließen den Reisewagen, mit dem der tote Herrscher zurück in die Hauptstadt gebracht wurde, von Wagen, die mit Körben voll stinkender Fische beladen waren, eskortieren. Es soll einige Wochen gedauert haben, bis der Erste Kaiser zurück in die Hauptstadt gelangte, wo er schließlich in seiner gewaltigen Grabanlage die letzte Ruhe fand.

Kraftanstrengungen und ein schnelles Ende

Die militärische Expansion des Staates Qin nach Norden und Süden wurde nach der Proklamation des Kaiserreichs fortgesetzt. Anknüpfend an die Erfolge früherer Wasserbauprojekte, dem Ausbau des ca. 120 km langen Kanals nördlich des Wei-Flusses und Baumaßnahmen zur Bewässerung in Sichuan nach 246 v. Chr., sollte nun das Flusssystem des Yangzi mit dem Süden bis nach Kanton verbunden werden. Wasserbaumaßnahmen waren jedoch nur ein Bereich der gewaltigen Anstrengungen, die unter dem Ersten Kaiser mithilfe von Strafarbeitern und dienstverpflichteten Bauern und z. T. auch Beamten auf Kosten vieler Menschenleben unternommen wurden. Gleichzeitig wurde die Hauptstadt Xianyang, gelegen in der Nähe des heutigen Xi'an in der heutigen Provinz Shaanxi, und seit 350 v. Chr. Zentrum des Staates, ausgebaut. Nicht weit entfernt entstand das gewaltige Mausoleum des Ersten Kaisers. Auch wurden Teile bereits existenter Mauerabschnitte zu einer Großen Mauer zum Schutz gegen das Steppenvolk der Xiongnu zusammengefügt.

Angesichts dieser Anstrengungen verwundert es wenig, dass das Erste Kaiserreich der chinesischen Geschichte nur wenige Jahre (221–207 v. Chr.) Bestand hatte. Die Geschichtsschreiber späterer Zeiten machen daher auch überwiegend den Größenwahn des Ersten Kaisers dafür verantwortlich, dass seiner Dynastie keine lange Dauer beschieden war. Ihre Objektivität ist jedoch sehr zu bezweifeln, da sich der Erste Kaiser gerade die Gelehrtenliteraten durch Diskriminierung und Verfolgung zu Feinden machte. Fest steht, Streit um die Thronfolge entbrannte und ein Nachfolger ohne Rückhalt in der Beamtenschaft und im Volk konnte das von dem Ersten Kaiser begonnene Werk nicht fortsetzen. Überall im Reich brachen Aufstände aus. 208 v. Chr. ließ der Zweite Kaiser der Qin den Architekten des Einheits-

DIE TERRAKOTTAARMEE

Die Entdeckung der Terrakottaarmee des Ersten Kaisers 1974 war eine archäologische Sensation. 1987 wurde die Anlage in die Liste der zu schützenden Weltkulturgüter der UNESCO aufgenommen. Seitdem kam der Erforschung der Grabanlage große Aufmerksamkeit zu.

Die überlebensgroßen Tonfiguren der unterirdischen Armee, die aus mehreren vorgefertigten Teilen zusammengefügt und dann individuell gestaltet und bemalt worden waren, bilden nur einen kleinen Teil der Gesamtanlage der jenseitigen Welt des Ersten Kaisers. 180 Gruben mit Nachbildungen der unterschiedlichen Reichs- und Lebensbereiche, der eigentliche Grabhügel und ein Zeremonialbezirk umfassen ein Gebiet von 2 km². Innere und äußere Wälle strukturieren die Anlage. Nach jüngsten Forschungen befand sich im inneren Bereich eine stadtähnliche Anlage, die der jenseitigen Versorgung des Ersten Kaisers dienen sollte. Eine ca. 80 000 m² große »Grube der Verwaltung« beherbergte Gebäudemodelle, den auf den Inspektionsreisen des Kaisers besichtigten Bauwerken nachempfunden. Tonfiguren von Beamten, ausgestattet mit Nachbildungen von kleinen Messerchen und einem Schleifstein am Gürtel könnten Hofschreiber darstellen. In einer anderen Grube befanden sich Steinplättchen, die mit Bronzedrähten verbunden sind und die zu Panzern zusammengesetzt werden konnten. Jüngst entdeckte, kunstvoll gestaltete Schwäne, Gänse und Kraniche aus Bronze an einem künstlichen Wasserlauf bestätigen das umfassende Bild, das der Geschichtsschreiber Sima Qian (ca. 145–85 v. Chr.) von dieser Anlage überlieferte. Die drei Gruben der ca. 7000 Terrakottasoldaten liegen weit außerhalb des zentralen Zeremonialbezirks. In den geöffneten Bereichen findet sich der Betrachter einer kompletten Armee des Ersten Kaisers mit allen militärischen Rängen sowie Pferden und Wagen gegenüber. Ursprünglich vorhandene Waffen sind weitgehend der Zerstörung der Anlage kurz nach ihrer Errichtung zum Opfer gefallen. Der Bau der Gesamtanlage verdeutlicht anschaulich das technische und organisatorische Vermögen der Qin zur Zeit des Ersten Kaisers. Gleichzeitig muss aber angesichts der gewaltigen Kraftanstrengung auch der Opfer, die dieses Unternehmen gefordert hat, gedacht werden.

Dieser Offizier der Terrakottaarmee des Ersten Kaisers ist 186 cm hoch und war ursprünglich bunt bemalt.

reichs, Li Si, ermorden. Nur ein Jahr später wurde der Zweite Kaiser von einem seiner neuernannten Minister getötet, der wiederum dem von ihm selbst eingesetzten Thronfolger zum Opfer fiel. In diesem Chaos lösten sich einige Qin-Generäle und schufen eigene Machtbasen, während gleichzeitig einige der Adeligen der vormaligen Lehnstaaten die Restaurierung ihrer Staaten betrieben.

Die Erben der Einheit – das Reich der Han

In den Wirren des Bürgerkrieges taten sich zwei gänzlich unterschiedliche Männer hervor. Xiang Yu (233–202 v. Chr.) war Spross einer alten Adelsfamilie, während Liu Bang, der spätere Gründungskaiser der Han (reg. 206–195 v. Chr.), dem bäuerlichen Umfeld entstammte und unter der Qin-Herrschaft den Posten eines kleinen Polizeichefs errang. Eine Aufteilung der Einflusssphären von Xiang Yu und Liu Bang erwies sich als nicht tragfähig und schließlich gelang es Liu Bang von seiner Basis im Norden aus Xiang

Das Han-Reich (206 v. Chr. bis 220 n. Chr.).

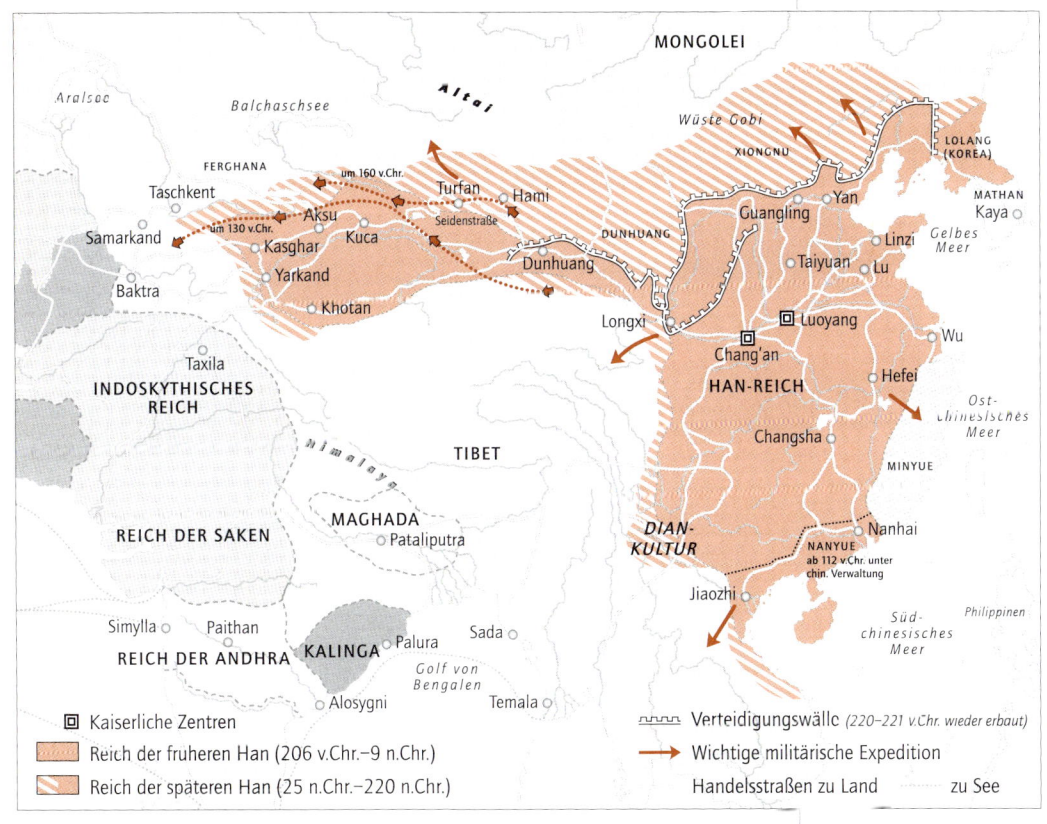

Yu zu schlagen. Xiang Yu hatte eine Rückkehr zu den feudalen Zuständen vor der Reichseinigung der Qin angestrebt und sich deswegen um eine Konföderation von 19 Fürstenhäusern unter seiner Führung bemüht. Liu Bang wählte einen Kompromiss. Ansprüche seiner Kampfgefährten, die sich als Könige (wang) sahen, befriedigte er durch die Vergabe von 10 Lehen im Osten, während er das übrige Gebiet in zentral verwaltete Kommandanturen und den Hauptstadtbereich aufteilte. Separatismustendenzen der neu geschaffenen Königreiche im Osten versuchte er zu begrenzen, indem er deren Könige bis auf den Südstaat mit Hof in Changsha, Hunan, nach und nach durch eigene Familienmitglieder ersetzte. Aus strategischen Gründen wählte Liu Bang Chang'an in der Nähe des heutigen Xi'an als Hauptstadt und folgte darin den Qin. Chang'an lag in Guanzhong, dem »Gebiet innerhalb der Pässe« und war durch Bergketten geschützt und an den wenigen Pässen gut zu verteidigen. So setzte es sich gegen Luoyang durch, das den Nimbus der alten Zhou-Hauptstadt besaß. Bereits früh wurde deutlich, dass das Zusammenspiel alter Feudalstrukturen in der Region mit einer Zentrale nach Vorbild der Qin zu Konflikten führen musste.

> **Shiji** des Sima Qian, Kapitel 129: »Guanzhong, das ›Gebiet innerhalb der Pässe‹, nimmt ein Drittel des Reichs unter dem Himmel ein. Seine Bevölkerung stellt drei Zehntel der des ganzen Reiches, sein Reichtum aber bildet sechs Zehntel des Gesamtreiches.«

Bürokratie und Kaisermacht

Dem legistischen Denken nach beruht die Stärke des Staates auf einem Beamtenapparat, dessen Macht in den Händen des Herrschers konzentriert ist. Ein starker Herrscher bedeutet einen starken Staat. Ein schwacher oder unmündiger Herrscher erfordert jedoch eine auf das Herrscherhaus loyal ausgerichtete und funktionsfähige Beamtenschaft. Das Zusammenspiel von Beamtenschaft und Institutionen mit dem Herrscher wurde fortan zum Prüfstein stabiler Herrschaft im bürokratischen Kaiserreich. Dabei übernahmen phasenweise auch die Hofeunuchen an der Schnittstelle zwischen Innerem Hof, dem Privatbereich des Kaisers und dem Harem mit den kaiserlichen Gemahlinnen und Konkubinen und dem äußeren Bereich der Beamten eine gewichtige und bisweilen auch fatale Rolle.

Kaiser und Kaiserinwitwe

Der Gründungsherrscher der Han (reg. 202–195 v. Chr.) ging posthum unter dem Titel Gaozu (»Großer Ahn«) in die Annalen der Geschichte ein. Die nächsten 15 Jahre der Han wurden jedoch weniger von seinem Thronfolger als vielmehr von seiner Gemahlin Lü, der Kaiserinwitwe, gelenkt. Huidi (reg. 195–188 v. Chr.), Sohn der Gemahlin Lü, war seinem Vater erst fünfzehnjährig auf den Thron gefolgt und hatte stets im Schatten seiner Mutter gestanden. Als er bereits 188 v. Chr. starb, bewirkte sie, dass wiederum ein unmündiger Sohn zum Thronfolger proklamiert wurde, den sie ebenfalls bis zu ihrem Tod 180 v. Chr. dominierte. In den Quellen wird ihr nachgesagt, dass sie andere potentielle Thronfolger ausschalten ließ und auch vor dem grausamen Mord an einer der Nebenfrauen nicht zurückschreckte, um weiterhin selbst die Fäden der Macht in den Händen zu halten. Allerdings regierte sie weiterhin im Namen der Han und vermochte mit Hilfe ihres Beraterstabes dem Reich eine gewisse Stabilität zu gewähren.

Ein großes Problem war weiterhin die Bedrohung durch die Xiongnu, eine Konföderation berittener Steppennomaden, die bereits während der Qin-Herrschaft an den Grenzen Chinas erschienen waren. Zurückgedrängt in die Ordos-Region und Gebiete der heutigen Inneren Mongolei, fielen sie 209 v. Chr. erneut in China ein. Versuche, die Xiongnu dauerhaft mit militärischen Mitteln fernzuhalten, schlugen fehl und so musste 198 v. Chr. ein Friedensvertrag geschlossen werden, der die Chinesen zur Entsendung von Textilien, Nahrungsmitteln und Alkohol verpflichtete. Die Xiongnu waren als Brüder zu titulieren und besonders bedrückend für die Chinesen war die Verpflichtung, dem Xiongnu-Führer eine chinesische Prinzessin als Braut zu entsenden.

Ein unmoralisches Angebot

Der Xiongnu-Führer Mao Dun machte sogar vor einer ehemals verheirateten Frau nicht halt und hielt 192 v. Chr. in einem Brief um die Hand der Kaiserinwitwe Lü an. Er schrieb: »Ich bin ein einsamer, verwitweter Herrscher, geboren in den Marschen

Chao Cuo zur Frühen Han-Zeit: »Die Xiongnu leben von Fleisch und Käse, kleiden sich in Pelze und besitzen weder Häuser noch Felder. Sie bewegen sich wie Vögel oder Tiere in der Wildnis. Sie verweilen nur an Orten, wo Gras und Wasser reichlich vorhanden sind, und ziehen weiter, wenn es daran mangelt.«

Sitzende Dienerin, Grabbeigabe aus der Frühen Westlichen Han-Zeit.

und aufgewachsen in den wilden Steppen in den Ländern der Rinder und Pferdeherden. Oft kam ich an die Grenzen Chinas mit dem Wunsch dorthin zu reisen. Ihr, Majestät, seid ebenfalls verwitwet und lebt in Einsamkeit. Wir beide entbehren der Annehmlichkeiten und Freuden. Es ist meine Hoffnung, dass wir das, an dem es uns mangelt gegen das, was wir haben, austauschen.« Die Kaiserinwitwe war extrem erzürnt und wollte Mao Dun angreifen lassen. Aber sie erinnerte sich an die vernichtende Niederlage von Pingcheng 200 v. Chr., als ihr verstorbener Gemahl mit 300 000 Soldaten gegen Mao Dun gezogen war und in eine Falle gelockt worden war, in der er sieben Tage festsaß, bevor er mit Mühe entkam. So entzog sie sich auf Rat der Minister dem Antrag mit folgenden Worten: »Ich bin bereits im vorgerückten Alter und meine Kraft lässt nach. Zähne und Haare fallen aus. Ich bin nicht mehr sicher auf den Beinen. Ihr, Khan, müsst falsche Berichte vernommen haben und ich bin es nicht wert, dass Ihr Euch um meiner erniedrigt. Mein Reich jedoch hat kein Unrecht begangen und so hoffe ich, dass Ihr es in Ruhe lasst.« Ihre Bitte an Mao Dun, nicht in China einzufallen, fand kein Gehör. Doch verstarb er 174 v. Chr. ohne dass es ihm gelungen wäre, die Kaiserinwitwe zu seiner Frau zu machen.

Kodizes und Rechtsprechung

Das Rechtssystem der frühen Han-Zeit basierte in vielen Punkten auf dem der Qin, wenngleich zu Beginn der Han-Herrschaft der Versuch unternommen worden war, die Sympathien des Volkes durch eine Vereinfachung des Kodex und teilweise Milderung zu gewinnen. So wurde 179 v. Chr. die Kollektivstrafe und 167 v. Chr. die Verstümmelungsstrafe offiziell abgeschafft. Einblicke in die Praxis zeigen, wie ausgefeilt der Verwaltungsakt eines Strafverfahrens auch in der Han-Zeit war. Das *Zouyanshu*, ein Text aus dem Grab eines zwischen 202 und 194 v. Chr. tätigen Justizbeamten aus Zhangjiashan, Hubei, beinhaltet eine Sammlung juristisch zweifelhafter Fälle, die einer höheren Instanz, d. h. im Extrem dem Kaiser, vorgelegt werden sollte.

Mit Hilfe dieser Bambusleisten können die Stufen eines Strafverfahrens zu Beginn der Han-Zeit rekonstruiert werden. Zu den Voraussetzungen für die Eröffnung des Verfahrens gehörten eine Anzeige bei den Justizbehörden sowie Fahndung und Festnahme des Tatverdächtigen. Die erste Instanz war die Präfektur, wo die Vernehmung stattfinden sollte. Dort galt es, die Aussagen des Angeklagten, eventueller Tatbeteiligter und der Zeugen aufzunehmen. Im Idealfall folgte das Schuldeingeständnis des Angeklagten. Lag dies nicht vor, wurde der Tatverdächtige mit den belastenden Aussagen konfrontiert. Es wurde nach Einwänden zur Entlastung des Angeklagten gefragt und von der Behörde waren Faktoren, die bei der Strafzumessung zu berücksichtigen waren, in Erfahrung zu bringen. Dazu gehörten u. a. das Alter, der Verdienstrang und ggf. Vorstrafen. Es erfolgten dann der Abschluss der Tatbestandsaufnahme und die Entscheidung der ersten Instanz. Bei Zweifelsfällen ging der Prozess dann an die Provinzbehörde oder an das Justizministerium weiter, wo der Fall auch dem Kaiser vorgelegt werden konnte.

> Han Wudi führt die Regierungsdevisen **nianhao** ein. Während die frühen Kaiser oft mehrere programmatische Devisen für ihre Herrschaft wählten, regierten die Kaiser der Ming und Qing nur unter einer Devise und wir kennen sie meist nur unter dieser Bezeichnung, so z. B. den Yongle-Kaiser (1403–1424) der Ming oder den Kangxi-Kaiser (1661–1722) der Qing.

Han Wudi

Erst 15 Jahre alt bestieg mit Han Wudi (reg. 141–87 v. Chr.) einer der bedeutendsten Kaiser der Han den Thron. Er zeichnete sich durch große Tatkraft aus und konnte über 40 Jahre lang das Reich formen. Auf ihn gehen eine Stärkung der Zentralgewalt und die Expansion des Reiches nach Westen, Norden und Süden zurück. Das Ende seiner Herrschaft war allerdings durch eine zunehmende Entfremdung zwischen dem autokratisch herrschenden Kaiser und seiner Beamtenschaft geprägt. Die Expansionspolitik hatte den Staat an die Grenzen der Belastbarkeit gebracht. Es kam zu Aufständen im Volk und sogar Kämpfen zwischen verfeindeten Familien am Hofe in der Hauptstadt, denen ca. 1000 Menschen zum Opfer gefallen sein sollen.

Vergoldetes Bronzepferd aus dem Mausoleum des Han Wudi. Es wiegt 29 kg und misst 62 x 76 cm, was ungefähr einem Drittel der natürlichen Größe eines Pferdes entspricht.

Kraftvoller Beginn

Zu Beginn seiner Herrschaft schwächte Wudi die Position des Adels, indem er verfügte, dass die Domänen fortan unter allen Erben aufzuteilen seien und nur der Titel vom ältesten Sohn weitergeführt wird. Dies bewirkte eine rasche Zersplitterung der Territorien. Auch große Verwaltungseinheiten wurden derart verkleinert, dass die dortigen hohen Beamten nicht zu einer Lokalmacht aufsteigen konnten. Insgesamt wurde die Verwaltung des Staates jedoch straff und effizient organisiert. Um die Beamten an sich und den Staat zu binden, ließ er die Prinzipien des auf Loyalität und Hierarchie ausgerichteten Konfuzianismus propagieren und erhob ihn zur Staatsdoktrin. 124 v. Chr. geschaffene Lehrstühle im Reich dienten dem Studium der konfuzianischen Klassiker.

> Die fünf Klassiker (*wujing*), die als kanonische Werke zum **Grundstock des Konfuzianismus** erklärt wurden, waren: »Buch der Wandlungen« (*Yijing*), »Buch der Urkunden« (*Shujing*), »Buch der Lieder« (*Shijing*), »Ritensammlung« (*Liji*), »Frühlings- und Herbstannalen« (*Chunqiu*).

104 v. Chr. wurde der alte Kalender der Qin abgeschafft und mit Beginn der Regierungsdevise (*taichu* – »Großer Beginn«) fing das Jahr nun am ersten Tag des 1. Frühlingsmonats an, was bis heute dem traditionellen Jahresbeginn in China entspricht. Ein Kaufmannssohn aus Luoyang stieg zum Finanzberater des Kaisers auf und beriet ihn in wesentlichen Fragen der Wirtschafts- und Finanzpolitik. Große Manufakturen nahmen ihre Arbeit

Abzugsmechanismus einer Armbrust mit Pfeilspitzen aus einem Grab in Guangzhou, das für Zhao Mo (reg. 137–122 v. Chr.), einen König im Süden des chinesischen Reiches errichtet wurde.

auf und produzierten z. B. Lackarbeiten und Textilien. Der Handel florierte und die Bedeutung der Geldwirtschaft wuchs. 119 v. Chr. wurde eine Standardmünze aus Kupfer ausgegeben. Ein 98 v. Chr. eingeführtes Alkoholmonopol erwies sich als nicht durchsetzbar und wurde daraufhin wieder abgeschafft. Staatliche Monopole auf Salz und Eisen sicherten dem Reich jedoch zusätzliche Finanzmittel, die der Kaiser in das Militär investierte.

Das Ende der Beschwichtigungspolitik

Wudi, der »Kriegerische Kaiser« wie sein posthumer Titel zu übersetzen ist, wich von der Beschwichtigungspolitik ab, die seine Vorgänger gegenüber den Xiongnu betrieben hatten. Statt großzügiger Geschenke in Form von Seide, Getreide und Geld oder Heiratsallianzen, schickte er 133 v. Chr. 300 000 Soldaten in ihr Gebiet. In den Jahren 124, 123 und 119 v. Chr. wurden weitere 100 000 Soldaten entsandt. Schließlich konnte das Ordos-Gebiet südlich des Knicks des Gelben Flusses zurückerobert werden. Zu den Maßnahmen gegen die Xiongnu gehörte auch die Errichtung fester Verteidigungspositionen in Nord- und Nordwestchina. Es wurden neue Kommandanturen im Norden und Westen gegründet und Menschen dorthin zwangsumgesiedelt. Mit der Eroberung des Gansu-Korridors gelang es den Han, die Xiongnu von den prototibetischen Qiang zu isolieren und selber einen Zugang zu den Handelswegen nach Zentralasien zu erlangen. In Jiuquan, Dunhuang, Zhangye und Wuwei wurden neue Kommandanturen gegründet. Teilweise noch auf die Qin zurückgehende Mauerteile wurden nach Westen bis zum Yumen-Tor in Gansu verlängert und mit einer Reihe von Wachposten und Festungen gesichert. Vorstöße gegen Zentralasien sollten zudem helfen, Verbündete an der Westflanke der Xiongnu zu gewinnen und die Verbindungswege untereinander zu sichern. Gezielte Provokationen gegen die Xiongnu sollten verhindern, dass diese sich an den Grenzen zum Han-Territorium konzentrierten. Aber auch im Nordosten und Süden wurden Verbündete gesucht, bzw. eigene Machtbasen errichtet. So wurden Teile des heutigen Koreas besetzt und Teile des heutigen Vietnams erobert. Die unter Han Wudi annektierten Gebiete konnten nicht die gesamte Han-Zeit über gehalten werden. Innere Krisen führten auch zu einer Vernachlässigung der Grenzen.

Reiter und Pferd aus einem Gräberfeld in Yangjiawan bei Xianyang, Shaanxi. Beide sind Teil einer größeren ursprünglich polychromen Terrakottakavallerie, die an die Terrakottaarmee des Ersten Kaisers von Qin denken lässt, jedoch mit einer Höhe von 54 cm für das Pferd und 18 cm für den Reiter deutlich den Modellcharakter der Grabbeigabe zeigt.

Die Missionen des Zhang Qian

Bei der Suche nach Verbündeten gegen die Xiongnu boten sich die Yuezhi an. Es hieß, dass sie im Westen der Xiongnu herrschen sollten. Tatsächlich waren sie zuvor von den Xiongnu nach Westen abgedrängt worden und hatten sich an den nordwestlichen Grenzen Indiens, in Baktrien, niedergelassen und das Kushan-Reich gegründet. 138 v. Chr. wurde daher Zhang Qian mit der Führung einer Gesandtschaft von 100 Mann betraut, die ein Bündnis mit den Yuezhi schließen sollte. Für Zhang Qian endete diese erste Mission jedoch mit 10 Jahren Gefangenschaft bei den Xiongnu, bevor er schließlich fliehen konnte und zu den Yuezhi gelangte. Diese zeigten kein Interesse an einem Bündnis und so kehrte Zhang Qian 126 v. Chr. zwar mit reichlich Erfahrungen, aber letztlich erfolglos nach Chang'an zurück. Doch der Kaiser vertraute ihm 115 v. Chr. trotzdem eine zweite Mission an. Er sollte wieder nach Westen aufbrechen. Dieses Mal aber, um die von Legenden umwobenen Pferde der Wusun zu erlangen. Die Wusun waren Pferdezüchter, die im Tal des Ili lebten. Im Reich der Han herrschte angesichts der Auseinandersetzung mit den Xiongnu ein großer Bedarf an schnellen, kampffähigen Pferden. Die Ausbeute an Pferden war allerdings angesichts der Kraftanstrengung dieser Mission gering. Als wertvoll erwies sich jedoch der Schatz an neuen Kenntnissen: Neben Pflanzen und anderen Naturprodukten erreichte die Kunde vom Römischen Reich den Hof und gab einen Impuls, die Handelsbeziehungen auszudehnen und entlang der Route, die später den Namen Seidenstraße erhielt, eine Verbindung zwischen China und dem Westen zu schaffen.

Aufstieg der Großgrundbesitzer

In den Gräbern der Han finden sich zahlreiche »Geistergeräte« (*mingqi*), Miniaturausgaben oder Imitationen von Gegenständen,

Grabbeigabe in Form eines Modells:
Torbau mit Torwächtern aus der Han-Zeit.

SIMA QIAN UND DER BEGINN DER CHINESISCHEN GESCHICHTSSCHREIBUNG

Nachdem Sima Qian (ca. 145–85 v. Chr.) sich bei Han Wudi unbeliebt gemacht hatte, indem er einen General verteidigt hatte, der sich den Xiongnu ergeben hatte, stand er vor der Wahl, das Versprechen gegenüber seinem Vater zu brechen und das von ihm begonnene Geschichtswerk unvollendet zu lassen oder die Demütigung der Palaststrafe (Kastration) zu erleiden. Sima Qian blieb seinem Versprechen treu und schuf mit dem *Shiji* (»Aufzeichnungen des Historikers«) ein Monumentalwerk, das die offizielle Geschichtsschreibung der gesamten Kaiserzeit prägte.

In 130 Kapiteln entwirft das *Shiji* ein Bild der chinesischen Geschichte von den Anfängen bis zur Gegenwart des Sima Qian. Die politische Ereignisgeschichte wird in chronologischer Folge anhand der Herrscherhäuser vorgestellt. Am Anfang stehen dabei die Urkaiser, gefolgt von der Xia-, der Shang- und der Zhou-Dynastie bis zur Han-Herrschaft. Chronologische Tafeln geben einen summarischen Überblick über Herrscher, Würdenträger und wichtige Staatsdiener. Sachmonographien widmen sich den Themen Ritus, Musik, Maße, Kalender, Astrologie, Opfer, Wasserwege sowie Nahrung und Finanzen. 30 Kapitel sind den erblichen Häusern der Zhou-Zeit gewidmet. Am umfangreichsten ist der Bereich der 70 sogenannten Biographien. Überlieferungswürdiges zu großen Beamten, Militärs, aber auch Philosophen, Dichtern, Kaufleuten, Magiern sowie Abschreckendes über Rebellen und Meuchelmörder wurde so tradiert. Zudem finden sich Aufzeichnungen über die Völker jenseits des Zentralreichs der Han.

Sima Qian sah sich einer objektiven Geschichtsschreibung verpflichtet. Er und sein Vater kompilierten das *Shiji* – sofern möglich – aus zur Verfügung stehenden Texten und Urkunden, so dass es sich keineswegs um einen gänzlich frei formulierten Text handelt. Dennoch lassen die Konzeption und Auswahl wie auch die freien Passagen und das abschließende Urteil am Ende der Biographien eine Wertung erkennen. Anhand historischer Persönlichkeiten werden Tugenden wie Charakterstärke und Loyalität gepriesen und Niedertracht und Wankelmut angeprangert. Noch während der Han-Herrschaft legte Ban Gu (32–92) mit der Geschichte der (Früheren) Han (*Hanshu*), die sich lediglich auf den Zeitraum von 206 v. Chr.–24 n. Chr. erstreckt, ein zweites prägendes Geschichtswerk vor. In der Folge wurden dann nach dem Erlöschen einer Dynastie, dem Vorbild des *Shiji* und *Hanshu* entsprechend, Dynastiegeschichten abgefasst. Angesichts der Vorgängerdynastie legitimierte sich so die herrschende Dynastie und fällte das Urteil der Geschichte. Über 2000 Jahre werden von einem Corpus von inzwischen 25 Dynastiegeschichten abgedeckt und bezeugen die Einzigartigkeit der chinesischen Geschichtsschreibung.

Shiji, chinesischer Titel des Geschichtswerkes von Sima Qian.

die dem Grabherrn mitgegeben wurden. Die Kosten für die Begräbnisse waren trotzdem hoch und trieben manche Familien in den Ruin, wie die Quellen berichten.

Bereits unter Han Wudi kam es zu einer steigenden Konzentration des Landbesitzes in den Händen der Großgrundbesitzer und einem Machtverlust des alten Adels. Ein Hauptproblem des Staates war stets die Steuerpolitik. Die Hauptsteuerlast trugen die Bauern, doch gerieten viele in die Abhängigkeit der Großgrundbesitzer, die ihrerseits keine sehr willigen Steuerzahler waren. Landlose und verarmte Bauern stellten außerdem ein gefährliches Unruhepotential für die innere Sicherheit dar. 81 v. Chr. wurde bei Hofe eine programmatische Richtungsdebatte abgehalten, in der sich das konservative konfuzianische gegen ein legistisches Lager stellte, das auf eine aktivere, interventionistische Wirtschaftspolitik des Staates drängte. Die Ergebnisse der Aussprache, in der sich die konfuzianischen Kräfte durchsetzten, wurden im *Yantie lun* (»Diskurs über Salz und Eisen«) festgehalten.

Die sechs Kaiser, die Han Wudi während der Westlichen Han-Zeit vor dem Interregnum des Wang Mang folgten, bildeten ein schwaches Gegen-

Angreifendes Einhorn aus Holz aus Wuwei, Gansu, dem Westen Chinas, aus der Späten Han-Zeit.

gewicht der Zentrale gegenüber den Interessen der landbesitzenden Regionen. Zhaodi (reg. 87–74) kam als minderjähriger Knabe auf den Thron und versuchte eine Balance zwischen den Lagern zu finden. Von den folgenden Kaisern trat Yuandi (reg. 48–33 v. Chr.) durch sein Bemühen um Sparsamkeit und die von ihm erlassenen Luxusverbote hervor. Sein Nachfolger Chengdi (reg. 32–7 v. Chr.) soll wenig Interesse an der Politik gehabt haben. Von ihm heißt es, er habe sich, beherrscht von seiner Leidenschaft für Hahnenkämpfe, inkognito in der Hauptstadt herumgetrieben. Vorschläge hoher Würdenträger mit einer Begrenzung des privaten Landbesitzes gegen ein Hauptübel des Staates anzugehen, griff er nur zögerlich auf und die zwei mächtigsten Familien des Landes wehrten eine Überprüfung des Landbesitzes schließlich ab.

Krise und ein gescheiterter Neubeginn

Der Streit um schwache Thronfolger der einflussreichen Familien begünstigte letztlich den Aufstieg des Wang Mang (45 v.–23 n. Chr.). Er gründete, nachdem er die Regentschaft über zwei unmündige Kaiser übernommen hatte, mit der Unterstützung der Witwe des Kaisers Yuandi im Jahre 9 die Xin-Dynastie. Ihr Name war Programm: *xin* bedeutet »neu«. Die Geschichtsschreibung sieht in seiner Herrschaft nur ein Interregnum, da nach seinem Ende eine Restaurierung der Han erfolgte. Weil ihm kein großer Erfolg beschieden war, fiel das Urteil der Historiker über ihn recht negativ aus. Dabei plante er, dem Vorbild der Zhou nacheifernd, eine ganze Reformagenda umzusetzen. Er wollte die väterliche Rolle des Staates stärken, indem er Kornspeicher für Notzeiten errichten ließ und bei der Hofhaltung Ausgabenkürzungen einführte. Seine Finanzpolitik, die die Ausgabe von neuen Münzen und die Einziehung der privaten Goldbestände vorsah, stieß jedoch auf massive Widerstände und löste zudem eine Inflation aus. Als schlechtes Omen und große Katastrophe erwies sich die Laufänderung des Gelben Flusses im Jahre 11. Statt nördlich der Shandong-Halbinsel ins Meer zu fließen, formte sich südlich ein neues Flussbett. Überschwemmungen ließen Millionen Menschen landlos werden. Die Folge waren Aufstände in Shandong. Die Gruppierung der »Roten Augenbrauen« wuchs besonders rasch und fügte den Truppen des Wang Mang wiederholt Niederlagen zu. Der Aufruhr verbreitete sich in ganz Nordchina und die »Roten Augenbrauen« wurden erst im Jahre 27 von Liu Xiu, der als Restaurator der Han von 25–57 regierte, zur Kapitulation gezwungen.

Zeichen des Himmels

Omina, die als Zeichen des Himmels gedeutet wurden, erlangten mit der offensichtlichen Schwäche des Kaiserhauses der Liu eine immer größere Bedeutung. Eingebettet in ein philosophisches System, das auf den polaren Kräften des Yin und Yang beruhte und eine Korrelation zwischen Mikro- und Makrokosmos postulierte, in der fünf Elemente (*wuxing*) einander ablösten, wurden die Omina zu Gradmessern der Harmonie. Dem Kaiser als Sohn des Himmels fiel die Aufgabe zu, diese Harmonie durch eine behutsame Herrschaft zu schützen. Böse Omina wie Unwetter, Naturkatastrophen oder ungewöhnliche Ereignisse am Himmel wurden als Warnung gedeutet und entzogen dem Herrscher letztlich die Legitimation. Die Fülle der positiv interpretierten Omina ist kaum überschaubar und erscheint dem heutigen Betrachter wie der Besuch in einer Traumwelt. Da ist die Rede von süßem Tau, Phönixpaaren, Einhörnern, Wunderpilzen, Talismane aller Arten und den Flusstafeln, die als Herrschaftsinsignien und prophetische Texte betrachtet wurden. Die Deutung und Manipulation solcher Omina erblühte. Geschickt hatte Wang Mang eine Vielzahl Omina, die dem Hofe berichtet wurden, für sich genutzt, um sich der Unterstützung der Bevölkerung und der Gelehrten zu versichern. Ihm folgten andere nach und bis zur Tang-Zeit blieben Omina ein Bestandteil der Debatten um Legitimation bei Herrschaftswechseln. Eine große Zahl apokrypher Schriften entstand, in denen Omina und Prophezeiungen gesammelt wurden. Die Möglichkeit chinesische Schriftzeichen in ihre Bestandteile zu spalten und in der Form eines Zeichenrätsels neu zu lesen, eröffnete eine besonders gute Möglichkeit Prophezeiungen zu schaffen, die dann für die politische Propaganda genutzt werden konnten.

Restaurierung

Mehrere Abkömmlinge der Familie Liu stritten in den Jahren des Aufruhrs um die Vorherrschaft. Liu Xiu war zwar nur ein entferntes Mitglied der Liu-Familie, dessen Zweig seit Generationen zur Schicht der reichen lokalen Großgrundbesitzer gehörte, doch gelangte er an die Spitze der Opposition und restaurierte erfolgreich als Han Guangwu (reg. 25–57) die Dynastie. Bei der Wahl der Hauptstadt erhielt nun das weiter östlich gelegene Luoyang den Vorzug, weshalb die zweite Hälfte der Han-Herrschaft auch die Bezeichnung »Östliche Han« trägt. Aufstände, Bürgerkriege und Niederwerfung lokaler Machthaber führten in Mittel- und Nordchina zu einem rapiden Bevölkerungsrückgang. Schätzungen zufolge betrug sie weniger als 50 Prozent als im Jahre 2. So drängend auch die demographischen Probleme des Reiches waren, zuerst suchte Guangwu nach neuen Strukturen, das Reich zu verwalten und sich gegen die Übermacht der einflussreichen Familien zu wehren. Die Lösung bestand für ihn in der Refeudalisierung. Er vergab Lehen an Mitglieder der eigenen Familie in der Hoffnung so die Hausmacht der Liu zu stärken. Er selbst regierte mit strenger Hand über sein Sekretariat, das von Eunuchen geleitet wurde.

Die Eunuchen

Das Bild der Eunuchen in der Geschichtsschreibung ist überwiegend negativ gefärbt. Sie werden oft für den Untergang von Dynastien verantwortlich gemacht. Das gilt bereits für die Han-Zeit. Als den Eunuchen unter Han Shundi (reg. 126–144) gestattet wurde Söhne zu adoptieren und ihr Einfluss daraufhin vererbbar wurde, konnten sie sich durch geschickte Finanzaktionen und Landkäufe auch außerhalb des Hofes eine eigene Hausmacht aufbauen. Sie wurden zu Rivalen der ehrgeizigen Familien der Kaiserinnen im Machtkampf am Hofe. Entscheidend für das Schicksal der Familien war zumeist die Bestimmung des Thronfolgers. Oftmals wurden unmündige Thronfolger ausgewählt, so dass für eine Weile Regenten die Interessen der siegreichen Familie wahren konnten. Unter Han Huandi (reg. 146–168) wurden die Eunuchen derart mächtig, dass sie sich gegen die einflussreiche Familie der Liang wandten und in einem Massaker 159 die Kaiserinwitwe, eine Liang, und Tausende ihrer Angehörigen umbrachten. Die Eunuchen entschieden auch die Wahl des Thronfolgers und setzten mit Han Lingdi (reg. 168–189) einen von ihnen auserwählten Kaiser auf den Thron. Die Tatsache, dass sich während seiner Herrschaft vier Gegenkaiser ausrufen ließen, kündet von der Instabilität der Dynastie. Intrigen und politische Verfolgungswellen bestimmten das Leben am Hof zwischen 169 und 184. Die konfuzianischen Gelehrtenbeamten hätten ein Gegengewicht gegen die Eunuchen bilden können und so wurden sie im Jahre 170 Opfer einer Mordkampagne. Als Lingdi schließlich starb, ohne einen Nachfolger zu hinterlassen, ergriff General Yuan Shao (gest. 202) die Initiative. Er stürmte den Palast in Luoyang und ließ im September 189 mehr als 2000 Eunuchen hinrichten, nachdem es der Anti-Eunuchen-Fraktion bei Hofe nicht gelungen war, diese selbst auszuschalten. Statt der Eunuchen und der Beamten herrschten nun die Militärs.

Die Fünf Scheffel Reis-Sekte und der Aufstand der Gelben Turbane

Im dritten Jahrhundert entwickelte der Daoismus eine Dynamik als Motor von Volksbewegungen, da sich einige seiner Führer als Propheten eines göttlichen Laozi sahen. Die Fünf Scheffel Reis-Sekte, mit Basis in der Hanzhong-Region in den Bergen nahe des Yangzi, wurde von Zhang Daoling begründet. Er hatte 142 eine Vision, in der er sich von Laozi zum irdischen Führer erwählt sah. Seine Anhänger mussten fünf Scheffel Reis als Gabe bringen, woher eine der Bezeichnungen für ihre Gemeinschaft rührt. Statt wie bisher als daoistischer Meister mithilfe von Drogen, Atemübungen, Diäten oder Sexualtechniken auf die individuelle Überwindung von Sterblichkeit ausgerichtet zu sein, beanspruchte Zhang Daoling mit diesem neuen religiösen, institutionalisiertem Daoismus seiner Anhängerschar zu einem besseren Leben auf Erden zu verhelfen. Dazu gründete er eine Institution, in der Unterführer, den Dorfältesten ähnlich, ihrerseits kleine Gruppierungen anführten. Gottheiten sollte nicht mehr mit Fleischopfern aufgewartet werden. Es galt aufrecht zu sein und nicht zu lügen. Krankheit wurde als Zeichen dafür gesehen, dass ein Anhänger die Gebote verletzt hatte. Dagegen sollten Rezitationen des *Daodejing* wirken. Ihre Gemeinschaft hielt sich im Bereich Sichuan bis zur Machtübernahme von Cao Cao 215.

> Beim **60er-Zyklus** werden 10 Himmelsstämme (*tiangan*) mit 12 Erdstämmen (*dizhi*) so kombiniert, dass 60 verschiedene Kombinationen entstehen. Die Zeichen der 10 Himmelsstämme markierten schon auf den Orakelknochen die Tage einer Dekade und bilden in Kombination mit den Erdstämmen Kalenderdaten. Später wurden auch Jahre nach diesem System gezählt.

Wesentlich politischer zeigte sich die Bewegung der Gelben Turbane, so benannt nach ihren gelben Kopfbändern. Angesichts einer Welle von Epidemien in den Jahren vor 184 hatten Mitglieder der Sekte Heilung durch geweihtes Wasser versprochen. Auch sie betrachteten Krankheit als die Manifestation von Schlechtigkeit und fanden breite Zustimmung in vielen Gesellschaftsschichten. Der dritte Monat des Jahres 184 galt als glückverheißend, da dann wieder ein neuer Sechzigerzyklus begann. Deshalb planten die Gelben Turbane für dieses Datum eine Erhebung, um ein neues besseres Zeitalter unter der Devise *Taiping* (»Großer Friede«) einzuläuten. Die Kunde von der Rebellion sickerte jedoch bis zu den Regierungsbeamten durch und einer der Führer wurde festgenommen. Der Aufstand brach daraufhin im weiten Umkreis um die Hauptstadt verfrüht los. Den kaiserlichen Truppen waren die Gelben Turbane nicht gewachsen und so wurde die Bewegung ebenso rasch niedergeschlagen wie sie begonnen hatte.

Aufstieg der Militärmachthaber

Mit dem Eingreifen des Militärs 189 begann der endgültige Niedergang der Han. Die öffentliche Sicherheit konnte nicht mehr aufrechterhalten werden und es kam zu Plünderungen in Luoyang. Das Kind, das 189 als Shaodi zum Nachfolger des Lingdi proklamiert worden war, wurde vom Kriegsherrn Dong Zhuo (gest. 193) wieder abgesetzt und Xiandi (reg. 189–220) als eine weitere Marionette inthronisiert. 190 fühlte sich Dong Zhuo in Luoyang nicht mehr sicher und ließ den 14-jährigen Kaiser nach Chang'an bringen. Luoyang sollte abgebrannt werden und die dort noch ausharrende Bevölkerung wurde gezwungen, sich auf einen Gewaltmarsch nach Chang'an zu begeben. Dong Zhuo selbst floh 191 auch nach Chang'an, wurde aber ein Jahr später von seinen eigenen Gefolgsleuten ermordet. In den Wirren gelang es dem Kriegsherrn Cao Cao (155–220) im Jahre 196 Xiandi und seine junge Gemahlin unter seinen Schutz zu stellen, auf dass er sich als loyaler Diener der Han präsentieren konnte. Der Zeitpunkt für einen Dynastiewechsel schien noch nicht gekommen. Yuan Shu (gest. 199), ein rivalisierender Kriegsherr, scheiterte 197 beim Versuch, eine neue Herrschaft auszurufen. Nachdem die Zentralregierung seit 140 ihre Ordnungsfunktion nicht mehr aufrechterhalten konnte, hatte sich die Oberschicht

Zweirädriger bronzener Pferdewagen aus Wuwei, Gansu. Das Pferd ist 40 cm hoch.

der Großgrundbesitzer im Norden mit der Situation notdürftig arrangiert und sie unterhielten oft eigene Schutztruppen. Im Süden herrschten alte Clan-Strukturen fort und füllten so Bereiche des entstandenen Machtvakuums. Noch schien es keine Alternative zu geben und es blieb die Hoffnung auf eine Restaurierung der immerhin fast 400-jährigen Herrschaft der Han.

Getrennte Wege – Norden und Süden zur Zeit der Teilung (220 – 589 n. Chr.)

Nach dem Zusammenbruch der Han herrschten bürgerkriegsähnliche Zustände und die Kriegsherren stritten um Teile des ehemaligen Zentralreichs. Keinem gelang es jedoch, eine Allianz zu schmieden, die China wieder vereint hätte. So dominierte Cao Cao schließlich den Norden, während sich die Brüder Sun im Südosten des Reiches eine eigene Machtbasis schufen und im Südwesten Liu Bei (161–223) an die letzte Dynastie anknüpfen wollte. Cao Pi, Sohn des Cao Cao, machte den Anfang und rief 220 ein neues Reich aus und die anderen folgten rasch. Diese Dreiteilung des Reiches wurde von den Westlichen Jin (265–317) zwar wieder aufgehoben, doch

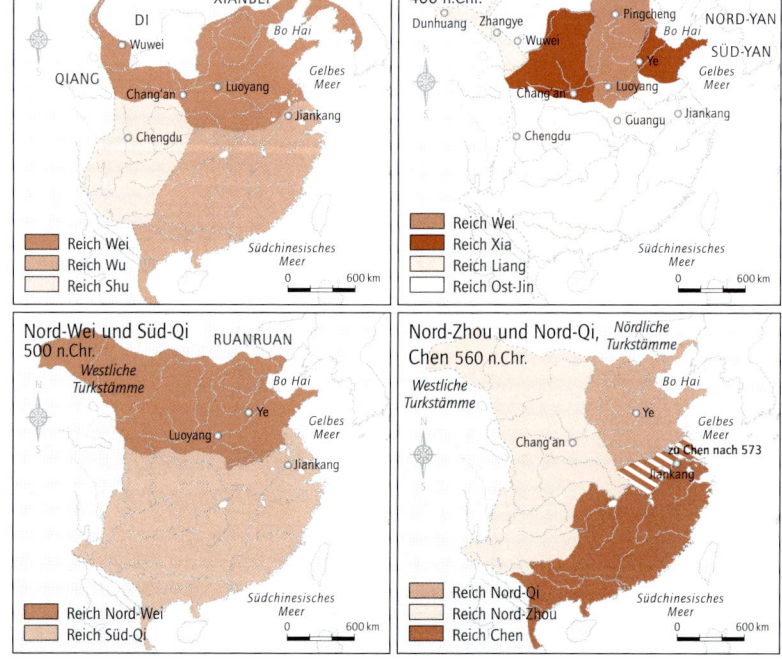

Während der Zeit der Teilung (220–589 n. Chr.) entstanden im Norden und Süden Chinas in rascher Folge eine Vielzahl von Staaten, wobei der Norden meist von Fremdherrschern aus der Steppe dominiert wurde.

mussten sie aufgrund innerer Unruhen und dem gewachsenen Druck der Fremdvölker aus dem Norden fliehen und restaurierten sich als Östliche Jin (317–420) in der Region des heutigen Nanjing. Gleichzeitig wurde der Norden weitgehend von Fremdvölkern der Steppe dominiert. In der Zeit zwischen 304 und 439 werden 16 illegitime Staaten gezählt, von denen lediglich drei nicht von Fremdherrschern gegründet wurden. Die Nördlichen Wei (386–534), geführt vom turkstämmigen Xianbei-Volk brachten dann wieder den gesamten Norden unter eine Herrschaft. Sie wurden von vier kurzlebigen Dynastien abgelöst, bis die Sui (581–618) den Norden mit dem Süden, wo den Östlichen Jin vier andere Dynastien gefolgt waren, wiedervereinigen konnten.

Drei Reiche

Cao Cao herrschte formal zwar noch unter Han-Herrschaft, stützte sich aber auf eine Militärdiktatur, die legistischen Prinzipien verpflichtet war. Die Nordgrenzen des Reiches ließ er durch Ansiedlung von Wehrbauern gegen Einfälle der Steppenbewohner sichern und stärkte die Landwirtschaft durch die Reorganisation des Bewässerungssystems. Zur Rekrutierung von Beamten führte er ein neunstufiges Rangsystem ein, das auf Empfehlung und Evaluation beruhte. Anstrengungen Cao Caos China erneut zu vereinen, blieben aber erfolglos, da sich die Kriegsherren des Südwestens und Südostens zusammengeschlossen hatten und Cao Caos Vormarsch bei der legendären Schlacht an der Roten Wand in Hubei 208 stoppen konnten. Als Cao Cao 220 verstarb, war es sein Sohn Cao Pi (187–226), der die Abdankung des letzten Han Kaisers entgegennahm und sich als Kaiser des Staates Wei (220–265) ausrufen ließ. Seinem Vorbild folgte ein Jahr später, 220, Liu Bei. Er versuchte sich mithilfe seines Familiennamens Liu als Abkömmling der Han zu legitimieren und begründete das Reich Shu Han (221–263), das jedoch 263 durch Wei ausgelöscht wurde.

Nachdem sich im Südosten Sun Quan (185 – 252) dem neuen Nord-Herrscher zuerst unterworfen hatte, proklamierte er im Jahre 221 auch sein eigenes Reich Wu (222–280) mit einer Hauptstadt im Gebiet des heutigen Nanjing. Von allen drei Reichen hatte seines am längsten Bestand, was durch seine florierende Wirtschaft und stetiges Bevölkerungswachstum erklärt werden kann. Nach dem Tod des Sun Quan brachen in Wu jedoch Thronfolgestreitigkeiten aus. So konnte 265 die Generalsfamilie der Sima, welche bereits länger die Familie Cao dominierte, auch den Süden einnehmen. Für kurze Zeit brachte die Sima-Familie wieder größere Teile Chinas unter eine Herrschaft.

Xi Kang (223–262), Dichter und Virtuose auf der Zither, einer der »7 Weisen vom Bambushain«. Abklatsch von einem Ziegelrelief aus einem Grab des 5. Jh.s.

Zeitweilige Einheit – Die Westlichen Jin

Sima Yan (236–290), Gründungskaiser Wu der Westlichen Jin-Dynastie (265–317), sah sich einer Vielzahl von Problemen gegenüber. Um den Staat zu finanzieren, mussten die Steuereinnahmen gesichert werden. Eine Zählung der steuerpflichtigen Haushalte im Jahre 280 ließ jedoch erkennen, dass ihre Zahl seit der letzten Zählung im Jahre 156 um mehr als 70 Prozent gesunken war. Trotz aller Ungenauigkeiten – da anstatt Einzelpersonen Haushalte erfasst worden waren – lässt dieses Ergebnis sicher auf einen massiven Bevölkerungsrückgang infolge der kriegerischen Zeiten schließen, aber auch Steuerflucht und Abwanderung in Gebiete, die bei der Zählung nicht erfasst werden konnten, spiegeln sich in dieser Zahl wider. Doch selbst ernsthafte Bemühungen der Regierung die Bodenverhältnisse zu restrukturieren und damit die Landwirtschaft als Basis des Staates zu stärken, halfen nicht. Zunehmender Druck der Steppenbewohner, wenig Autorität über die erstarkten Großgrundbesitzerfamilien des Reiches und innere Zwistigkeiten, die sich in der »Rebellion der Acht Prinzen« äußerten – einem Machtkampf, der zwischen 300 und 306 das Land in einen regelrechten Bürgerkrieg stürzte – führten nach nur knapp einem halben Jahrhundert zum Ende des Einheitsreiches unter den Westlichen Jin und zur längsten Teilung Chinas in der Geschichte, die erst 581 von den Sui wieder aufgehoben wurde.

So unruhig die Zeiten, so blühend das Geistesleben, das ist der Eindruck angesichts der Entwicklungen in Literatur, Philosophie, Kunst und Religion. Befreit von starrer, staatlicher Orthodoxie und angesichts der ständigen Bedrohung des eigenen Lebens, wandten sich viele Gelehrte vom Staat ab und dem Individuum zu. Am deutlichsten wird dies anhand der Gruppe, die unter der Bezeichnung die **7 Weisen vom Bambushain** bekannt wurde. Nicht alle hatten sich in die Einsiedelei zurückgezogen und ob sie tatsächlich einen Zirkel bildeten, ist umstritten. Doch stehen sie mit ihren ganz unterschiedlichen Charakteren für den freien Geist der Zeit. **Xi Kang**, ein bedeutender Dichter und Musiker, verweigerte sich dem Dienst bei Hofe und suchte, inspiriert von den Ideen des Daoismus, nach der Unsterblichkeit. Gerade wegen seiner Verweigerung wurde er öffentlich hingerichtet. Scheinbar unbeeindruckt, soll er dort vor seinem Tod noch ein letztes Stück auf seiner Zither gespielt haben.

Vom Exil zur Heimat – Die Östlichen Jin

Im 6. Jahrhundert war China von der Teilung in Nord und Süd geprägt und es herrschte eine große kulturelle Diversität. Die alte Nordelite war nach dem Zusammenbruch der Westlichen Jin 317 in den Süden geflohen und begründete die Östlichen Jin (317–420). Diese mussten zunächst die Gefahr einer Eroberung durch den Norden bannen. Ihr Sieg über die Truppen der Früheren Qin (350–394), eines der fremdgeführten regionalen Reiche im Norden im Jahre 383 am Fei-Fluss in Anhui gilt daher als Wendepunkt in der Geschichte. Eine Wiedereroberung

des Nordens durch den Süden schlug jedoch fehl und für die nächsten 200 Jahre blieb das Reich zwischen dem Norden und Süden geteilt.

Das Kaiserhaus der Östlichen Jin war durch den großen Einfluss der bedeutenden Familien Wang, Huan, Yu und Xie stark eingeschränkt. Kaum etwas erinnerte noch an den Nimbus und die Machtfülle bedeutender Kaiser der Han-Zeit. Die Östlichen Jin sahen sich in der Rolle von Emigranten in einer ihnen fremden Umgebung und reagierten mit kulturellem Konservatismus. Sie verstanden sich als Bewahrer und legitime Erben der Han-Kultur und hielten am Luoyang-Dialekt fest. Stolz pflegten sie Literatur, Ritus und Musik im Stil der Han. Die Ureinwohner im Süden und in abgelegenen Bergregionen wurden kolonisiert oder immer weiter verdrängt. Da die natürlichen Bedingungen sehr günstig waren, florierten aber die Landwirtschaft und der Handel. So vollzog sich im Verlauf der Zeit ein steter Wandel: Reis wurde zum Hauptgericht, Moden und Stil änderten sich. Die Frauen wurden wesentlich mehr in ihrem Handlungsfreiraum beschränkt als im Norden und das Konkubinat wurde standesgemäß.

Die südlichen Dynastien

Bis 420 hielt sich die Sima-Familie als Östliche Jin in der neuen Hauptstadt Jiankang, im Bereich des heutigen Nanjing, bevor sie durch Militärs aus ihren eigenen Reihen abgelöst wurde. Zuvor hatte der Aufstand des Huan Xuan 389 die Hauptstadt erschüttert. Sein Versuch, eine eigene Dynastie zu begründen, schlug zwar fehl, läutete aber die Abfolge von vier kurzlebigen Dynastien im Süden ein: Liu Song (420–479), Südliche Qi (479–502), Liang (502–557) und Chen (557–589). Gegründet von Generälen entstanden sie alle in ähnlicher Weise und behielten Jiankang als Zentrum bei. Große Macht hatten ihre Herrscher nicht, da sie kaum etwas gegen die mächtigen, landbesitzenden Familien ihrer Reiche ausrichten konnten. Die Familien ihrerseits achteten streng darauf, ihren gesellschaftlichen Status durch genealogische Register und eine gezielte Heiratspolitik untereinander nicht zu gefährden. So formte sich eine Aristokratie, die Salons führte und einen elitären Buddhismus pflegte. Kaiser Wu der Liang (reg. 502–549) tat sich als fähiger Herrscher hervor, der den Seehandel unterstützte und den Buddhismus in besonderer Weise förderte. Aber auch ihn ereilte das gleiche Schicksal, das er selbst der Vorgängerdynastie zugefügt hatte. Hou Jing, ein Anführer der vielen privaten Armeen, marschierte nach Jiankang und belagerte die Stadt. Kaiser Liang verhungerte. Die nachfolgende Chen-Dynastie hingegen wurde 589 von den Sui beendet und es begann eine neue Phase der Einheit.

Herrschaft der Steppennomaden im Norden

Der Norden sah ebenfalls viele unterschiedliche Regime in schneller Folge entstehen und vergehen. Kriegerische Tugenden wie das Reiten, die Jagd mit Hunden und Falken sowie das Bogenschießen waren hoch angesehen. Frauen hatten einen größeren Handlungsspielraum als ihre Geschlechtsgenossinnen im Süden und Monogamie herrschte vor. Die Fremdvölker dominierten, mit denen sich viele der etablierten Familien, die im Norden geblieben waren, arrangierten. Es wurden gemischte Ehen geschlossen und man lernte voneinander die unterschiedlichen Sprachen und Gebräuche.

Die Tuoba Wei

Eine kurze Phase der Stabilität ergab sich unter den Nördlichen Wei, die als regionale Kraft 386 begannen. Ihre Führer gehörten zu den turkstämmigen Xianbei, einem geübten Reitervolk. Unter ihrem Herrscher Xiaowen (471–499) erreichte ihre Sinisierung mit der Abschaffung der Xianbei-Kulte, dem Verbot der Xianbei-Sprache, einem hanchinesischen Prüfungssystem, der Ermunterung zu interkulturellem Heiraten, einer Landreform nach antik chinesischem Vorbild,

Gepanzertes und gesatteltes Pferd der Xianbei-Steppennomaden der Nördlichen Wei, die auch als Tuoba Wei bezeichnet werden.

der Wiederbelebung des Konfuziuskultes, der Übernahme chinesischer Familiennamen und der Verlagerung ihrer Hauptstadt aus der Steppe nach Luoyang einen Höhepunkt. Doch diese Politik stieß auf Widerstand der nicht sinisierten Xianbei in den nördlichen Grenzregionen und es kam zum Aufstand der »Sechs Garnisonen«, in dessen Verlauf die neu nach antiken chinesischen Vorbildern errichtete Hauptstadt Luoyang zerstört und große Teile der Elite massakriert wurden. Das Wei-Reich zerbrach in zwei Teile: Östliche Wei (sinisiert mit Hauptstadt Ye in Henan) und Westliche Wei (weniger sinisiert mit Hauptstadt in Chang'an). Die Östlichen Wei wurden 550 von den Nördlichen Qi abgelöst und die Westlichen Wei von den Nördlichen Zhou.

Den Blick weit nach Westen – China zur Zeit der Sui und der Tang

Die Wiedervereinigung unter den Sui

541 war das Geburtsjahr von Yang Jian, einem Mann, dem es gelingen sollte, den Norden und den Süden Chinas wieder zu vereinen und mit der Sui-Dynastie (581–618) eine Basis für die Blüte der nachfolgenden Tang (618–907) zu legen. Im zentralistischen Regierungsstil und ihrem Einigungswerk zeigen sich Parallelen zwischen der kurzlebigen Herrschaft der Sui und der Qin, welche den Han-Kaisern den Weg geebnet hatten. Wie bereits die Qin unternahmen auch die Sui große zentrale Kraftanstrengungen, die den Zusammenhalt des Reiches und seine Verteidigungsfähigkeit steigern sollten. Der Bau einer neuen Hauptstadt, die Errichtung großer Mauerabschnitte im Norden zählt dazu, wie auch der Ausbau der Wasserwege.

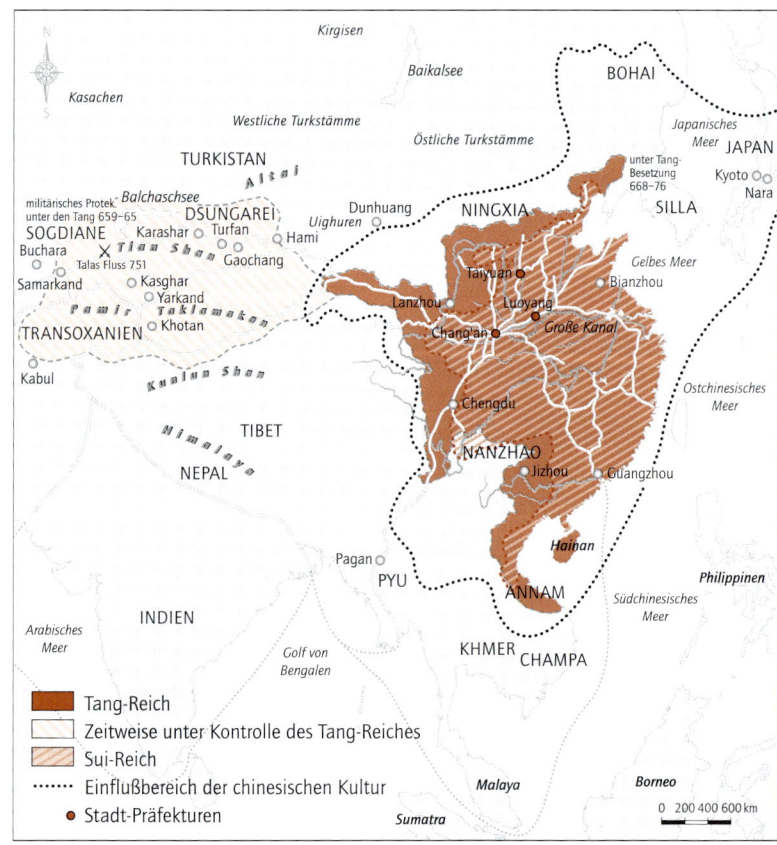

China unter der Herrschaft der Sui (581–618) und der Tang (618–907).

Grundlage der Regierung war in beiden Fällen der Legismus, allerdings nutzten die Sui gleichzeitig die integrative Kraft des Buddhismus, um sich der Unterstützung der Bevölkerung zu versichern.

Yang Jian, Kaiser Wen der Sui

Yang Jian war ein ranghoher Militär der Nördlichen Zhou und eine seiner Töchter wurde Gemahlin des Thronfolgers. Als der Thronfolger dann an die Macht kam – so berichten die Quellen – habe es den Anschein gehabt, dass er seine Gemahlin aus dem Hause Yang gegen eine neue Hauptfrau ersetzen wollte, was die gesamte Familie Yang in eine gefährliche Situation gebracht hätte, worauf Yang Jian dann mit einem *coup d'état* die Macht ergriff.

Während der Norden und der Westen unter dem Einfluss nomadischer und halbnomadischer Völkerschaften standen und die Pferdezucht eine große Rolle spielte, war der **Osten** mit ca. ⅔ der Bevölkerung besonders dicht besiedelt. Hier dominierte das **Erbe der alten Han-Kultur** in seinen unterschiedlichen Ausprägungen. Die in chinesischen Quellen abschätzig als »Südbarbaren« bezeichneten Man, Mitglieder der tibetoburmesischen Sprachgruppe, prägten die heutigen Provinzen Yunnan und Guizhou. Thai-Ethnien lebten im Küstenbereich und Vietnam, welches in Teilen unter den Han-Kaisern in das chinesische Reichsgebiet integriert worden war. Im fruchtbaren Gebiet Chengdus in Sichuan siedelten tibetische Völkerschaften.

Yang Jian wird als ein außergewöhnlicher Mann beschrieben. Aufgewachsen in einem buddhistischen Kloster, gebildet und ein hervorragender Reiter und Bogenschütze, heiratete er mit Mitte 20 die Tochter einer notablen Familie des Nordens, die sowohl Xiongnu- als auch Xianbei-Vorfahren vereinigte. Sie trug den Sanskrit-Namen Qieluo alias Kālā und Yang Jian musste ihr versprechen, keine Konkubinen zu halten. Beide wurden als die »zwei heiligen Herrscher« (*ersheng*) bezeichnet, da sie eine aktive Beraterrolle in der Regierungsführung ausübten. In den späten Jahren der Ehe ging Yang Jian ein Verhältnis mit einer jüngeren Frau ein. Qieluo, fast 50-jährig, zeigte große Eifersucht und ließ die Nebenbuhlerin vergiften. Daraufhin verunglimpfte sie auch alle Minister und Prinzen, die Kinder von Konkubinen erwarteten und trieb so einen Keil zwischen ihren Mann und seine wichtigsten Berater.

Kaiser Wen und seine Gemahlin waren beide fromme Buddhisten. Neben der persönlichen Frömmigkeit diente der Buddhismus aber auch der Herrschaftslegitimation. Ein Höhepunkt war 601 erreicht, als der Kaiser in Anlehnung an den indischen Herrscher Aśoka (reg. ca. 268–233 v. Chr.) überall im Reich Reliquien verteilen ließ und sich selbst besonders der gläubigen Bevölkerung des Südens als Förderer des Buddhismus präsentierte. Im Süden des Reichs war sein Rückhalt am schwächsten, zumal er den südlichen Staat Chen erst 589 bezwungen hatte. Anstatt, wie er es gewohnt war, als Kriegsherr der nördlichen Steppenlandschaft aus dem

Sattel heraus zu kämpfen, setzte er bei der Eroberung der Chen auf Kriegsschiffe und psychologische Kriegsführung: Er ließ 300 000 Kopien mit den »Verbrechen« des Chen-Herrschers und Berichte über Omina des Himmels im Süden verteilen. Der letzte Chen-Herrscher wurde gefangen, lebte aber bis 604 in der neuen Sui-Hauptstadt. Das alte Zentrum des Südens, Jiankang, wurde jedoch völlig zerstört. Um die Südbewohner für sich einzunehmen, wurden für zwei Jahre die Steuern ausgesetzt. Allerdings bauten die Sui auf nördliche Verwaltungskräfte und so kam es zwischen den Einwohnern und ihren fremden, andere Dialekte sprechenden und kulturell völlig unterschiedlich geprägten, neuen Vorgesetzten häufig zu Konflikten.

Integration des Südens, Expansion und Kollaps

Die Integration des Südens schritt unter dem Sohn des Gründerkaisers voran. Wirtschaftlich hatten sich der Norden und der Süden während der Zeit der Teilung weit auseinander entwickelt. Im Norden war man meist zur Selbstversorgung unter der Führung weniger einflussreicher Familien zurückgekehrt. Handel und Geldwirtschaft hatten an Bedeutung abgenommen, im Gegensatz zum wirtschaftlich prosperierenden Süden.

591 bot sich für Yang Guang die Gelegenheit seinen älteren Bruder, der aufgrund seiner Abkehr von der Monogamie das Missfallen seiner Mutter erregt hatte, auszuschalten. 600 wurde er zum Thronfolger ernannt, siedelte in die Hauptstadt über und bestieg als Yangdi 604 den Thron. Seine Eltern hatten ihn zuvor mit einer gebildeten Nachfahrin aus dem ehemaligen Herrscherhaus der Späteren Liang verheiratet. Ihre Kenntnisse nutzend hatte sich Yangdi bereits vor der Thronbesteigung der Befriedung des Südens gewidmet. Schließlich wurde er sogar zum Patron

Grabwächter eines Sui-Generals aus Anyang, Henan.

der buddhistischen Tiantai-Sekte des Südens. Aber er gab auch dem Dao-ismus und den konfuzianischen Studien Raum. Sein Geschichtsbild ist stark von dem Umstand geprägt, dass er bereits der letzte Herrscher der Sui war. So werden ihm Hochmut und Verschwendungssucht nachgesagt. Ne-ben Daxing im Westen beim heutigen Xi'an errichtete er in Luoyang eine zweite östliche Hauptstadt und plante eine dritte südliche Hauptstadt in Jiangdu, dem heutigen Yangzhou. Die großen Bauvorhaben der Sui sollen das Volk erschöpft haben. Dazu kamen erfolglose Expansionspläne den Staat Koguryô, einen der drei Staaten neben Silla und Paekche im Gebiet des heutigen Korea, einzunehmen. Die Folge waren Revolten und während Sui Yangdi sich nach Jiangdu zurückzog, trat mit Li Yuan, dem Gründer-kaiser der Tang, ein neuer Hauptakteur der Geschichte auf die Bühne.

Kaiyuan-Münze. *Kaiyuan* bedeutet »Neuer An-fang«. Der Gründungs-kaiser der Tang ließ 621 solche Standardmünzen mit einheitlicher Größe, Gewicht und Metallzu-sammensetzung prägen und schuf damit ein Zah-lungsmittel, das während der gesamten Tang-Zeit zirkulierte.

Die Tang

Die Herrschaft der Tang (618–907) gilt als eine Blütezeit der chinesischen Geschichte. Das Imperium erreichte gewaltige Ausmaße und prägte mit seiner Kul-tur und seinen Institutionen ganz Ostasien. Deutlich ist dies am Beispiel Japans zu sehen, das zur Tang-Zeit die chinesi-schen Schriftzeichen über-nahm und dessen frühe Tem-pelarchitektur uns heute noch einen Einblick in den Stil der Tang vermittelt. Gleichzeitig erreichten Kultur-güter aus dem Westen über die Seidenstraße China. Das Leben in der Hauptstadt war zeitweilig von einem kosmopolitischen Miteinander der unterschiedlichsten Religionen ge-prägt, die durch die Händler nach China ge-langt waren. So strahlend das Tang-Reich im Rück-blick erscheint, so kurzlebig und krisengeschüttelt war diese Blüte bei nä-herer Betrachtung. Nur wenige Jahrzehnte übten die Tang tatsächlich eine Hegemonie über weite Bereiche im Westen bis nach Zentralasien aus. Die Machtergreifung durch die Kaiserinwitwe Wu Zhao, die als Kaiserin einer

DAS KANALSYSTEM

Schon früheren Dynastien war bewusst, welch große Bedeutung Wasserwege für den Gütertransport hatten. Doch war es der erste Sui-Kaiser, der 584 mit dem Befehl an seinen Hofarchitekten Yuwen Kai, einen ersten großen Kanal von der Hauptstadt Daxing östlich zum Dongguan-Pass nahe des Zusammenflusses von Wei und Gelbem Fluss erbauen ließ. Dies war richtungsweisend für die Zukunft, da der Norden und die Hauptstadt in der Nähe des heutigen Xi'an am Wei-Fluss auf Getreidelieferung aus dem Gebiet des Yangzi angewiesen waren.

Der Kanalbau lief größtenteils entlang alter Kanäle oder kanalisierter Flüsse. Der neue Wasserweg erreichte teilweise 40 Meter Breite und wurde von Alleen und Relaisstationen flankiert. 610 ordnete der zweite Sui-Kaiser einen Kanalbau von Yangzhou südlich zur Bucht von Hangzhou an, wovon Hangzhou sehr profitierte. Der längste der Kanäle war aber der Yongjiqu, der 608 nicht weit vom Zusammenfluss des Luo mit dem Gelben Fluss in nordöstliche Richtung fließen sollte. Um ihn mit ausreichend Wasser zu versorgen, musste der Qin-Fluss umgeleitet werden. Dieser Kanal diente nicht nur den Getreideschiffen sondern auch dem Truppentransport. Zum Bau dieses Kanalsystems wurden sogar – ein Novum – Frauen eingezogen. Damit konnten die Sui sämtliche landwirtschaftlich prosperierenden Flächen – außer derer Sichuans – gut in ein Transportsystem einbin-

den. Allerdings fiel das Urteil der konfuzianisch gestimmten Geschichtsschreiber, die zumeist keine Wirtschaftsexperten waren, sehr negativ aus. Sie sahen nur die Kraftanstrengung und die militärische Dimension der Bauten. Die glücklichen Erben dieser Kraftanstrengung waren die Tang und auch später blieb das Kanalnetz und seine Pflege stets ein kritischer Faktor für die wirtschaftliche Einheit und Stärke des chinesischen Reiches.

Unter der Mongolenherrschaft wurde ab 1279 das Großprojekt in Angriff genommen, die Reisanbauzentren am Taihu in der Yangzi-Region mit der neuen Hauptstadt Khanbalik in der Nähe des heutigen Beijing im Norden zu verbinden. Obwohl zu dieser Zeit auch die Küstenschifffahrt an Bedeutung gewonnen hatte, so entstand doch mit dem Großen Kanal, der auch Kaiserkanal genannt wird, eine wichtige Lebensader für den Transport von Steuergetreide, Seide und anderen Gütern. Nachdem der Gelbe Fluss 1855 seinen Lauf änderte und weiter südlich ins Meer floss, war der Kanal zeitweilig nicht mehr schiffbar, wurde aber 1950 wieder instand gesetzt.

Großer Kanal bei Wuxi in Jiangsu.

eigenen Zhou-Dynastie von 690–705 regierte, zeigt zudem deutlich, wie gefährdet der Bestand der Dynastie zu diesem Zeitpunkt war. Auch wenn mit Xuanzong (reg. 712–756) nochmals ein charismatischer Herrscher den Thron bestieg und die Ausstrahlung der Tang auf die asiatischen Nachbarn einen Höhepunkt erreichte, so ereignete sich am Ende seiner Herrschaft der Aufstand des An Lushan (693–757), der nur mühsam niedergeschlagen werden konnte. Danach bestand das Tang-Reich zwar formal noch bis 907 weiter, doch die Zentrale besaß kaum noch Kontrolle über die Regionen.

Li Yuan

Wie der Gründerkaiser der Sui stammte auch Li Yuan (566–635) aus dem Adel des Nordens und war ein hoher Militär in Diensten jener Dynastie, die er ablösen würde. Er erwarb sich Meriten im Kampf gegen Verbände der osttürkischen Stämme. Seine Basis lag strategisch günstig in Taiyuan, in der heutigen Provinz Shanxi. Dort war auch Li Shimin (598–649), der zweite seiner Söhne und spätere Tang Taizong (reg. 626–649) stationiert. Vielleicht ging die Initiative tatsächlich auf Li Shimin zurück, als sein Vater 617 gegen Chang'an zog und nach fünfmonatiger Belagerung durch seine »rechtschaffende Armee« einnahm, wobei den Soldaten ausdrücklich verboten worden war, zu plündern oder zu brandschatzen. Etwas später erfolgte auch die Einnahme von Luoyang. Nachdem eine Vereinbarung mit den Osttürken getroffen werden konnte, war Li Yuans Position derart gestärkt, dass die Zeit für eine neue Dynastie gekommen schien.

Der Machtwechsel wurde nach dem Muster eines freiwilligen Thronverzichts inszeniert, nachdem Li Yuan zuvor einen Gegenkaiser zu Sui Yangdi, der im Süden in Jiangdu saß, eingesetzt hatte. Li Yuan lehnte dann dreimal pro forma ab, bevor er vom abdankenden Kaiser der Sui die Herrschaftsinsignien entgegennahm. Mit dieser Praxis lehnte man sich an die weisen Herrscher der Frühzeit an, von denen im »Buch der Urkunden« überliefert wurde, dass sie ihr Reich dem Tüchtigsten übergaben. Die dreimalige Verweigerung hat sich bis heute in der chinesischen Höflichkeit erhalten. Derart mit dem Segen der bisherigen Dynastie ausgestattet und durch den Ritus der Übergabe vor den großen Familien und den

Die Namen der meisten der **chinesischen Dynastien** beziehen sich auf die Herkunftsgebiete oder Lehen ihrer Gründer, wie im z. B. im Fall der Zhou, der Qin, der Sui oder der Tang. Bei der Han-Dynastie stand ein Fluss Pate. Viele der kleineren Dynastien zu Zeiten der Teilung reklamierten für sich, frühere Königtümer oder Dynastien zu restaurieren, und dokumentierten dies durch ihren Namen. So kommt es zu Bildungen wie »Nördliche Zhou« oder »Spätere Tang«. Die Namen der späteren Dynastien Yuan (»Anfang«), Ming (»hell«) oder Qing (»strahlend«) sind programmatisch und ähneln in dieser Hinsicht mehr den üblichen Jahresdevisen *nianhao*.

Ahnen legitimiert, bestieg Li Yuan den Thron und ging später als Tang Gaozu (reg. 618–624) in die Geschichte ein.

Die ersten Jahre des Aufbaus

Zu Beginn seiner Herrschaft musste Li Yuan wie viele andere Gründerkaiser erst einmal seine Eroberungen gegen potentielle Rivalen verteidigen. Statt gegen alle militärisch vorzugehen, bot Li Yuan einigen Amnestien an oder »adoptierte« gar Kontrahenten, um so ihre Loyalität zu gewinnen. Um die Hauptstadt Chang'an postierte er zwölf stehende Heere und hob auch regionale Truppenkontingente aus. Das Reich teilte er in zehn große Regionen, die von Verwaltungs-, Finanz- und Justizinspektoren beaufsichtigt wurden. In vielen Bereichen knüpften die Tang an die zentralistischen Institutionen der Sui an. So wie die Han die Einigungsleistung der Qin erbten, profitierten nun die Tang von vielen Anstrengungen, die die Sui geleistet hatten.

Die hohen Beamten der Tang entstammten zumeist den gleichen großen Familien wie unter den Sui. Angesiedelt im Regierungs- und Verwaltungszentrum südlich des Palastes teilten sich sechs große Ministerien die Verantwortlichkeiten. Sie waren verantwortlich für 1) die Beamten, 2) Finanzen und Steuern, 3) Riten, Opfer, Beamtenprüfungen und auswärtige Angelegenheiten, 4) das Militär, 5) Justiz und 6) öffentliche Arbeiten, wozu u.a. das Verkehrswesen und Wasserbaumaßnahmen zählten. Die Führung des Reiches oblag dem Kaiser, dem eine kleine Anzahl hoher Minister direkt zur Seite standen. Die Staatskanzlei war das Hauptverwaltungsorgan der Exekutive und kontrollierte die sechs großen Ministerien. Die Institution des Zensorats (*yushitai*) existierte zwar schon vor den Tang, entwickelte sich aber unter ihnen zu einer wichtigen Behörde, die die Amtshandlungen aber auch den Lebenswandel der Beamten überprüfen sollte und auch generell Beschwerden entgegennahm.

Tang Taizong

Innere Machtkämpfe zwischen den Söhnen des Dynastiegründers ließen die Tang gleich zu Beginn in eine tiefe Krise geraten. Li Shimin, der zweite Sohn des Gründerkaisers, bestieg den Thron, nachdem er beim sogenannten Zwischenfall am Xuanwu-Tor seinen älteren Bruder und Thronfolger getötet hatte. Es heißt, der designierte Thronfolger habe sich persönlich gegen einen Vorwurf unerlaubter Beziehungen zu Haremsdamen gegenüber seinem Vater verteidigen wollen, als sein Bruder ihm am Xuanwu-Tor, durch das man zu den Privatgemächern des Kaisers gelangte, auflauerte.

Eigenhändig soll Li Shimin seinen Bruder getötet haben. Um seine Position zu sichern, soll er anschließend den Befehl zur Tötung seines dritten Bruders und seines Neffen gegeben haben. Sein Vater dankte kurz darauf ab und stand bis zu seinem Tod 635 quasi unter Hausarrest.

Taizong (reg. 626–649) strebte jedoch danach, als guter Monarch verewigt zu werden. Er sicherte sich die Loyalität der hohen Beamten, indem er sich in den ersten Jahren als fleißiger und kritikfähiger Herrscher zeigte. Die Macht der Geschichtsschreibung war ihm bewusst und so ließ er die offiziellen Aufzeichnungen aus der Zeit der Machtergreifung zu seinen Gunsten ändern. Unter seiner Führung wurde die Verwaltung gestrafft und der unbeliebte Beamtendienst in den Provinzen aufgewertet. Auch der Bildungssektor erfuhr Förderung, und Staatsprüfungen zur Rekrutierung von Beamten wurden in kürzeren Abständen abgehalten. 624 erschien die erste Fassung eines revidierten Rechtskodex. Da zu Beginn seiner Herrschaft Getreide knapp und teuer war, ließ Taizong große Speicher bauen, um Preisschwankungen ausgleichen zu können und eine Notfallversorgung sicherstellen zu können. Die Wirtschaft florierte, aber es gelang Taizong nicht, alle steuerpflichtigen Haushalte zu registrieren. Öffentliche Aufgaben, darunter die rege Bautätigkeit in der Hauptstadt Chang'an belasteten daher eine ohnehin nicht allzu gut gefüllte Staatskasse. Angesichts der angespannten Finanzsituation setzte Taizong zuerst die auf Ausgleich und Bewahrung der Grenzen ausgerichtete Außenpolitik seines Vaters fort und war geschickt darin, potentielle

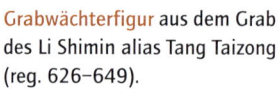

Grabwächterfigur aus dem Grab des Li Shimin alias Tang Taizong (reg. 626–649).

Feinde des Reichs gegeneinander auszuspielen. Als es 626–630 zu Auseinandersetzungen mit den östlichen Turkstämmen im Norden des Reichs kam, ging Taizong siegreich daraus hervor und dehnte den Machtbereich der Tang weit nach Norden aus. Zudem schwächte er die westlichen Turkstämme. Sein ehrgeiziges Ziel war es nun, das Tarimbecken zu kontrollieren. Aus diesem Grund unterwarf er zwischen 638 und 648 mehrere Oasenstädte und sicherte China so die Hegemonie über die Handelswege nach Westen. Versuche zwischen 645 und 648 die chinesische Machtsphäre bis ins nördliche Korea zu erweitern, schlugen hingegen fehl.

629 verließ der buddhistische **Mönch Xuanzang** (ca. 596–664) China ohne kaiserliche Erlaubnis. Nachdem er 15 Jahre in Indien gelebt hatte, kehrte er 645 zurück und genoss fortan die Förderung des Tang Taizong. Unter Xuanzangs Leitung wurden zahlreiche buddhistische Texte der indischen *Yogācāra*-Lehre ins Chinesische übersetzt und begründeten in China den *Faxiang*-Buddhismus, die »Lehre von den [wahren] Charakteristika der Erscheinungen«. Xuanzang übte auch durch seinen Reisebericht *Xiyu ji* (»Bericht über die westlichen Regionen«) großen Einfluss aus.

Wäre die Dynastie der Tang mit Li Shimin beendet gewesen, so hätte die traditionelle Geschichtsschreibung aufgrund der Tatsache, dass er gegen die Kardinaltugend der Pietät gegenüber seinem Vater und seinem älteren Bruder verstoßen hatte und zudem Angehörige der eigenen Familie umbringen ließ, sicher ein vernichtendes Urteil über ihn gefällt. Da er jedoch mehr als sein Vater die Macht der Tang erstrahlen ließ und sich als starker und pflichtbewusster Herrscher erwies, wurde seine Regierungszeit trotz des blutigen Beginns zum Idealtypus einer guten Herrschaft erhoben.

Nachfahren des Laozi

Unter der Herrschaft der Tang wurde der Herkunft der großen Familien besondere Bedeutung zugemessen. Genealogien wurden gesammelt und bewertet. Die Herrscherfamilie Li war gemischten Ursprungs. Sie stammte ursprünglich aus der Provinz Hebei und hatte sich durch eine geschickte Heiratspolitik im Umfeld des Tuoba-Adels der Nördlichen Wei und der Herrscherfamilie Yang der Sui-Dynastie einen Platz in der Gesellschaft gesichert. Während der langen Phase der Fremdherrschaft im Norden waren viele Notable des Nordwestens Mischehen mit Angehörigen oder Nachfahren der Turkstämme oder anderer Steppennomaden eingegangen. Die alten aristokratischen Familien des Nordosten Chinas hingehen sahen sich als Bewahrer der ursprünglichen chinesischen Kultur und blickten auf den Nordwesten herab. Als in einer 638 Tang Taizong vorgelegten Genealogie die Kaiserfamilie Li nur in der dritten Kategorie angesiedelt war, verlangte

SEIDENSTRASSE

Seidenstraße, so lautet der Sammelbegriff für die alten Handelswege, die einst Ostasien mit dem Westen verbanden. Geprägt wurde der Name erst von dem deutschen Geographen Ferdinand Freiherr von Richthofen (1833–1905). Das namensgebende Handelsgut war die im Westen begehrte Seide. Neben den verschiedenen Landrouten nach Westen gab es auch früh Seewege nach Südost-

Seidenstoff mit gestickten Blumen und Enten aus Dunhuang aus dem 9. bis 10. Jahrhundert.

asien, die »Seidenstraßen« der Meere. Von der chinesischen Küste aus, bzw. von chinesisch dominierten Häfen im Bereich des heutigen Nordvietnam, ging es durch die Straße von Malakka über Indien zur arabischen Halbinsel oder an die ostafrikanische Küste. Eine andere wichtige Strecke führte auf dem Landweg aus Sichuan über Yunnan und Burma nach Indien. Haupthindernisse der Landrouten nach Westen waren die widrigen klimatischen Bedingungen der Wüsten, darunter die gefürchtete Taklamakan, und die hohen zu bezwingenden Gebirge sowie ausgedehnte Steppen. Mit Kamelkarawanen machten sich Händler auf den Weg von Oase zu Oase. Florierte der Handel, prosperierten auch die Oasenstädte.

Die erste Phase eines verstärkten Austausches mit dem Westen reicht in die Han-Zeit zurück. Chinesische Seide gelangte über Zwischenhändler bis nach Rom. Zwischen dem 2. und dem 4. Jahrhundert ist römischer Einfluss auf Textilien und Gemälden aus der Region Xinjiang zu belegen. Textzeugnisse von Schreibern, die aus der Region Ghandara im heutigen Pakistan und Afghanistan stammten, geben Einblick in die Verwaltung eines der Oasenkönigtümer am südlichen Rand der Taklamakan im 3. bis 4. Jahrhundert. Die Bewohner des von den Chinesen »Shanshan« genannten Königreichs bauten Getreide an, züchteten Pferde, Kühe und Kamele. Ihrem Herrscher hatten sie Steuern in Form von Teppichen, Kleidung und Wein zu entrichten. Andere Funde aus der Nähe von Dunhuang, im westlichen Gansu, belegen zu dieser Zeit bereits die Existenz von sogdischen Gemeinden in China. Sogdisch ist mit dem Mittelpersischen verwandt, das in der Region um Samarkand im heutigen Usbekistan gesprochen wurde. Nach einer Phase des Niedergangs blühte der Handel über Zentralasien nach 500 wieder auf, wovon

Kamel aus Ton, 47,5 cm hoch aus einem Grab des frühen 8. Jahrhunderts. Kamele trugen einen Hauptteil der Lasten, die über die Seidenstraße transportiert wurden.

die Oase Turfan in Xinjiang profitierte. Silbermünzfunde belegen den Handel mit den Sassaniden im Iran. Entlang der Seidenstraße erhoben die lokalen Herrscher eine Art Wiegesteuer. Dokumente aus der Region Turfan nennen an gehandelten Waren u.a. Gewürze, Edelmetalle und Seidengarn. Landwirtschaftliche Produkte wie Trauben und Alfalfa (Luzerne) waren in China genauso begehrt wie Glas, das die Chinesen nicht in der gleichen Qualität herstellen konnten. Neben der Seide war Papier unter der Tang-Herrschaft ein wichtiges Exportgut der Chinesen.

Zur Tang-Zeit erkämpften sich die Chinesen die Hegemonie über die Seidenstraße. 630 wurde Hami, nordwestlich von Dunhuang unter chinesische Kontrolle gebracht. 632 mussten die Oasenstaaten Kasghar und Khotan am Rand der Taklamakan ein Vasallenverhältnis gegenüber den Tang akzeptieren. 635 folgte auch Yarkand. 640 unterwarfen Tang-Truppen das Königreich Gaochang in Turfan. Mit der Kontrolle Karashars 644 und Kuca, den Staaten am Tianshan Gebirge, hatten die Tang einen lückenlosen Zugang zu den nach Westen führenden Pässen des Pamir geschaffen. Eine direkte Eingliederung in das Tang-Reich erfolgte nicht, da dieses riesige Gebiet nicht von der Zentrale in Chang'an verwaltet werden konnte. Die Chinesen etablierten keine größeren eigenen Handels- oder Transportorganisationen und so waren die Händler auf den Handelswegen meist Sogder. Sie transportierten Seiden aber auch chinesisches Papier nach Zentralasien und brachten neben den Handelsgütern aus dem Westen auch zentralasiatische Künstler mit, die mit ihren Darbietungen und Instrumenten die chinesische Kultur nachhaltig beeinflussten. Die Pipa, eines der beliebtesten traditionellen chinesischen Musikinstrumente, stammt aus dem Westen. Tänzer und Akrobaten aus Zentralasien präsentierten ihr Können bei Festen des Adels, der sich am aus dem Westen stammenden Traubenwein berauschte. Aber auch Geistliche folgten den Handelsstraßen. Schon vor der Tang-Zeit hatte der Buddhismus aus Indien seinen Weg nach China gefunden. Nun kamen über die Seidenstraßen auch Anhänger des Manichäismus, Zoroastrismus sowie Nestorianer und Mitglieder jüdischer Gemeinden nach China.

Der Aufstieg der Tibeter und die Niederlage chinesischer Truppen gegen arabische Truppen 751 am Talas im heutigen Kasachstan markieren die Wende der chinesischen Handelsherrschaft über die Seidenstraße. Kurz darauf erschütterte der Aufstand des An Lushan das Tang-Reich und es zog sich aus Zentralasien zurück. Auf lokaler Ebene wurde weitergehandelt. Mit dem Fall des Oasenstaates Khotan an die Karachaniden 1008 begann dann aber in Xinjiang eine neue Phase: die, der islamischen Dominanz.

er eine Neuklassifikation. Eine neue Übersicht der wichtigsten Familien, die die Kaiserfamilie und ihre Anhänger im Status hob, wurde deshalb unter seiner Herrschaft in Auftrag gegeben.

Eine ganz andere Methode, den Status der Familie zu erhöhen, bot sich durch den Familiennamen Li. Diesen hatte die Herrscherfamilie mit Laozi alias Li Er gemeinsam. Die Tang nutzten diese Übereinstimmung und konstruierten eine Genealogie, die sie als die Nachfahren des Weisen Laozi auswies. Sie konnten so zudem die im Volk verwurzelte Erwartung an einen heilbringenden Daoismus auf sich selber beziehen. Mit dem Aufstieg der Familie Li schien sich so die Prophezeiung zu erfüllen, dass Laozi das Volk in ein neues, glückliches Reich des Friedens führen werde. Die Tang erhoben als einziges Kaiserhaus den Daoismus in den Rang einer Staatsreligion und verfügten 726, dass jeder im Reich das Laozi zugeschriebene *Daodejing* besitzen sollte. 747 wurde das Werk zum wichtigsten Klassiker erhoben. Den daoistischen Priestern wurde Vorrang gegenüber den buddhistischen Mönchen gewährt.

Steinerne Beamtenfigur am Zugangsweg zum Grab des Tang Gaozong und der Wu Zetian.

Eine Frau auf dem Drachenthron

Frauen an der Macht, das galt in der konfuzianisch geprägten Geschichtsschreibung als ein sicheres Zeichen für Schwäche des Kaiserhauses. Dementsprechend negativ gefärbt sind somit auch die Aufzeichnungen über diese Frauen. Kaiserin Lü, Gemahlin des Dynastiegründers der Han, Gaozu (reg. 206–195 v. Chr.), war eine solche. Sie dominierte die Geschicke des Landes nach dem Tode ihres Mannes, allerdings als Kaiserinwitwe und Mutter des erst 15-jährigen Thronfolgers Huidi (reg. 195–188 v. Chr.). Es heißt, sie habe ihrer Hauptrivalin die Füße und Hände abhakken, die Augen ausstechen und die Ohren verbrennen und sie durch Gift ihrer Stimme berauben lassen, um sie dann in einen Abort zu sperren. Als verschwendungssüchtig und sexbesessen wurde die Kaiserinwitwe Cixi gegen Ende der Qing verunglimpft. Aber nur eine Frau saß während der langen Geschichte des chinesischen Kaiserreichs tatsächlich als Kaiserin auf dem Drachenthron: Wu Zhao (ca. 625–705) alias Wu Zetian.

Ihr gelang es, als ehemalige Konkubine am Hof des zweiten Tang-Kaisers Taizong, die Gunst des Kronprinzen Gaozong (reg. 650–683) zu erringen. Wider allen konfuzianischen Vorstellungen übernahm er sie aus dem Harem seines Vaters und setzte sie 655 an die Stelle seiner bisherigen Hauptgemahlin. 660 nahm sie nach einem Schlaganfall ihres Gatten die Regierungsgeschäfte in ihre Hände. Zunächst beschied sie sich mit der Rolle der Kaiserinwitwe und regierte formal durch ihre Söhne Zhongzong (reg. 684) und Ruizong (reg. 684–690).

Zhongzong wurde jedoch auf Betreiben der Kaiserinwitwe nach nur sechs Wochen Herrschaft abgesetzt und in die Provinz verbannt. Auf ihn folgte sein 22-jähriger Bruder Ruizong, der schließlich jedoch zu Gunsten der Kaiserinwitwe abdankte. 690 schließlich ließ Wu Zetian ihre eigene Dynastie, dem antiken Vorbild folgend, als Zhou (690–705) ausrufen und residierte in Luoyang. Ihr Ehrenname Zetian bedeutet »dem Himmel nacheifernd«. Sie war eine fromme Buddhistin und inszenierte sich als Wiedergeburt des Heilsbringers Bodhisattva Maitreya. Ihr Platz in der Historie ist dadurch geprägt, dass die konfuzianischen Geschichtsschreiber Frauen auf dem Kaiserthron nicht anerkannten. So wurde ein Bild von ihr geprägt, das sie als macht- und sexbesessen schildert. Nicht zu leugnen ist allerdings, dass während ihrer Herrschaft die Zentralmacht gestärkt und dass der Militärbereich durch das zivile Beamtentum zurückgedrängt werden konnte. Als sie im Alter von mehr als 70 Jahren ihren Sohn Zhongzong aus dem Exil zurückkehren ließ, erfolgte die Restaurierung der Tang. Daher wird die von ihr ausgerufene Zhou-Dynastie als Interregnum betrachtet.

> Der **buddhistische Mönch Yijing** (635–713) gelangte im Jahr 673 über den Seeweg in die Region des heutigen Kalkutta. Von dort ging er nach Nalanda, um heilige buddhistische Schriften zu studieren. 695 empfing ihn die Kaiserin Wu persönlich in Luoyang und förderte seine Übersetzungstätigkeit.

Richter Di

Mit der Romanfigur Richter Di wurde einem hohen Beamten der von Wu Zetian dominierten Herrschaftszeit von dem Sinologen und Schriftsteller Robert van Gulik (1910–1967) bis heute ein Denkmal gesetzt: Es handelt sich um Di Renjie (630–700). In den Romanen ermittelt der aufrechte Magistrat und Richter in Mordfällen und führt den Leser in die Welt der Tang-Zeit ein. Tatsächlich galt der historische Di Renjie als ein Mann von hoher Integrität, der mit einem festen Charakter, diplomatischem Geschick und einem profunden Wissen bis ins hohe Alter bei Hofe seinen Einfluss geltend machen konnte. Wie eine Ironie der Geschichte erscheint es, dass gerade er, der mit viel Engagement als heterodox und unsittlich geltende regionale Kulte im Unteren Tal des Yangzi ausmerzte und sich gegen übermä-

> Während der **Tang-Herrschaft** wurde Tee in China populär. Zu kleinen Kuchen gepresster Tee wurde erst gemahlen und dann in Reiswasser mit Salz gekocht. Erst unter den Song verzichtete man auf das Salz und begründete eine in allen Schichten populäre Teekultur.

ßige Verehrung lokaler Gottheiten wandte, 100 Jahre später in der Hauptstadt Chang'an selbst in einem Tempel verehrt wurde.

Bildung

Die beiden Hauptstädte Chang'an und Luoyang wurden durch die Schaffung von Akademien und Hochschulen zu den Bildungszentren des Reichs. In unregelmäßigen Abständen wurden hier die obersten Staatsprüfungen abgehalten. Bereits unter Tang Taizong erging an die Gelehrten Yan Shigu (581–645) und Kong Yingda (574–648) der Auftrag ein kommentiertes Standardwerk der Klassiker für die Prüflinge zu erstellen. Prüfungen stellten zwar nicht den einzig möglichen Weg in ein Amt dar. Das Prestige einer bestandenen Prüfung wog jedoch schwer und so hatten es diejenigen, die lediglich aufgrund von Empfehlungen berufen wurden, oftmals schwer, hohe Posten zu erlangen oder sich gegenüber ihren Amtskollegen zu behaupten.

Der bedeutende Tang-Dichter Li Taibo (699–762) war ein Exzentriker.

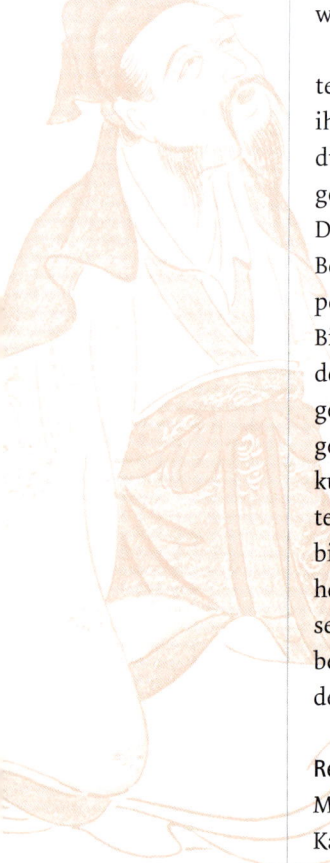

Tang Gaozong (reg. 650–683) und die Kaiserin Wu setzten in besonderem Maße auf erfolgreiche Prüfungskandidaten, die sie enger an sich binden konnten, als es vielfach bei empfohlenen Kandidaten aus den hochrangigen Familien der Fall war. Bei den Prüfungen wurde neben den literarischen Qualifikationen auch der Charakter des Kandidaten eingeschätzt und es galt noch nicht der spätere Grundsatz strikter Anonymität. Stattdessen gehörten Besuche der Kandidaten bei den Prüfern und die Abgabe von Arbeitsproben zum normalen Ablauf. Es entstanden enge persönliche Bindungen zwischen Prüfern und Kandidaten, die oft ein Verhältnis lebenslanger Loyalität und Patronage begründeten. Bankette zu Ehren der erfolgreichen Kandidaten waren eine gute Möglichkeit, Kontakte zu knüpfen und auch schon einmal geeignete Heiratskandidaten für die Töchter der hohen Beamten zu erspähen. Durch einen limitierten Zugang zu den Prüfungen – Söhne von Bauern, Handwerkern und Kaufleuten waren ausgenommen – und die Art und Weise Netzwerke zu bilden, blieb die Elite weitgehend unter sich.

Auch in den Provinzen wurden Schulen errichtet. Ihre Bedeutung reichte jedoch nie an die der Hauptstädte heran und oft erschollen Klagen über ihren Standard und ihre Lehrer. Weiterhin hatte die häusliche Bildung durch Privatlehrer eine große Bedeutung. Sie unterwiesen in den Grundlagen der Schrift und trainierten die älteren Schüler auch für die Prüfungen. Dabei maß man der Kalligraphie und der Dichtkunst des Kandidaten hohe Bedeutung zu. 745 wurde die Dichtkunst zum Prüfungsbestandteil. Kompendien, in denen Prüfungsaufsätze gesammelt wurden, geben Einblick in Bildungsinhalte und die Vorbereitungen auf die Examina. Da der Erfolg bei den Prüfungen wesentlich davon abhing, ob der Kandidat die Fragen in der geforderten literarischen Qualität beantworten konnte, fanden Sammlungen wie die des Tang-Dichters Bo Juyi (772–849) guten Absatz. Der Dichtkunst kam ein hoher Stellenwert im gesellschaftlichen Miteinander der Elite zu. Es war üblich, aus dem Stegreif Gedichte zu komponieren. Ein Vorbild des Bo Juyi war der Exzentriker Li Taibo (699–762). Aufgrund seiner hohen Dichtkunst an den Hof berufen, entsprach er jedoch in keiner Weise dem Idealbild eines Beamten. Er gab sich dem Alkohol hin und ertrank bei einer Bootspartie, nachdem er volltrunken versucht hatte, den Mond, der sich im Wasser spiegelte, zu umarmen.

Restaurierung der Tang und Aufstieg des Tang Xuanzong

Mit Li Longji, dem späteren Tang Xuangzong (reg. 712–756) gelang es der Kaiserfamilie Li endgültig wieder aus dem Schatten der Wu Zetian und ihrer Familie zu treten. Unter seiner langen Herrschaft kam es zu einer erneuten Blüte der Tang, die jedoch mit dem Aufstand des An Lushan (693–757) in einer Tragödie endete. Als der spätere Xuanzong 685 in Luoyang geboren wurde, war er nicht zum Thronfolger auserkoren worden. Stattdessen lebte er mit seinem Vater Ruizong während der Herrschaft der Wu Zetian unter Hausarrest. Die Mutter des Xuanzong war einer der Verfolgungen im Harem zum Opfer gefallen. Nachdem sich Wu Zetian zurückgezogen hatte, ging der Thron statt an Ruizong an dessen Bruder Zhongzong, der bereits 684 für wenige Wochen nomineller Kaiser gewesen war, bevor auch er der Wu Zetian weichen musste. Es schien, als sei die Linie des Ruizong aus dem engen Kreis der Thronanwärter ausgeschieden. 710 durften Ruizong und seine Familie jedoch wieder in Chang'an weilen und Li Longji bekam einen Posten am Hof. Er knüpfte Beziehungen und verschaffte sich einen guten Ruf unter den Gelehrten des Hofes. Als 710 Zhongzong ermordet wurde, plante die mächtige Tochter der Wu Zetian, Prinzessin Taiping mit Li Longji einen *coup* gegen die nun dominierende Wei-Clique der Kaiserinwitwe des Zhongzong, und Ruizong wurde wieder inthronisiert. Li Longji wurde nun Thronfolger, da sein älterer Bruder zu seinen Gunsten verzichtete. Er und die Prinzessin Taiping dominierten den Hof des Ruizong, der 712 abdankte. Den anschließenden Machtkampf mit der Prinzessin Taiping gewann Xuanzong erst, als Taiping sich in ein Kloster flüchtete, wo sie kurz darauf Selbstmord beging. Fast alle ihre Söhne wurden getötet und das Familienvermögen konfisziert.

Zentrale und Provinzen

Nachdem die Macht der Kaiserfamilie Li wieder gesichert war, knüpfte Xuanzong an die Personalpolitik der Wu Zetian an und es kamen Beamte, die aus den Staatsprüfungen dieser Zeit hervorgegangen waren, in die Regierung. Da unter Zhongzong die Bürokratie der Zentralregierung angeschwollen war und enorme Kosten verursachte, sollte nun Personal abgebaut werden. Die geforderte Austauschbarkeit von Amtsträgern der Zentrale mit denen der Provinz war nicht mehr gegeben, wodurch eine tiefe Kluft zwischen Zentrale und Provinz entstanden war, obwohl Provinzposten gut bezahlt wurden und im Rang hoch angesiedelt waren. 714 erging ein Edikt, dass regelmäßig Hauptstadtbeamte zum Dienst in den Provinzen ausgewählt werden sollten. Theoretisch sollten Männer mit guten Beurteilungen von den Regionen in die Hauptstadt gelangen können, umgekehrt aber niemand in die Zentralregierung ohne Erfahrung in den Provinzen. Dies ließ sich jedoch kaum durchsetzen.

Chang'an oder Luoyang

Ein großes Problem waren die Staatsfinanzen und die Versorgung der Hauptstädte Chang'an und Luoyang. Gegen Ende der Herrschaft der Kaiserin Wu Zetian hatte es Versuche gegeben, die Bevölkerung neu in die Steuerregister einzutragen. Haushaltssteuern und Landsteuern hatten daraufhin gute Einnahmen erbracht und man hatte auch über Handelssteuern nachgedacht. Nachdem Wu Zetian Luoyang den Vorzug gegeben hatte, wurde das Steuerwesen weniger beachtet, da der Unterhalt von Luoyang wesentlich günstiger war als der von Chang'an. Xuanzong herrschte zu Beginn von Chang'an aus. Der hohe Sedimentgehalt des Gelben Flusses und Vernachlässigungen der künstlichen Wasserstraßen, die Chang'an mit anderen Regionen des Reichs verbanden, schufen jedoch ein gravierendes Transportproblem. Hungersnöte, Heuschreckenplagen und Überflutungen bewirkten, dass 717 der gesamte Hofstaat nach Luoyang umziehen musste. Dies war aber kein endgültiger Umzug und noch viele Male musste sich der Hofstaat auf den Weg von einer der beiden Hauptstädte in die andere begeben.

Außenpolitik

Ein Hauptkritikpunkt der traditionellen Geschichtsschreiber gegen Xuanzong ist, dass er nach der defensiven Politik gegen Ende seiner Herrschaft die Finanzkraft des Reiches mit expansionistischen Maßnahmen erschöpfte. Im Gegensatz zur Zeit der territorialen Erweiterung unter den frühen Kaisern Taizong und Gaozong, sah sich Xuanzong aber ganz veränderten Konstellationen an den Grenzen gegenüber. Starker Druck ging von Tibet und den Khitan aus. Die Tibeter waren für die Chinesen überraschend schnell erstarkt, nachdem Songtsen Gampo (gest. 649) die Stämme geeint hatte. Ein erfolgreicher Militärschlag der Chinesen 714 gegen Tibet zeigte keine lange Wirkung, da Tibet sein Königtum rasch konsolidierte und zur domi-

Figur eines Beamten aus Khotan in der während der Tang-Zeit beliebten Dreifarben-Glasur, bei der sich Braun, Grün und Gelb mischen

nierenden Macht in Chinas Westen aufstieg. 722 drang Tibet nach Gilgit ein und gefährdete so die Hegemonie Chinas über die Handelsstraßen von Kasghar durch den Mintaka-Pass nach Kashmir und ins Industal. Die Tibeter erlangten so direkten Kontakt mit den Arabern und anderen Völkerschaften Zentralasiens. 730 kam es zwar zu einem Friedensvertrag zwischen Chinesen und Tibetern, doch wurde er 736 wieder gebrochen. Die Situation zwischen dem Tang-Reich und Tibet blieb gespannt. Nachdem die chinesischen Truppen der Tang wegen des Aufstands von An Lushan von den Grenzen zurückgezogen wurden, kehrten sie nie wieder in voller Stärke zurück.

> Besser Töchter aufziehen, die fortgehen und heiraten, als Söhne im Gras der Steppe zu begraben und nie mehr zu sehen … **Du Fu** (712–770)

An den Grenzen der südlichen Mandschurei herrschten die Khitan. Die Tang betrieben mit ihnen eine Heiratspolitik und entsandten chinesische Prinzessinnen dorthin. Der Handel im Grenzgebiet blühte. 720 wurde jedoch der Minister Ketuyu der Khitan in Chang'an derart unhöflich behandelt, dass er wütend abzog, den herrschenden König der Khitan tötete, sich selbst zum Herrscher ernannte und seine chinesische Prinzessin nach Hause schickte. Fortan waren die Beziehungen der Tang zu den Khitan gespannt und 751 erlitten die Tang eine Niederlage. In der Mandschurei und Teilen des heutigen Nordkorea formierte sich der Staat Parhae (chin.: Bohai) nach chinesischem Vorbild. 712 wurde er von den Chinesen anerkannt und sie empfingen Tribute von Parhae.

Im Südwesten, im Bereich des heutigen Yunnan, ergaben sich durch die Bildung einer Konföderation mit dem Namen Nanzhao in der Mitte des 7. Jahrhunderts neue Herausforderungen. Für die Chinesen war Nanzhao aufgrund seiner strategischen Lage wichtig, da sie durch eine Blockade von wichtigen Salzgewinnungsstätten in Sichuan und dem Handelszentrum Jiaozhou im heutigen Nordvietnam, das unter ihrer Herrschaft stand, abgeschnitten werden konnten. Mit dem Aufstieg der Tibeter war den Tang ein starker Konkurrent gewachsen. Auseinandersetzungen mit den Tang führten dazu, dass sich Nanzhao Mitte des 8. Jahrhunderts stärker an Tibet anschloss und zu einer weiteren Bedrohung in Chinas Westen wurde. Zudem kam es bei einer direkten Auseinandersetzung mit den Arabern am Fluss Talas 751 für die Tang-Truppen zu einer Niederlage. Günstig war hingegen die Situation im Norden, wo die Turkstämme an Macht verloren hatten und von den, den Tang weitgehend freundlich gesinnten Uiguren verdrängt worden waren. Sie machten sich 754 nordwestlich der Wüstenoase Dunhuang selbständig.

Rebellion des An Lushan

Der Gründungskaiser der Tang war ein hoher Militär und militärische Tugenden standen während der ganzen Tang-Zeit hoch im Kurs. Oftmals berieten sich Kaiser auf Ausritten mit ihren Ministern. Hofdamen spielten Polo zu Pferde. Expansion und Grenzsicherung erforderten ein hohes Maß an Wehrhaftigkeit. Während die Zivilbeamten nach wenigen Jahren in ein anderes Gebiet versetzt wurden, damit sie keine lokalen Netzwerke bildeten, blieben Militärs oftmals wesentlich länger in einer Region auf ihren Posten. 711 wurden Militärgouverneure mit weitreichenden Befugnissen zur Aufsicht in die grenznahen Bezirke entsandt. Anfänglich stammten sie aus den Reihen der Zivilbürokratie der Zentrale und durften auch nicht länger als vier Jahre Dienst tun. Später rekrutierten die Tang die Militärgouverneure jedoch aus den Reihen derjenigen Militärs, die nicht chinesischer Herkunft waren, da sie oft besser ausgebildet waren und man in ihnen keine zukünftigen Rivalen um hohe Posten bei Hofe vermutete. Diese Rechnung ging jedoch nicht auf. Gegen Ende der Regierung des Xuanzong kristallisierte sich ein Konflikt zwischen dem obersten Zivilbeamten bei Hofe und An Lushan (693–757), einem Militärgouverneur sogdischer Herkunft im Norden, heraus.

An Lushan unterstanden drei strategisch wichtige Militärbezirke im Nordosten Chinas. Er war äußerst erfolgreich und genoss die Gunst des Kaisers und auch seiner Lieblingskonkubine. Ihr Vetter Yang Guozhong dominierte die Politik am Hof. Seine Versuche, eine eigene Militärbasis in Sichuan als Gegengewicht zu schaffen, schlugen fehl. Auch Bemühungen, Allianzen mit anderen Militärs gegen An Lushan zu schmieden und ihn zu verleumden, waren nicht erfolgreich. Stattdessen betrachtete Xuanzong An Lushan weiterhin als loyal und übertrug ihm zudem die Verantwortung über das kaiserliche Gestüt. Fast wäre er auch noch zum Kanzler aufgestiegen, doch Yang Guozhong verhinderte dies und opponierte weiter gegen An Lushan. Dieser ging schließlich in die Offensive und gab 755 vor, den kaiserlichen Auftrag erhalten zu haben, Yang Guozhong zu unterwerfen. Noch im gleichen Jahr eroberte er Luoyang. Chang'an fiel im Jahre 756. Daraufhin drängte Yang Guozhong den Kaiser, ins Exil nach Sichuan zu gehen. Die Eskorte wandte

Malerei mit dem Thema der Flucht des Kaisers Xuanzong im Jahre 755 nach Shu, Sichuan

Xuanzong wurde Vater von 30 Söhnen und 29 Töchtern. Fast 60 Jahre alt verliebte der Monarch sich in die üppige Konkubine Yang Guifei. Ihr voller Körper avancierte zum Schönheitsideal bei Hofe. Der Kaiser und seine Lieblingskonkubine teilten ihre Leidenschaft für Musik und Tanz. An Lushan stand in der Gunst der Yang Guifei. Als es zum Aufstand kam und der Kaiser mit Yang Guifei nach Sichuan fliehen sollte, forderten die Begleittruppen von Xuanzong, seine Geliebte zu strangulieren, da sie eine Förderin des An Lushan gewesen war. Der Kaiser musste sich fügen.

sich jedoch gegen Yang Guozhong. Er und seine Familie sowie die Konkubine Yang mussten sterben. Während Xuanzong in Sichuan saß, proklamierte sich sein Sohn Li Heng, der als Tang Suzong (reg. 756–762) in die Geschichte einging, zum Kaiser. Xuanzong wurde in den Ruhestand versetzt
und lebte noch bis 761. Der Aufstand des An Lushan konnte nur mit Hilfstruppen aus Kämpfern der Turkstämme, der Uiguren und der Tibeter niedergeschlagen werden. Diese Truppen brachten zeitweise große Bereiche
in Chinas Nordwesten unter ihre Kontrolle und richteten große Zerstörungen an. Die Tibeter fielen unter Tang Daizong (reg. 762–779) bis zum Jahr
777 jeden Herbst in Chang'an ein.

Ohnmacht der Zentrale – Aufstieg der Regionen

Nach der Niederschlagung der Rebellion des An Lushan gelang es den
nachfolgenden Tang-Kaisern nicht mehr, eine dauerhafte zentrale Zivil-
autorität über die Regionen zu etablieren. Zwar folgten Xuanzong noch

Figuren tönerner, weiß
lasierter dicker Hof-
damen. Die Lieblings-
konkubine des Kaisers
Xuanzong soll das neue
Schönheitsideal der
üppigen Formen ab 740
geprägt haben.

13 weitere Tang-Kaiser. Doch herrschten sie oft nur wenige Jahre, waren minderjährig oder standen unter dem Einfluss der Eunuchen. Die tatsächliche Macht übten lokale Machthaber aus. Ihnen musste sogar das Recht überlassen werden die Steuern einzuziehen. Bürgerkriege unter Tang Dezong (reg. 779–805) verursachten hohe Kosten. Tang Xianzong (reg. 806–820) unternahm noch einmal einen Versuch der Rezentralisierung. Staatliche Monopole auf Salz, Malz, Alkohol und Tee, die der Zentrale Einnahmen sichern sollten, wurden aber umgangen. Stattdessen entstanden Schmugglerbanden. 845 konfiszierte Tang Wuzong (reg. 840–846) buddhistischen Besitz. Die eigentlich wirtschaftlich prosperierenden Regionen am Unteren Yangzi litten unter Flüchtlingsströmen aus dem Norden, Bandenunwesen und stetig steigenden Steuerforderungen. Gestohlene Güter wurden gegen Tee gehandelt, der dann illegal weiterverkauft wurde. Kriminelle genossen oftmals den Schutz von Großgrundbesitzern und Händlern, die sich durch Ämterkauf von der Steuerpflicht befreiten und strafrechtliche Immunität anstrebten. Zwar hatte es bis 858 im Süden keine großen Heere gegeben, da die Angst vor Separatismus zu groß war, doch wurde eine zunehmende Militarisierung nun zur Aufrechterhaltung der Ordnung notwendig. Aufstände ließen sich trotzdem nicht verhindern.

Wang Xianzhi (gest. 878) und Huang Chao (gest. 884) waren die berüchtigtsten Anführer großer Verbände. Das Militär der Tang war jedoch gespalten. Einige Generäle schonten ihre Truppen lieber, um ihre Kräfte angesichts eines möglichen Endes der Tang zu sparen, andere verloren ihre Loyalität zu den Tang, nachdem erfolgreiche Truppenführer nicht belohnt worden waren. Die Verzweiflung der Regierung war daher so groß, dass sie sogar versuchte, Wang Xianzhi durch eine Amnestie und das Angebot eines offiziellen Postens zur Aufgabe zu bewegen. Huang Chao zog mit seinen Anhängern zwischen 878 und 884 plündernd durch fast ganz China. Er erhoffte sich ein ähnliches Angebot, das Wang Xianzhi ausgeschlagen hatte. Nachdem er aber die Einwohner Kantons und seines Hafens samt der dort lebenden ca. 120 000 Ausländer, Händler und Reisenden aus Südostasien, Indien, Persien und der arabischen Welt massakrieren ließ, hatte er sich selber diesen Weg verstellt. 880 zog Huang Chao in Luoyang ein und verbot dort Plünderungen, um sich selbst zum Herrscher zu erheben. Auch Chang'an fiel 880 in seine Hände, doch gelang es ihm nicht, die Unterstützung des Volkes und der Elite zu gewinnen. Huang Chaos Versuch eine eigene Dynastie zu gründen scheiterte. Andere ehemalige Banditen und Heerführer in den Regionen waren erfolgreicher und so zerfiel das Tang-Reich endgültig.

Bürokratie und städtisches Leben unter den Song (960–1279)

Mit der Proklamation einer eigenen Dynastie durch Zhu Wen, einen ehemaligen Gefolgsmann des Aufständischen Huang Chao, der sich 882 noch dem Tang-Heer unterworfen hatte, geht die Herrschaft der Tang endgültig zu Ende. In rascher Folge traten mit Zentrum in Bianjing, dem heutigen Kaifeng, insgesamt fünf Dynastien die Nachfolge an: Spätere Liang (907–923), Spätere Tang (923–936), Spätere Jin (936–947), Spätere Han (947–950) und Spätere Zhou (950–960).

Zwischen dem 10. und 13. Jh. wurde der Norden Chinas von Khitan, Tanguten und Dschurdschen dominiert unter deren Druck sich die Nördlichen Song (960–1127) nach Süden verlagern mussten und sich dort als Südliche Song (1127–1279) restaurierten.

Aufstieg des Südens

Unter der nachfolgenden Song-Herrschaft wurde ein Paradigmenwechsel vollzogen. Fortan sollte das Militär der zivilen Aufsicht unterstehen. Zivilbeamte, hervorgegangen aus Prüfungen oder per Empfehlung ins Amt gekommen, bildeten fortan die Basis des Staates. Das Zeitalter der Aristo-

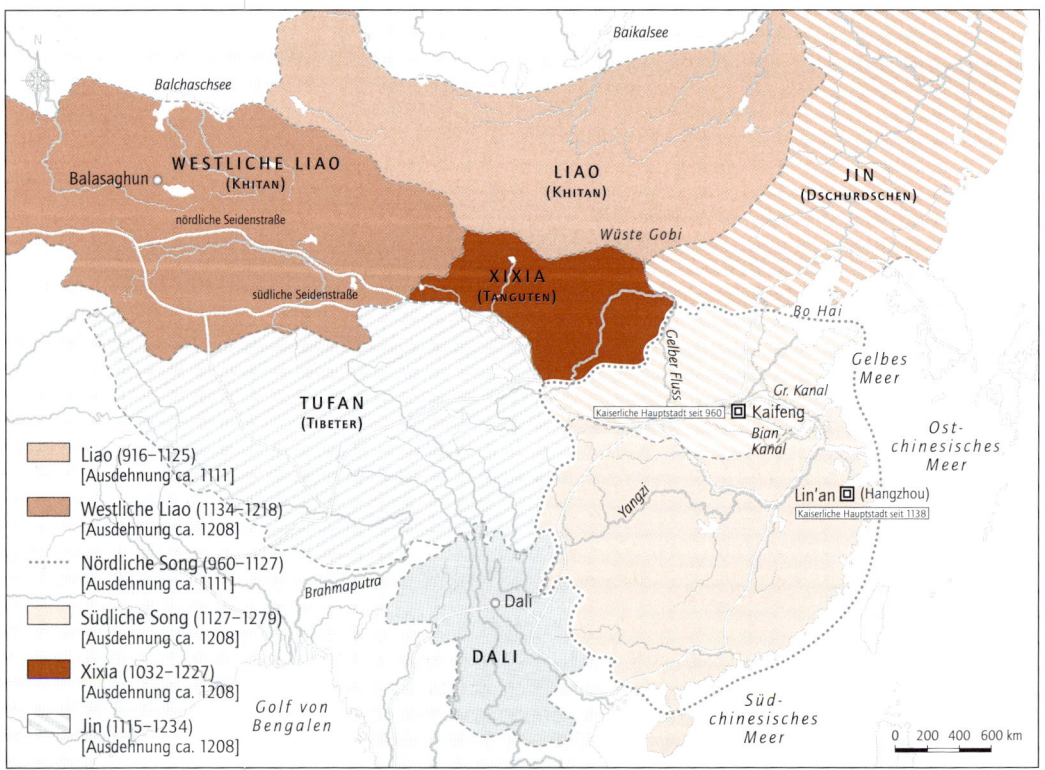

Baikalsee

Balchaschsee

WESTLICHE LIAO
(KHITAN)

Balasaghun

nördliche Seidenstraße

südliche Seidenstraße

LIAO
(KHITAN)

JIN
(DSCHURDSCHEN)

Wüste Gobi

XIXIA
(TANGUTEN)

Bo Hai

Gelber Fluss

Gr. Kanal

Gelbes Meer

Kaiserliche Hauptstadt seit 960 ▣ Kaifeng
Bian Kanal

Ost-chinesisches Meer

TUFAN
(TIBETER)

Yangzi

Lin'an ▣ (Hangzhou)
Kaiserliche Hauptstadt seit 1138

Brahmaputra

Dali

DALI

Golf von Bengalen

Süd-chinesisches Meer

▢ Liao (916–1125)
[Ausdehnung ca. 1111]

▢ Westliche Liao (1134–1218)
[Ausdehnung ca. 1208]

⋯ Nördliche Song (960–1127)
[Ausdehnung ca. 1111]

▢ Südliche Song (1127–1279)
[Ausdehnung ca. 1208]

▢ Xixia (1032–1227)
[Ausdehnung ca. 1208]

▢ Jin (1115–1234)
[Ausdehnung ca. 1208]

0 200 400 600 km

kratie war vorüber. Urbanität und Kommerzialisierung prägten die Gesellschaft. Der Süden war bereits während der Tang-Zeit zum eigentlichen wirtschaftlichen Zentrum des Reiches aufgestiegen. Allgemeine, nach Südosten gerichtete Migration wurde verstärkt durch Laufänderungen des Gelben Flusses (983, 1000, 1048 und 1077) und der damit verbundenen Überschwemmungen, so dass gegen Ende der Song schließlich 85 Prozent der Bevölkerung südlich des Huai-Flusses lebten. Die Landwirtschaft wurde intensiviert und die Wasserwege ausgebaut. Die Machtübernahme der Song soll sich laut Quellen in beispelhafter Weise vollzogen haben. Es heißt, Zhao Kuangyin, der Gründungskaiser der Song, sei in seiner Funk-

Ausschnitt einer Seidenmalerei von Zhang Zeduan aus dem 12. Jh. Die gesamte Bildrolle misst 5,25 Meter. Dieser Ausschnitt zeigt ein geöffnetes Stadttor.

In Yunnan hatte sich schon während der Tang 684 das **Reich Nanzhao** geformt, das unter den Song 902 vom Königreich Dali abgelöst wurde. Große Teile Vietnams, welche seit der Han-Zeit als Teil des chinesischen Reichs betrachtet wurden, lösten sich 968. Den Westen und Norden dominierten die Tanguten, Khitan, Mongolen und Dschurdschen.

tion als Befehlshaber der Palastarmee der Späteren Zhou von seinen Truppen mit der Übergabe der gelben Robe, dem kaiserlichen Machtsymbol, zum Herrschaftswechsel aufgefordert worden. Diesem Votum habe sich die Kaiserinwitwe mit dem letzten Kindkaiser der Späteren Zhou gebeugt. Nach der Rückeroberung wichtiger Gebiete in der Region des mittleren Yangzi folgten Sichuan (965), Guangdong (971), Anhui, Jiangxi und Hunan (975), Jiangxi und Zhejiang (978) und schließlich auch Shanxi (979). Damit war ein Reich geschaffen, das sich zwar nicht mit der territorialen Ausdehnung der Han und Tang messen konnte, aber immerhin den Kernbereich der bisherigen chinesischen Zivilisation umfasste. Die Hegemonie über die Handelswege Zentralasiens war allerdings verloren. Die Nachbarstaaten konnten kaum mehr als Vasallen betrachtet werden, vielmehr dominierte die Abwehr feindlicher Angriffe die Außenpolitik und die Debatten der Elite. Der Konfuzianismus erstarkte wieder und suchte ausgehend vom Einzelnen nach Wegen einer kulturellen und moralischen Renaissance der chinesischen Gesellschaft.

Urbanes Leben

Urbanes Zentrum des Reichs war Kaifeng, im heutigen Henan gelegen, wo neben dem Herrscherhaus auch die hohen Beamten

Gestalt mit Rattenkopf aus der Nördlichen Song-Zeit. Eine von vier Figuren, die zum chinesischen 12er-Tierkreis gehören. Der Tierkreis umfasst Ratte, Ochse, Tiger, Hase, Drache, Schlange, Pferd, Schaf, Affe, Hahn, Hund und Schwein.

tätig waren und ihr Vergnügen suchten. Aber auch in vielen anderen Städten der Zeit herrschte ein neues Lebensgefühl, das vom Handel bestimmt war. Verarmte Bauern – Folgen einer stetigen Landakkumulation in den Händen weniger Großgrundbesitzer – drängten auf den Arbeitsmarkt der Städte. Gilden hatten sich gebildet. Die Bevölkerungsdichte nahm stetig zu. Der Staat übernahm auch soziale Aufgaben, die im ländlichen Bereich weiterhin hauptsächlich den großen Familien oblagen, und es entstanden Waisenhäuser, Altenheime, städtische Friedhöfe und eine Armenfürsorge. Eine Feuerwehr musste organisiert werden. Nicht nur der Verwaltung kam zugute, dass dank der technischen Innovationen und der guten Verfügbarkeit von Papier die Druckkosten von Formularen und Büchern sanken. Gelehrte veröffentlichten ihre Pinselaufzeichnungen. Handbücher zu verschiedenen Themen wurden kompiliert. Überall im Reich entstanden Privatdruckereien. Im nicht mehr auf den Adel beschränkten Prüfungswesen sahen viele Familien eine Chance für einen sozialen Aufstieg. Die strenge Kontrolle der Bevölkerung in den Städten wich einer urbanen Kultur, in der sich Gruppen aus verschiedenen Teilen des Landes mischten und das Wirtschaftsleben pulsierte. Besonders in der Hauptstadt entstanden Vergnügungsviertel. Restaurants und Garküchen präsentierten regionale Gerichte. Teehäuser boten neben Getränken und Speisen oft auch die Dienste von Singmädchen und Prostituierten an.

Bronze-Münze aus der Daguan-Ära (1107–1110). Die Kalligraphie der Münzaufschrift soll vom Song Kaiser Huizong (reg. 1101–1125) selbst stammen.

Die Tücken der Geldwirtschaft

Mit der expandierenden Marktwirtschaft stieg auch das Interesse an der Geldwirtschaft. Der Staat mühte sich, mehr Münzen zu prägen, um der wachsenden Nachfrage Herr zu werden, beging jedoch den Fehler, den Kupferanteil stetig zu reduzieren, was schließlich zur Inflation führte. Kaufleute in Sichuan schufen gleichzeitig das erste Papiergeld. In dieser

Region waren Bronzemünzen derart knapp, dass der Staat Eisenmünzen als Zahlungsmittel nutzen lassen wollte. Diese waren jedoch den Kaufleuten bei der Abwicklung ihrer Geschäfte viel zu sperrig, so dass sie Wechsel für den Fernhandel ausstellten. Der Staat erkannte den Nutzen dieses neuen Systems und druckte 1023 das erste Papiergeld. Anfänglich sollte es jeweils nur drei Jahre zirkulieren, doch schließlich wurden diese Restriktionen aufgehoben und das Papiergeld erfreute sich trotz ständigen Wertverlustes großer Beliebtheit.

Geld, so schien es einigen Politikern der Zeit, könne der Ausweg aus einer Situation sein, in der die Verteidigung gegen die Bedrohung im Norden immer höhere Kosten verursachte und im Inneren die Schere zwischen Arm und Reich immer größer wurde. Auch der Reformer Wang Anshi (1021–1086) glaubte an das Potential der Geldwirtschaft und schlug vor, alle Beamten nur noch mit Geld zu bezahlen. Ihr Gehalt sollte zudem angehoben werden, um sie so stärker an den Staat zu binden und unempfänglicher gegenüber Korruption zu machen. Die Notwendigkeit Geld einzunehmen und die dringend benötigten Pferde für das Militär führten zur Gründung eines Amtes, in dem Kaufleute in staatlichem Auftrag chinesischen Tee gegen tibetische Pferde handelten. Zu den negativen Seiten der Geldwirtschaft gehörte es, dass lokale Geldverleiher den armen Bauern zu Zeiten der Aussaat gegen hohe Zinsen Geld liehen, damit diese Saatgetreide erwerben konnten. Wang wollte diesen Kreislauf durch staatliche Getreidespeicher und zinslose Darlehen aufheben, deren Rückzahlung erst nach der Ernte fällig sein sollte. Die allgemeine Knappheit an Bronzemünzen erschwerte es den Bauern jedoch, ihre Produkte zum tatsächlichen Wert zu verkaufen, um damit die Steuern bar entrichten zu können. Wesentlich fataler war noch, dass die für die Staatsspeicher zuständigen Beamten schnell erkannt hatten, dass sie einen großen Gewinn machen konnten, wenn sie doch Zinsen nahmen, und so trieb die wohlgemeinte Initiative viele Bauern nur noch tiefer in die Schuldenfalle. Auch der Widerstand bei bisher privilegierten Großgrundbesitzern und reichen Kaufleuten war groß.

Der **Gelehrte Sima Guang** (1019–1086) schuf mit dem »Durchgehenden Spiegel zur Hilfe bei der Regierung« (*Zizhi tongjian*) eine umfassende Chronik der Geschichte Chinas von 403 v. Chr. bis 956 und setzte neue Maßstäbe hinsichtlich der Quellenauswahl und der Methodik.

Richtungskämpfe

Innerhalb der Beamtenschaft formierte sich ein Lager von Anhängern um den konservativen Sima Guang. Sie sahen in den Vorschlägen, die neben der interventionistischen Politik des Staates auch Reformen im Bildungswesen und die Aufstellung lokaler Milizen vorsahen, einen

Angriff auf die althergebrachte Ordnung. Statt auf Finanz- und Wirtschaftsreformen setzten sie darauf, dass der Staat durch die Bemühungen jedes Einzelnen ohne grundsätzliche Reformen gestärkt werden könne. In den Jahren 1068–1076 und 1078–1085 dominierte die »Neue Politik« des Wang Anshi, dabei kam es zu mehreren Richtungswechseln, die mit heftigen Konflikten bei Hof verbunden waren. Unter Huizong (reg. 1101–1125) schien es, als hätten die Reformer eine neue Chance, doch die sozialen und ökonomischen Probleme des Landes verstärkten die Spannungen im Inneren,

> Die **Xixia** entwickelten 1036 eine eigene Schrift mit 6000 unterschiedlichen Zeichen. Die Erforschung dieser Schrift ist noch nicht abgeschlossen. Allein 3000 der Zeichen wurden nur für rituelle esoterische Gesänge verwendet.

während sich die äußere Bedrohung durch die Dschurdschen zuspitzte. Der Kaiser, so vermerken die Quellen kritisch, habe sich hingegen mehr und mehr der Kunst zugewandt und dankte schließlich ab. Kaifeng fiel 1126 und Huizong und sein Nachfolger Qinzong gerieten in Gefangenschaft.

Die sinisierten Steppennomaden des Nordens

Parallel zu den Nördlichen Song errichtete im Nordosten das Steppennomadenvolk der Khitan die Liao-Dynastie (907/946–1125), während im

Ungewöhnlich für ein Steppenvolk errichteten die Liao große Holzpagoden. Die Sakyamuni Holz-Pagode von Yingxian in Shanxi ist das älteste hölzerne Bauwerk Chinas.

Nordwesten tangutische Völkerschaften das Reich der Xixia (1038–1227) formten, das erst von den Mongolen besiegt wurde.

Die Khitan sahen sich als Nachfahren der Tuoba, die im 4. und 5. Jahrhundert den Staat der Nördlichen Wei gebildet hatten. Auf einer Versammlung aller Stammesführer wurde Abaoji (reg. 907–926) zum Führer der Khitan erwählt. Diese Wahl musste alle drei Jahre bestätigt werden. 916 bestieg er bei einer Zeremonie nach chinesischem Muster den Thron, ernannte entgegen den Traditionen der Khitan seinen Sohn zum Thronfolger und zog so einen Schlussstrich unter die regelmäßige Bestätigung des Führers durch die Versammlung aller Stammesführer. Die Bevölkerung regierte er mittels einer dualen Verwaltung: eine für die Khitan und eine für die chinesischen Untertanen. Spannungen blieben nicht aus. Fünf Hauptstädte wurden errichtet. Während die chinesische Bevölkerung Häuser bewohnte, residierte die Herrscherfamilie weiterhin in Zelten und zog im Wechsel der Jahreszeiten von Stadt zu Stadt. Die Schrift der Khitan war an das Chinesische angelehnt, wobei ihre Sprache nicht der sino-tibetischen sondern der Sprachfamilie des Inneren Altai angehörte. Als Abaoji starb, hätte ihm traditionell seine Gattin ins Grab folgen müssen. Sie weigerte sich und es heißt, sie habe sich schließlich eine Hand abgeschnitten, um sie ihrem Gatten ins Grab zu geben. Nach Abaojis Tod dominierte sie die Politik. Ihr Enkelsohn verdrängte sie schließlich von der Macht und drang bis Kaifeng vor, zog aber nach drei Monaten wieder ab. 1004 erlitten die Song erneut eine schwere Niederlage durch die Khitan. Es kam zu einem Friedensabkommen, das die Song zu einer jährlichen Gabe von Seide und Silber verpflichtete.

Die Dschurdschen

Die Khitan wurden ihrerseits von den Dschurdschen (chin.: Nüzhen), einem tungusischen Volk, das seine Ursprünge in der östlichen Mandschurei hatte, verdrängt und wichen in den Westen aus. Die Dschurdschen waren keine Steppennomaden, sondern bewohnten Holzhäuser und lebten von der Jagd, vom Fischfang und betrieben Landwirtschaft.

1110 bildeten sie eine Konföderation und proklamierten wenig später unter ihrem Führer Aguda (reg. 1113–1123) die Jin-Dynastie. Der Name bedeutet „Golden" und bezieht sich auf einen Gold führenden Nebenfluss des Sungari. Es folgte eine Phase der Sinisierung, die ihren Höhepunkt erreichte, als Hailingwang (reg. 1150–1161) einen zentralistischen Staat nach chinesischem Muster aufbauen wollte, was jedoch in der Folgezeit unter den Dschurdschen eine Gegenströmung provozierte. Die Song versuchten

ZURÜCK ZU KONFUZIUS

Nach der anfänglichen Aufbruchstimmung unter den Song herrschte im 12. Jh. tiefe Verzweiflung angesichts der erlittenen Niederlage durch die Fremdvölker des Nordens. Der Buddhismus verlor an Popularität, da er als eine fremde Religion verunglimpft wurde und mit den Tanguten, Dschurdschen und Khitan, allesamt fromme Buddhisten, identifiziert wurde. Der im Volk wie in der Elite verbreitete Daoismus schien keine wirksamen Inhalte zur Stärkung bereitzuhalten. Sicherlich nicht völlig ohne Beeinflussung durch den Daoismus und Buddhismus richteten Denker wie die Brüder Zheng Yi und Zheng Hao ihr Augenmerk auf konfuziani-sche Schriften und schufen metaphysische Konzepte zur Wirkungsweise des Kosmos, des Prinzips *li* und der Lebensenergie *qi*. Große Bedeutung errang der Konfuzianer Mengzi, dessen Grundaussage von der ursprünglich guten Natur des Menschen, Ansporn sein sollte, dass jeder sich, trotz seines möglicherweise unreinen *qi*, der Ursache für schlechte Begierden und Unzulänglichkeiten, der Pflege seiner selbst widmen sollte.

Die deutliche Schwäche der Südlichen Song ließ viele Gelehrtenbeamte die Initiative ergreifen, sich lokal zu engagieren, um eine bessere Gesellschaft zu schaffen. Der konfuzianischen Familientradition mit ihren Werten der Loyalität und Pietät fiel dabei die Funktion als Garant der Ordnung und der Moral zu. Auch wenn jeder bei sich selbst beginnen sollte, verhieß diese Wiedergeburt des Konfuzianismus eine Verpflichtung des Einzelnen gegenüber der Gesellschaft. Als der bedeutendste Neokonfuzianer gilt Zhu Xi (1130–1200). Er verfügte über ein profundes Wissen der Klassiker, Kommentare und Geschichtswerke, korrespondierte

Anwesen des Konfuzius in Qufu, Provinz Shandong. 1994 wurde der Komplex aus Tempel, Friedhof und Wohnstätten zum UNESCO-Weltkulturerbe erklärt.

mit wichtigen Denkern seiner Zeit, lehrte seine Schüler und schrieb eine große Zahl von Kommentaren. Obwohl Zhu Xis Lehren nach seinem Tod erst als »Irrlehren« verurteilt wurden, waren es seine Kommentare zu den vier konfuzianischen Werken *Lunyu* (»Gespräche des Konfuzius«), *Mengzi*, *Zhongyong* (»Lehre der Mitte«) und *Daxue* (»Großes Lernen«), die schließlich bei den Examensprüfungen als orthodox und verpflichtend gelten sollten.

zuerst mit Hilfe der Jin eine Allianz gegen die Liao zu schmieden, gerieten dabei aber in Gefahr, als die Jin nachdem sie die Liao besiegt hatten, selber ins Song-Gebiet einfielen. 1125 belagerten die Jin erstmals die Hauptstadt der Nördlichen Song, Kaifeng. Im Folgejahr kehrten sie wieder und 1127 nahmen sie den Song-Kaiser Huizong (reg. 1101–1125) sowie seinen Sohn Qinzong (reg. 1125–1127) mitsamt der ganzen kaiserlichen Familie gefangen. Die Nördlichen Song waren dem militärischen Druck der Dschurdschen nicht gewachsen und flohen nach Süden.

Flucht der Südlichen Song

1127 wurde Zhao Gou zum Kaiser der Südlichen Song ernannt. Er ging als Song Gaozong (reg. 1127–1162) in die Geschichte ein. Bedrängt von den Dschurdschen, die 1129 sogar das zuerst als Hauptstadt auserkorene Nanjing eroberten, floh der Hof von Hangzhou aus zeitweilig sogar aufs offene Meer. Hangzhou war zunächst als Notlösung gedacht und wurde als »zeitweilige Residenz« (xingzai) bezeichnet, was Marco Polo

»Im Himmel das Paradies, auf Erden Suzhou und Hangzhou«, sagt ein **chinesisches Sprichwort**.

als Quinsai transkribierte. Offiziell bekam die Stadt dann später jedoch die glückverheißende Bezeichnung Lin'an (»Naher Friede«). Trotz gravierender Finanzprobleme des Hofes, großer Enge in der Stadt und der allgemeinen Bedrohungssituation entwickelte sich wieder rasch ein blühendes urbanes Leben. Der Westsee, ursprünglich als Übungssee der Marine angelegt, wurde zu einem von den Literaten gepriesenen Ausflugsgebiet.

Teurer Friede

Der Kummer über den Verlust des Nordens blieb zwar bestehen, aber nach Jahren der ständigen Auseinandersetzungen mit den Jin gewannen bei Hofe 1142 schließlich die Befürworter einer Politik der friedlichen Koexistenz beider Staaten die Oberhand. Aber dieser Friede musste teuer erkauft werden. Der Huai-Fluss in Zentralchina wurde als Grenze bestimmt. Die Song mussten sich als Vasallen der Jin bezeichnen und einen jährlichen Tribut an Silber und Seide liefern. Als Gegenleistung sicherten die Jin ihnen die Rückführung des inzwischen verstorbenen Kaisers zu. Angesichts der Bedeutung des Ahnenkults war dies für die Song mehr als eine versöhnliche Geste. In den nächsten Jahren versuchten beide Seiten erfolglos ihr Territorium zu erweitern und so kam es 1167 zu einem erneuten Friedensvertrag. Zwischen den Jin im Norden und den Song im Süden entwickelte sich nun ein reger Handelsaustausch über konzessionierte Grenzmärkte.

Hangzhou in der Provinz Zhejiang. Blick auf den Westsee, der schon zur Song-Zeit ein beliebtes Ausflugsziel war.

Aber auch die Hafenstädte Südchinas blühten auf und Dschunken transportierten Güter nach Japan und Südostasien. Die Jin hingegen spürten bereits den Druck der Mongolen.

China als Teil des mongolischen Weltreichs (1279 – 1368)

Mongolensturm und Pax mongolica

Die Zeit der Mongolenherrschaft lässt an zwei ganz unterschiedliche Bilder denken: Zum einen erinnert der Mongolensturm an aggressive Expansion, die ein bis dato unbekanntes Ausmaß erreichte. Die Eroberungszüge der Mongolen erreichten im Westen Eurasiens Orte wie Moskau, Wien und Bagdad. In Südostasien drangen mongolische Heere bis nach Hanoi vor. Lediglich Versuche, Japan (1274, 1281) und Java (1293) zu erobern, schlugen fehl. China erlebte unter den Mongolen eine Phase der Fremdherrschaft, während der ein Sinisierungsprozess – wie zuvor bei vielen anderen nomadischen und halbnomadischen Völkern – kaum stattfand.

China als Teil des mongolischen Weltreichs.

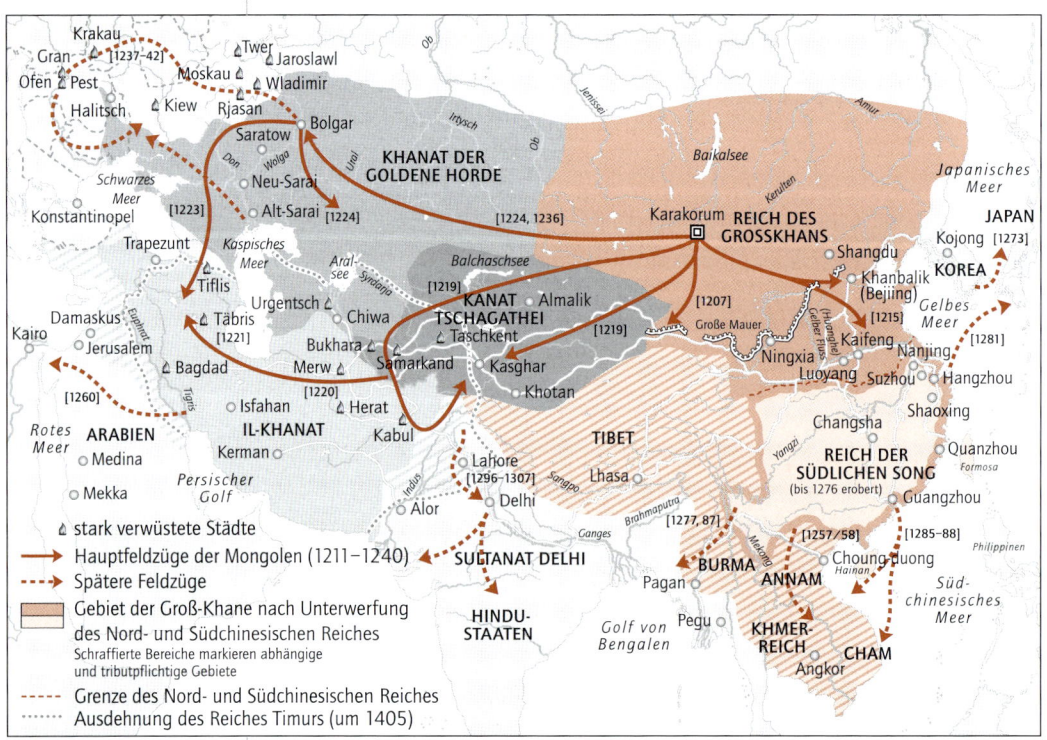

Pax mongolica – so könnte das andere Bild betitelt werden. Damit ist der Gedanke an enge transnationale Kontakte und relative Religionsfreiheit während des Mongolischen Großreichs verbunden. Die – vermutlich auf Schilderungen anderer beruhenden – Reiseberichte des Marco Polo, deren Authentizität noch immer kontrovers diskutiert wird, prägen bis heute unser Bild vom fernen China. Aus eigener Anschauung erweiterte der Kaufmann Wilhelm von Rubruck, der 1253 auf Geheiß des französischen Königs Louis IX. nach Karakorum in die Hauptstadt der Mongolei aufbrach, den europäischen Horizont. In dieser Zeit strebte auch die katholische Kirche danach, neue Verbündete zu gewinnen. Schon 1245 entsandte Papst Innozenz IV. den italienischen Franziskaner Giovanni dal Piano de Carpini (1180–1252) nach Karakorum, der mit der *Ystoria Mongolarum* einen Bericht über Sitten und Bräuche der Mongolen vorlegte. Giovanni di Monte Corvino (1246–1328) gelangte von Ormuz aus auf dem Seeweg über Quanzhou an der Südchinesischen Küste nach Khanbalik (Beijing) und wurde dort von Papst Clemens V. 1307 zum Erzbischof ernannt. Die Präsenz der Franziskaner in China war jedoch nicht von Dauer. Erst mit den Jesuitenmissionaren Ende der Ming-Zeit begann eine neue Phase des Austauschs.

> Der Nordafrikaner **Ibn Battuta** (1304–1377) brach 1325 zu seinen Reisen auf, die ihn nach Ägypten, Mekka, in den Iran, nach Arabien, Syrien, an das Schwarze Meer, nach Zentralasien, Nordindien, Sumatra und Java führten. Er landete in Quanzhou, bereiste Guandong und gelangte von Hangzhou aus über den Großen Kanal nach Khanbalik (Beijing). Er verließ China wieder über Quanzhou und kehrte über den Persischen Golf, Bagdad, Mekka und Ägypten 1349 nach Tanger zurück. In seinen Reisenotizen beschreibt er u. a. den chinesischen Schiffsbau, hydraulische Maschinen, Papiergeld und Porzellanherstellung.

Das mongolische Großreich

Vor dem 12. Jh. hatten mongolische Stämme in Zentralasien keine große Rolle gespielt. Entfernt mit den Turkstämmen und Tungusen verwandt lebten sie von der Jagd, der Rentierzucht und dem Pelzhandel. Dschingis Khan (ca. 1155–1227) war es, der schließlich verschiedene Mongolenstämme einte und mit einer straffen Militärorganisation eine schlagkräftige Basis für die extreme Expansion schuf, die die mongolischen Reiterheere bis nach Russland, an die Nordgrenze Indiens und auch in den Norden Chinas führte.

Unmittelbar nach seinem Tod zerfiel das mongolische Großreich wieder. 1236 formierte Batu Khan (1207–1235) die Goldene Horde und verließ das bisherige Zentrum Karakorum in Richtung Westen. 1240 wurde Kiew eingenommen. 1241–1242 zog die Goldene Horde weiter nach Böhmen, Ungarn, Österreich, Serbien und Dalmatien. Hulagu Khan (1218–1265) brach

Indische Miniatur der Belagerung einer Stadt durch die Mongolen, gefertigt um 1590. Der Siegeszug der Mongolen beruhte auf Terror. Wehrte sich eine Stadt, so mussten ihre Bewohner mit dem Tod rechnen oder sie wurden bei der nächsten Schlacht als menschliche Schutzschilde benutzt.

1253 aus Karakorum auf und gründete das Il-Khanat, welches 1258 mit der Einnahme Bagdads die Abbasiden-Herrschaft beendete und 1259 seine Herrschaft bis in den Iran ausdehnte. In Zentralasien entstand das Reich des Tschagathei, das im Süden bis an das Sultanat von Dehli grenzte.

Im Osten trat Ögödei (reg. 1229–1241) das Erbe Dschingis Khans an. Auch er und seine Nachfolger Güyük (reg. 1246–1248) und Möngke (reg. 1251–1259) profilierten sich mit weiterem Expansionsstreben. 1231 wandten sie sich gegen Korea. 1233 belagerten sie Kaifeng und Luoyang. Nachdem sie 1234 die Jin besiegt hatten, wandten sie sich den Südlichen Song zu und erreichten in den Folgejahren Sichuan und Yunnan und drangen auch in Vietnam ein. Obwohl sich das mongolische Großreich geteilt hatte, bestanden weiterhin ausgedehnte Kontakte. Ein System von Poststationen nach chinesischem Vorbild entstand und erleichterte ab 1237 den Austausch untereinander.

Die Yuan-Dynastie – Mongolenherrschaft über China

Khubilai Khan (reg. 1260–1294), auch bekannt unter seinem posthumen Titel Yuan Shizu, hatte sich bereits unter seinem Bruder Möngke als geschickter Heerführer gegen die Song erwiesen. Als Möngke bei einem Feldzug in Sichuan 1259 erkrankte und bald darauf verstarb, eilte Khubilai in die Mongolei zurück, um sich dort vom mongolischen Großen Rat als Großkhan bestätigen zu lassen. Dies gelang ihm jedoch nicht ohne Widerstände, da sein jüngerer Bruder seinerseits bereits einen Großen Rat einberufen hatte, um sich die Führung zu sichern.

Khubilais ursprüngliche Bemühungen, mit den Südlichen Song in friedlicher Koexistenz zu leben, schlugen fehl und bereits 1268 kam es wieder zu militärischen

Chinesisches Aquarell mit dem Bildnis des Khubilai Khan aus dem Jahr 1910.

Konfrontationen. Die Südlichen Song waren den Mongolen jedoch nicht gewachsen und vielfach ergaben sie sich kampflos. Die Flucht der verbliebenen Loyalisten mit zwei kaiserlichen Prinzen endete 1279 bei Kanton im Meer.

Mit der Eroberung der Südlichen Song stand Khubilai vor der großen Herausforderung, sein ausgedehntes Reich, das im Norden zwar weitgehend aus Wäldern und Weidegründen bestand, aber im Süden eine blühende urbane, merkantile Kultur sowie eine intensive Landwirtschaft besaß, dauerhaft zu verwalten. Die Verlagerung des politischen Zentrums von Karakorum in das Gebiet des heutigen Beijing war ein wichtiger Schritt. 1264 erkor Khubilai Khanbalik (Beijing) zur Hauptstadt. Zahlenmäßig eine kleine Minderheit im eigenen Reich und wenig vertraut mit den Instrumentarien einer Ziviladministration über ein komplexes Staatsgebilde, achteten die Mongolen bei der Herrschaftsausübung streng darauf, die Kontrolle zu behalten und errichteten ein System der dualen Herrschaft, das bis 1368 praktiziert wurde. Verwaltungsstellen wurden doppelt besetzt. Mongolen oder andere Zentralasiaten übten stets die militärische Macht aus. Neben dem Mongolischen und Chinesischen fand im Finanzwesen auch das Persische Verwendung, da die Mongolen in diesem Sektor auf erfahrene Händler der islamischen Gebiete Zentralasiens und des Mittleren Osten zurückgriffen. Muslimische Händlergruppen hatte zeitweise geradezu ein Monopol für die Aufgabe der Steuereintreibung.

> Man kann die Welt vom Rücken eines Pferdes aus erobern, aber man kann sie nicht vom Rücken eines Pferdes aus regieren: »yi mashang qu tianxia, bu ke yi mashang zhi«, mahnt **Liu Bingzhong** (1216–1274), ein chinesischer Berater, mit einer Formel aus der Han-Zeit Khubilai in Khanbalik.

Apartheid

Die Gesellschaft der Yuan-Dynastie war von Apartheid gekennzeichnet. Ausschlaggebend für diese Politik der Diskriminierung waren weniger ethnische oder religiöse Unterschiede, als vielmehr die Dauer der Zugehörigkeit zum mongolischen Reich. Mit der Gruppenzugehörigkeit war die unterschiedliche Behandlung durch die Verwaltung, das Gerichtswesen und die Besteuerung verbunden. Nur Mongolen durften Waffen besitzen. Während ein Mongole, der einen Chinesen ermordet hatte, mit einer Geldstrafe rechnen durfte, galt im umgekehrten Fall die Todesstrafe. Ehen zwischen den Gruppen wurden nicht geduldet.

An oberster Stelle in der Hierarchie standen die Mongolen, die jedoch in stark voneinander getrennte soziale Gruppen zerfielen. Ihnen am nächsten

ISLAM

Schon zur Tang-Zeit bildeten sich in China die ersten muslimischen Gemeinden. Sie genossen weitgehende Religionsfreiheit, waren aber wie alle Ausländer im Tang-Reich einer strengen Kontrolle unterworfen. Eine intellektuelle Auseinandersetzung der chinesischen Elite mit muslimischen Geistlichen über Inhalte der Religion fand nicht statt. Als die Araber ihren Einfluss bis nach Spanien und Zentralasien erweiterten, kam es 751 südlich des Baikalsees am Talas zu einer direkten Konfrontation, die für die Chinesen mit einer schweren Niederlage endete. Weite Teile Zentralasiens gerieten fortan unter muslimischen Einfluss, der auch nach China ausstrahlte. Während die chinesische Expansion der Tang überwiegend kontinental auf die Handelswege Zentralasiens ausgerichtet war, begannen sich die Araber nach der Gründung von Bagdad 762 den Seewegen vom Persischen Golf nach Indien und Südchina zuzuwenden. Seide, Gewürze und Porzellan waren begehrte Güter. Kanton wurde ein internationaler Hafen mit Händlern aus Arabien und aus Gebieten des heutigen Iran, Indiens, Malaysias und Vietnams. In den Ausländerquartieren am Südufer des Perlflusses wohnten schiitische und orthodoxe Muslime. Die Mongolenherrschaft verband für kurze Zeit die chinesische mit der muslimischen Welt. Während dieser Zeit stieg Quanzhou in Fujian zum wichtigsten Fernhafen auf. Die Mongolenherrschaft begünstigte die Bildung muslimischer Gemeinden in Nordchina und Yunnan, das 1274 dem muslimischen Gouverneur von Bukhara, Sayyid Ajall unterstellt wurde. Weitere Zentren muslimischer Gemeinden, deren Angehörige heute als die nationale Minderheit der *hui* bezeichnet werden, obwohl sie keine feste ethnische Gruppe bilden, entstanden darüber hinaus im östlichen Gansu und Xinjiang. Auch in Beijing und Xi'an sind größere Gemeinden ansässig. Schlechte soziale Bedingungen bildeten im 18. und 19. Jh. den Boden für Rebellionen und Separatismus. Bis zu diesen Muslimrevolten bestimmten vorwiegend der Handel und der technologische Austausch das Miteinander der Muslime und Nichtmuslime in China. So gelangte um das 10. Jh. die Kenntnis der Papierherstellung über Samarkand, Bagdad und Damaskus in das muslimische Spanien. China wiederum profitierte von den mathematischen und astronomischen Kenntnissen der arabisch-indischen Welt.

Chinesisches Blauweiß-Porzellan aus dem 14. Jahrhundert, in der Form beeinflusst von islamischen Metallarbeiten.

1260 wird **Papiergeld** zur Standardwährung erklärt.

waren die *simuren* (»Personen mit Spezialstatus«), Angehörige verbündeter zentral- und vorderasiatischer, nicht sinisierter Gruppen. Sie dominierten die Finanzverwaltung und bildeten bankähnliche Organisationen für überregionale Finanzgeschäfte.

Von diesen stark abgesetzt waren die *hanren* (»Nordchinesen«) und sinisierte Einwohner der ehemaligen Reiche der Khitan, Dschurdschen und der Koreaner. Ganz unten rangierten die *xin furen* (»Neue Untertanen«) oder auch *manzu* (»Südbarbaren«), Einwohner der vormaligen Südlichen Song. Ihnen war das Erlernen fremder Sprachen verboten, was sie von den anderen Gruppen isolieren sollte und einen Aufstieg im Staatswesen der Yuan quasi unmöglich machte. Staatsprüfungen, die bisher ein Weg zur Rekrutierung einer einheitlichen Beamtenschaft gewesen waren, wurden erst 1315 wieder abgehalten. Dabei wurden jedoch für die genannten Gruppen Quoten festgelegt. Den Sprösslingen gebildeter Familien des Südens muss dies wie eine Farce erschienen sein, verfügten doch Kandidaten der ihnen vorgezogenen Gruppen oftmals über gar keine klassische Bildung.

Viele der ehemaligen Gelehrtenbeamten zogen sich daher zurück und einige von ihnen fanden in der Literatur und der Malerei eine Zuflucht. Möglich war diese Wendung nach innen jedoch nur, da ihnen mit der Machtübernahme durch die Mongolen ihre wirtschaftlichen Grundlagen nicht grundsätzlich entzogen worden waren. Bei der Eroberung des Südens hatten die Yuan zwar die Staatsdomänen, die der Kanzler Jia Sidao der Song von 1263–1275 in der Region des Unteren Yangzi errichtet hatte, konfisziert, den verbliebenen Grundbesitz der Elite des Südens hatten sie jedoch nicht angetastet.

Aufstieg des tibetischen Lamaismus

Die Mongolen favorisierten im Verlauf ihrer Herrschaft verschiedene Sekten. Man sagt ihnen ein großes Interesse an okkulten Praktiken der unterschiedlichen Gruppierungen nach. Religion zur Herrschaftslegitimation spielte zunächst keine sehr große Rolle. Dschingis Khan ließ 1219 den berühmten

Bronzespiegel mit dem vielarmigen Avalokitesvara und tibetischen Zeichen aus der Yuan-Zeit.

Daoisten Changchun der Quanzhen-Sekte an seinen Hof kommen, woraufhin dem daoistischen Klerus 1223 die Kontrolle über alle religiösen Fragen zugesprochen wurde. 1242 wurden die Daoisten dann von der buddhistischen Chan-Sekte abgelöst. Diese verlor jedoch ihren Einfluss an die tibetischen Lamas, nachdem die Mongolen 1252 in Tibet eingedrungen waren.

Der Lamaismus verbindet buddhistische Elemente mit originär tibetischen Vorstellungen. Er bedient sich zahlreicher magisch-religiöser Formeln und Mandalas als Ausdruck des Glaubens. Von 1620 an dominierten lamaistische Geistliche das religiöse Leben am Hof und das der anderen religiösen Gemeinschaften. Einige Lamas ließen sich zu Finanzspekulationen und Gewalttaten hinreißen. Von der chinesischen Bevölkerung wurde die Plünderung der Kaisergräber der Südlichen Song nahe Shaoxing im Jahre 1278 als besonderes Sakrileg empfunden. Die Förderung des Lamaismus durch die Mongolen ließ die Kluft zwischen Eroberern und Eroberten noch weiter wachsen.

Widerstand

Die Politik der Apartheid, kulturelle Differenzen sowie eine wachsende Kluft zwischen Arm und Reich im mongolischen Herrschaftsgebiet schufen einen idealen Nährboden für Revolten. Dies wurde dadurch begünstigt, dass das Herrscherhaus sich in Nachfolgestreitigkeiten erschöpfte und auch die Kontrolle über die eigene mongolische Elite verlor. Korruption unter den Beamten machte sich bemerkbar und ab 1276 kam es zudem zu stetigen Preissteigerungen, die durch Spekulationen ausgelöst worden waren und wahrscheinlich große Silbermengen aus China Richtung Westen fließen ließen. Die Bewohner der nördlichen Reichsgebiete waren einer jährlichen Besteuerung unterworfen, die neben Abgaben in Form von Getreide und Textilien auch umfangreiche Arbeitsverpflichtungen beinhaltete. Im Süden galt es im Sommer Textilien und im Herbst Getreide anzuliefern und auch hier hatten die Bewohner für Arbeitsdienste bereitzustehen. Dort allerdings war nur ein Teil der Bevölkerung steuerpflichtig, da die Mongolen die reichen Großgrundbesitzer der Region unbehelligt gelassen hatten. Opposition regte sich daher verstärkt im Norden und unter den Unterprivilegierten des Südens.

Als Provokation wurde der Erlass von 1315 gesehen, die Grabhügel, die traditionell auf den Feldern lagen, zu nivellieren, um mehr Anbaufläche zu gewinnen. Unter besonders harten Lebensbedingungen litten auch viele der staatlichen Handwerker. Während der Eroberungsfeldzüge in Gefangenschaft geraten, war ihr Status erblich und die Mongolen hielten sie in bewachten Quartieren. Ein großes Unruhepotential ging auch von den Salzarbeitern in Jiangsu und Zhejiang aus. Unter ihnen kam es zu Massenfluchten und gegen Ende der Mongolenherrschaft schlossen sich zudem auch Bootsleute auf den Flüssen und Kanälen und Seeleute an der Küste den umstürzlerischen Bewegungen an, die schließlich den Niedergang der Yuan besiegelten.

Die Opposition organisierte sich mehr und mehr in Geheimgesellschaften, die teils politisch, teils religiös legitimiert waren. Zu den wichtigsten zählt die *Bailian* (»Weißer Lotus«), welche sich bereits vor 1133 unter den Südlichen Song in Suzhou formiert hatte, und deren Anhänger, zumeist verarmte Bauern, als strenge Vegetarier lebten und sich den Steuer- und Arbeitsdienstpflichten entzogen. In Hangzhou bestand die Geheimgesellschaft *Baiyun* (»Weiße Wolke«), die der Mönch Kong Qingjiao (1043–1121) initiiert hatte. Eine besondere Anziehung übten die Millenniums-Sekten aus, die die baldige Ankunft des erlösenden Maitreya erwarteten. Sie erschütterten Henan (1335), Hunan (1337) und in den Folgejahren auch Guangdong und Sichuan.

Neuanfang – die Ming (1368–1644) zwischen Expansion und Abschottung

Die Mongolenherrschaft über China währte keine hundert Jahre. Nach der Eroberung des Nordens 1234 dauerte es bis 1279, bevor der Süden eingenommen war und schon 1351 erschütterten die ersten Rebellionen das Yuan-Reich. Die sozialen Spannungen wurden noch verstärkt durch Laufänderungen des Huanghe 1289 und 1324 und seine Rückkehr ins alte Flussbett 1336. Den Überschwemmungen folgten Hungersnöte im ganzen Einzugsbereich. Flussabwärts von Kaifeng brachen 1344 die Deiche nach anhaltendem Regen. Die zur Reparatur der Deiche zwangsweise rekrutierten Bauern waren sehr empfänglich für religiös revolutionäre Propaganda. Song-Loyalismus regte sich in den Grenzprovinzen zu Shandong, aber auch in der Zentralebene und Anhui, wo die Roten Turbane auf eine baldige Erlösung hofften. 1355 proklamierte sich dort Han Liner, Sohn des Han Shantong, der als Inkarnation des Maitreya angesehen wurde, welcher die Barbaren aus dem Land treiben sollte, zum Herrscher einer neuen Song-Dynastie. Es war aber Zhu Yuanzhang, Sohn eines Wanderarbeiters aus Anhui, der China von der mongolischen Fremdherrschaft befreite und unter der Devise Hongwu (1368–1398) herrschte.

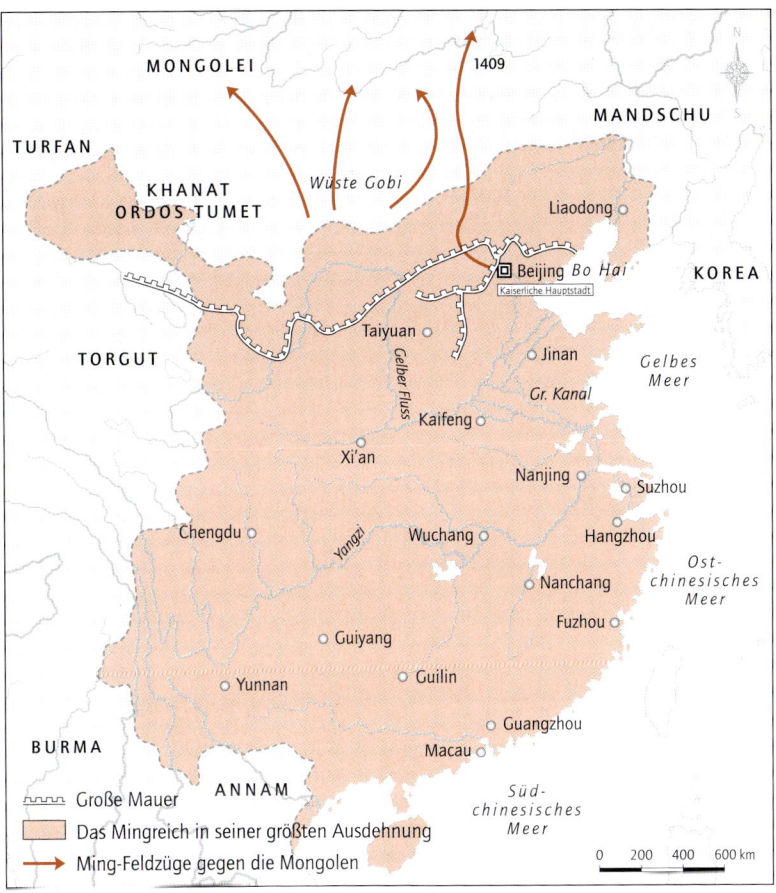

China unter der Herrschaft der Ming (1368–1644).

Zhu Yuanzhang – ein Mann aus dem Volk wird Kaiser von China

Um Zhu Yuanzhang ranken sich viele Legenden und er gilt bis heute als nationaler Volksheld, da er aus einfachsten Verhältnissen zum Kaiser von China aufstieg. Sicher besaß er einen ausgeprägten Machtinstinkt und hatte das Charisma eines Führers. 1344 soll er während der großen Hungersnöte die Mönchskutte angelegt haben, um durch Betteln sein Leben zu bestreiten. 1348 übernahm er dann die Führung einer Rebellengruppe und schuf sich in einer kleinen Stadt in Anhui eine eigene Machtbasis. Gemeinsam mit den Roten Turbanen zog er 1359 siegreich bis Nanjing weiter und erreichte 1360–1362 Jiangxi und Hubei. 1363 proklamierte er sich zum König von Wu. Auf dem Weg zur Einheit musste Zhu jedoch noch zahlreiche Rivalen überwinden. 1368, im Gründungsjahr der neuen Ming-Dynastie, nahm er Beijing, das politische Zentrum der Yuan ein. Die Offensive ging jedoch weiter bis in die östliche Mongolei, wo 1370 das mongolische Heer eingeschlossen werden konnte. Andere Stoßrichtungen waren Sichuan (1371), Gansu (1372) und Yunnan (1382), wohin sich ebenfalls mongolische Truppen zurückgezogen hatten. 1387 konnte ganz China als wiedervereinigt gelten.

Absolutismus

Es dauerte eine Zeitlang, bis die Zivilverwaltung wieder die Oberhand über die Militärs gewann. Anfangs hatte sogar noch die Möglichkeit bestanden, dass China wieder in der Art der alten Feudalreiche regiert werden würde, doch dominierte unter den Ming eine zentralistische Herrschaftsform, in der alle Macht auf den Kaiser konzentriert war. Gegenüber den Gelehrtenbeamten blieb Zhu Yuanzhang, der nie eine klassische Bildung erfahren hatte, zeitlebens äußerst kritisch. Das Amt des Kanzlers schaffte er im Jahr 1380 sogar ab und übte selbst die Kontrolle über die sechs Ministerien aus. Die neu zu berufenden Beamten hatten sich anhand der orthodoxen neokonfuzianischen Lehre des Zhu Xi auf Staatsprüfungen vorzubereiten, wobei aber auch Spezialfächern Raum gegeben wurde. Misstrauen beherrschte auch das Verhältnis zwischen Zhu Yuanzhang und seinen alten Verbündeten. Gegen Ende seiner Herrschaft kam es mehrfach zu Massenprozessen, bei denen er potentielle Gegner und ihre Anhänger vernichten ließ. Eine andere Schattenseite der quasi absolutistischen Machtstellung des Kaisers war der große Einfluss, den die Geheimpolizei und die Eunuchen unter den späteren Ming-Kaisern erringen konnten. Die Bevölkerung wurde einer strikten Kontrolle unterworfen, die an Maßnahmen der Yuan erinnerte. Der Status als Bauer, Soldat oder Handwerker galt fortan als erblich. Wobei sich die Mehrzahl der Militärfamilien im Norden des Reiches und an den Küsten befanden und den Armeeministerien unterstellt waren, während die Handwerkerfamilien in der Nähe der wichtigsten Städte angesiedelt wurden und vom Ministerium für öffentliche Arbeiten kontrolliert wurden. Lediglich die Bauernfamilien lebten über das ganze Reich verteilt. Sie trugen die Hauptsteuerlast und unterstanden dem Finanz-

Blauweiße Porzellanvase aus der Yongle-Ära mit Drachendekor. Die Vase ist 42 cm hoch.

ministerium. Ein weiteres Kontrollsystem bestand in der Zusammenfassung von je zehn Familien, die untereinander für Ordnung zu sorgen hatten und auch Steuerzahlungen und Arbeitsdienste zu organisieren hatten. Die teils utopische Gesellschaftsordnung des Dynastiegründers galt den späteren Herrschern der Ming als heilig und doch zeigten sich im Verlauf der Zeit Risse, da die tatsächliche Entwicklung der Gesellschaft eine eigene Dynamik entwickelte, denen die Kaiser der ausgehenden Ming-Zeit mit ihrer konservativen Politik des Verharrens und der Abschottung nicht mehr gewachsen waren.

Nördliche Hauptstadt und Südliche Hauptstadt

Nanjing, Zentrum im Herzen der Wirtschaftsregion des Unteren Yangzi und Eroberung des Gründungskaisers, war zunächst Hauptstadt der neuen Dynastie. Mit der Machtübernahme durch den Kaiser der Yongle-Ära wurde Beijing 1420–1422 zur »Nördlichen Hauptstadt« erkoren. Zwar beließen die Ming in Nanjing als zweiter »Südlicher Hauptstadt« Amtsgebäude und Beamten und schufen ein System der dualen Hauptstädte, doch das eigentliche politische Zentrum wurde Beijing und sollte es auch unter den

Der Kaiserpalast in Beijing. Die mit Drachenmotiven verzierte mittlere Rampe der Treppe war dem Kaiser vorbehalten.

DIE VERBOTENE STADT

Nach siebzehnjähriger Bauzeit war 1420 der neue Palastkomplex im Norden Beijings, der aufgrund der leuchtenden Mauern die Bezeichnung Zijincheng (»Purpurne Verbotene Stadt«) erhielt, bezugsfertig. Angefangen mit dem Ming-Kaiser der Yongle-Ära sollten alle Kaiser der Ming und auch der folgenden Qing-Dynastie dort residieren. Puyi (1905–1967), der zehnte Kaiser der Qing, lebte sogar nach der offiziellen Abdankung am 12.02.1912 bis 1924 standesgemäß, aber streng bewacht im Kaiserpalast. Anschließend wurde die Verbotene Stadt in ein öffentliches Museum und Geschichtsdenkmal umgewandelt.

Ein Wassergraben und eine Mauer riegeln den Palastkomplex von der restlichen Stadt ab. Der Zugang erfolgt durch das mehrfach gegliederte Mittagstor. Komplexe Riten regelten den Zugang und das Leben im Kaiserpalast. Nur der Kaiser durfte den mittleren Eingang benutzen, während Prinzen, hohen Beamten und Generälen jeweils entsprechende Seitentore zugewiesen waren. Die Anlage der Verbotenen Stadt manifestiert bis ins Detail die zentrale Stellung des Kaisers als Himmelssohn und Mittler zwischen Himmel und Erde. Es war seine Aufgabe durch die Befolgung der Riten die im Kosmos und auf der Erde korrelierende Ord-

Das Mittagstor und die Goldwasserbrücke des Kaiserpalastes der Verbotenen Stadt in Beijing.

In kaiserlichem Goldgelb glasierte Dächer der Verbotenen Stadt.

nung zu wahren. Eine Hauptachse sowie mehrere kleinere Nebenachsen durchziehen den Palastkomplex von Süden nach Norden. Der Innere Goldwasserfluss beschreibt einen Bogen von Nord nach Süd. Fünf Marmorbrücken geben den Weg frei auf das Tor der Höchsten Harmonie. Dahinter befinden sich, erhoben auf einer Terrasse, drei große Hallen und bilden das Zentrum der Anlage. Die vordere Halle der Höchsten Harmonie fungierte als Thronsaal. Auf dem 30000 m² großen Platz bezeugten bis zu 20000 Beamte und Würdenträger dem Kaiser durch einen Kotau ihren Respekt, indem sie sich vor ihm niederwarfen und mit dem Kopf den Boden berührten. Im hinteren nördlichen Teil der Palastanlage befanden sich die Innengemächer mit den Wohnstätten der kaiserlichen Familie. Der Kaiser, seine Kaiserinnen, Konkubinen und Hofdamen lebten hier abgeschirmt durch die Eunuchen. Ein kaiserlicher Garten diente ganz im Norden als Ort der Ruhe. Insgesamt umfassen die Mauern der Verbotenen Stadt 720000 m². Gewaltige Holzsäulen tragen die geschwungenen mit den neun apotropäischen Fabeltieren an den Firsten verzierten und glasierten Dächer der Verbotenen Stadt, die sich ursprünglich weit sichtbar über der ansonsten niedrig bebauten Hauptstadt erhoben.

Qing bleiben. Beijing lag jedoch nicht im geographischen oder wirtschaftlichen Zentrum des Reiches und war stets durch die Nähe zur Nordgrenze und den dort lebenden Steppennomaden gefährdet, auch erwies sich die Versorgung der Stadt mit Nahrungsmitteln als schwierig.

Die Seemacht China

1392 wurde ein gewaltiges Aufforstungsprogramm in der Region Nanjing begonnen, das wenig später auch auf Anhui, Hunan und Hebei erweitert wurde. Holz sowie der Lack des schon seit der Frühzeit beheimateten Lackbaumes waren wichtige Rohstoffe für den Bau der kaiserlichen Flotte, die zwischen 1405 und 1433 bis nach Indien, Afrika und Arabien gelangen sollte. 1681 Schiffe wurden zu diesem Zweck zwischen 1404 und 1407 in Auftrag gegeben.

In der Schifffahrt traten die Ming das Erbe der Song an, deren Binnen- und Küstenschifffahrt ein wichtiger Motor ihrer Wirtschaftskraft gewesen war und unter denen auch Kriegsschiffe auf den Trockendocks am Unteren Yangzi gebaut worden waren. Die Mongolen nutzten diese Infrastruktur für den Bau ihrer Flotte, mit der sie vergeblich bei ihren Eroberungszügen Richtung Java und Japan segelten. Technisch waren die Ming mit ihrer Flotte den Spaniern und Portugiesen damals weit überlegen. Bereits im 10. Jh. nutzten sie den Kompass, während er in Europa erst ca. 1180 Verwendung fand. Als gute Astronomen und im Besitz von Seekarten fiel den Admirälen der Ming-Zeit die Orientierung nicht allzu schwer. In flachen Gewässern orientierten sie sich auch anhand von Bodenproben und Loten.

Äußerlich zwar etwas plump, besaßen chinesische Schiffe einige Spezifika, die sie damals überlegen machten. Entstanden aus der Kombination eines Kriegsschiffes mit V-förmigem Kiel und hohem Freibord und den großen zivilen Flachwasserbooten, die das Steuergetreide die Küste oder die Kanäle entlang nordwärts transportierten, war die Hochseeschunke der Ming-Zeit zum einen ein regelrechtes »Schatzschiff« (*baochuan* – so ihr chinesischer Name), zum anderen aber auch gegen den Angriff von Piraten gut gerüstet. Mit Brandbomben und Brandpfeilen wurden gegnerische Schiffe entflammt. Über 10 Meter waren die großen Steuerruder lang. Die schon von ferne gut sichtbaren, an die 20 Meter hohen, roten Seidensegel auf den größten Schiffen des Flottenverbandes wurden von bis zu neun Masten getragen. Die größten Schiffe der Flotte hatten eine Wasserverdrängung von 3000 Tonnen, waren mehr als 120 Meter lang und 50 Meter breit. Der militärische Charakter der Schiffe wurde durch die 24 Bronzekanonen unterstrichen. Besonders die gewaltigen Segel in der Art eines Fächers, die nach unten gerafft wurden und sich an einem Mast bis fast in die Längsachse des Schiffes drehen ließen, stellten einen Vorteil gegenüber zeitgleichen europäischen Schiffen dar. Schotten, die einzeln geflutet werden konnten, waren ein zusätzliches Plus.

Besonderer Planung bedurfte aber auch die Versorgung der bis zu 27 000 Mann, die auf den verschiedenen Schiffen an Bord gingen und über lange Zeiträume verpflegt werden mussten. »Wasserschiffe« mit Trinkwasser gehörten zu den Notwendigkeiten, aber auch Vorsorge gegen Mangelerkrankungen wie den Skorbut mussten ergriffen werden. Den Quellen nach wurden bereits zur Tang-Zeit auf Schiffen kleine Gärten zur Versorgung mit frischen Kräutern und Gemüse angelegt. Als wissenschaftliches Interesse würden wir es heute erklären, dass Ärzte – 180 sollen an Bord der Flotte gewesen sein – neben der Pflege der Besatzung auch den Auftrag hatten, potentielle Heilmittel aufzuspüren und zu katalogisieren.

Der Admiral Zheng He

Die Führung der kaiserlichen Flotte unterstand Zheng He (1371–1433). Er wurde als Ma He in Kunyang, im heutigen Yunnan, geboren und stammte

Die Reisen des Admirals Zheng He (1371–1433) führten die kaiserliche Flotte über Indien bis nach Arabien und Afrika.

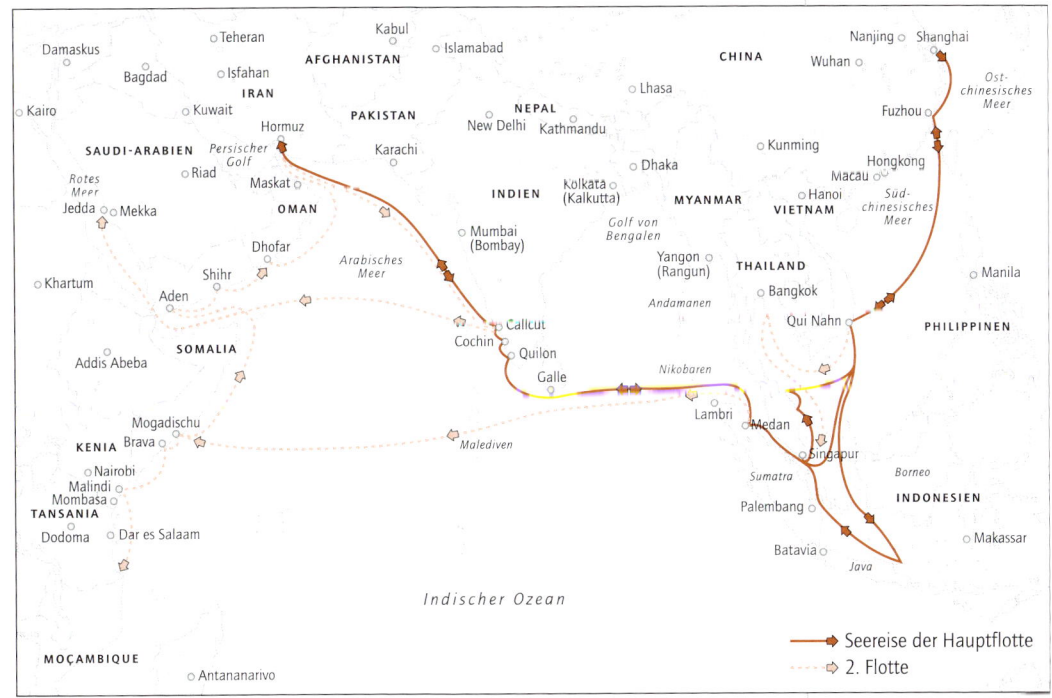

aus einer notablen, frommen, muslimischen Familie. Sein Vater und Großvater trugen beide den Namen Hajji, was vermuten lässt, dass beide eine
Pilgerreise nach Mekka unternommen hatten. 1381 eroberten die Ming Yunnan und statt das Leben eines Notablen der muslimischen Elite unter mon-
golischer Oberherrschaft zu führen, wurde Zheng He, wie er ab 1404 hei-
ßen sollte, gefangen genommen und kastriert. Das war damals kein unge-
wöhnliches Schicksal jugendlicher männlicher Kriegsgefangener, da zu
dieser Phase der Ming-Herrschaft Eunuchen nicht nur am Kaiserhof direkt,
sondern auch in den Haushalten der Prinzen und hohen Generäle Dienst
taten. Zheng He gelangte nach Beijing an den Hof des Prinzen Zhu Di, der
später gegen seinen Neffen, den eigentlichen Thronfolger rebellierte. Es
kam zu einem mehrjährigen Bürgerkrieg, den schließlich Zhu Di für sich
entscheiden konnte. Von Zheng He heißt es, er habe Zhu Di in dieser Auseinandersetzung tatkräftig unterstützt.

Während der Yongle-Ära betrieben die Ming eine expansive Politik, die
sie bis in die Mongolei und nach Vietnam führte. Zheng He hatte seinem
Herrn bereits bei der Machtergreifung militärisch zur Seite gestanden und
machte nun Karriere am Hof. Am 11.7.1405 bekam er die Order zu seiner ersten Reise nach Calicut an die Westindische Küste aufzubrechen. Insgesamt
unternahm Zheng He sieben große Reisen, bis er 1433 starb. Über die Ziel-
richtung der maritimen Expeditionen unter Zheng He und ihr abruptes
Ende ist viel spekuliert worden. In Zheng Hes Biographie, in der Dynastie-
geschichte der Ming, werden die Reisen damit begründet, dass der Kaiser
seinen flüchtigen Rivalen habe aufspüren wollen, doch in erster Linie sei
es darum gegangen, den Reichtum und die Macht Chinas in den fremden
Ländern zu demonstrieren. Demzufolge ging es dem Yongle-Herrscher
darum, Chinas Anspruch als Reich der Mitte nicht nur auf dem Landweg,
sondern auch jenseits der Meere zu bekunden und die fernen Länder Süd-
ostasiens und des Indischen Ozeans in das traditionelle Tributsystem ein-
zubinden. Dazu bedurfte es einer großen und auch kampffähigen Flotte.

Auch ohne massive Invasionen und dauerhafte Kolonisierung erhöhten
die Gesandtschaften aus fernen Ländern, die Zheng He von seinen Fahrten
mitbrachte, samt ihrer Tributgaben in Form von Luxusgütern wie Edelhöl-
zern, Edelsteinen, exotischen Tieren und Duftstoffen das Prestige des Kaisers. Als 1424 der Yongle-Herrscher starb, erlosch das Interesse an weiteren
Fahrten. Zheng Hes Flotte verblieb in Nanjing, wo er nun Dienst tat. Unter
dem Xuande-Herrscher (reg. 1426–1453) kam es zwar noch zu einer siebten
Fahrt, da die prächtigen Tribute nun ausblieben, doch die Phase imperia-
ler maritimer Präsenz Chinas war beendet.

Als großer Admiral wurde Zheng He erst in der jüngeren Vergangenheit wieder entdeckt. Zwar schufen seine Zeitgenossen und Begleiter Ma Huan, Fei Xin und Gong Zhen Reiseberichte, aus denen viele Informationen über fremde Länder entnommen wurden, doch in den Augen der konfuzianischen Elite waren dies in erster Linie Kuriosa. Zheng He wurde nicht als großer General oder Seefahrer geehrt. Vielmehr wurde er als Eunuch, einer grundsätzlich von den Historikern verachteten Gruppierung, in das offizielle Geschichtswerk der Ming eingereiht. 1905 kam Zheng He wieder zu Ehren, als der Reformer Liang Qichao (1873–1929) angesichts des gerade erlittenen Traumas der Ohnmacht der chinesischen Marine gegenüber Japan und den westlichen Mächten, Zheng He als großen Seefahrer Chinas erneut in Erinnerung brachte.

Einhundert Jahre später beging die VR China mit großem Aufwand 2005 den 600. Jahrestag der ersten Seereise des Zheng He und machte ihn nun zur nationalen Leitfigur einer friedlichen Demonstration der Stärke Chinas auch auf den Meeren.

Abschottung

Die Gründe für die plötzliche Wendung nach innen und der Abkehr von der Hochseeschifffahrt liegen weitgehend im Dunklen. Sicher ist, die kaiserliche Kasse war durch Kriegszüge gegen die Mongolen, Reparaturen am Großen Kaiserkanal, Bauarbeiten in der neuen Hauptstadt im Norden und die Ausrüstung der Armada extrem belastet. Die expansive Politik der Yongle-Herrschaft war in erster Linie vom Kaiser ausgegangen und hatte nie große Unterstützung durch die zivilen Hofbeamten erfahren, weshalb auch Eunuchen, bzw. Militärs mit vielerlei Aufgaben betraut worden waren.

Nach dem Tod des Yongle-Kaisers 1424 wurde zudem die militärische Schwäche der Ming in der Mongolei immer deutlicher. Eine ständige Bedrohung ging dort von den Oiraten, einer lockeren Konfoderation verschiedener Volksstämme, aus. Der Yongle-Herrscher hatte selbst fünf große Feldzüge gegen sie angeführt und 1410 einen Sieg am Onon-Fluss nordöstlich von Ulan Bator errungen. Unter seinen Nachfolgern gewannen die Steppennomaden aber wieder an Kraft. Zwar versuchten die Ming sie durch ein Waffenembargo und dem Verbot Kupfer und Eisenwaren zu handeln, in ihrer Entwicklung zu bremsen, doch waren sie auch in einem gewissen Maß auf die Pferde der Oiraten angewiesen.

Unter dem Zhengtong-Herrscher (reg. 1436–1449) kam es zu einer Einigung der verschiedenen Stämme der Oiraten durch Esen Khan (gest. 1454) und sie drangen in die östliche Mongolei vor. Von dort unternahmen sie wiederholt Einfälle ins Reichsgebiet der Ming. Dramatisch wurde die Situation für die Ming, als 1449 der Zhengtong-Kaiser selbst in Gefangenschaft der Steppennomaden geriet und erst 1457 wieder freigelassen wurde.

Eine Folge der Bedrohung war, dass die Große Mauer (*changcheng*), die zwischen 1403 und 1435 entlang älterer Mauerteile der Nördlichen Qi und der Sui im nördlichen Hebei und nördlichen Shanxi errichtet worden war, nun durch einen zweiten inneren Verteidigungswall (*nei changcheng*) erweitert werden musste. In der Mitte des 16. Jh.s kam es trotzdem wiederholt zu Übergriffen durch die Mongolen im Norden. Unter der geeinten Führung unter Altan Khan (1543–1582) drangen mongolische Reiter nach Shanxi und in die Region Beijing vor. 1550 belagerten sie drei Tage lang Beijing und erzwangen die Eröffnung eines Pferdemarktes in Datong in der Provinz Shanxi. Seine Ambitionen brachten Altan Khan bis nach Zentralasien und Tibet. Erst 1573 schwand die Bedrohung für die Ming nach einem Friedensabkommen. In der Region nordöstlich von Beijing formierten sich jedoch bereits die neuen Gegner, die später unter der Bezeichnung Mandschu die Ming ablösten.

Jiayuguan in Gansu, Festung am westlichen Ende der Großen Mauer.

Piraterie

Eine Folge der Abschottung und des vollständigen Rückzugs aus der maritimen Seefahrt war das Erstarken der Piraterie. Als Piraten galten Räuber, Schmuggler, allerdings auch Kaufleute, die weiterhin im Küstenhandel tätig waren. Gefürchtet waren besonders Übergriffe japanischer Piraten. Zeitgleich mit den Übergriffen Altan Khans kam es um 1555 zu einer Welle von Überfällen durch Boote von der japanischen Inselgruppe entlang der gesamten chinesischen Küste

Während der Yongle-Ära (1403–1424) war der Handel mit Japan zwar streng reglementiert, erreichte aber trotzdem ein recht großes Handelsvolumen. Unter den japanischen Gesandten waren viele buddhistische Mönche, denen es zeitweilig erlaubt war, sich frei bis zu einem Jahr in China zu bewegen. Chinesische buddhistische Mönche erwiderten die Besuche und so ergab sich ein reger Kulturaustausch. Dennoch war Ningbo der einzige offiziell für Japan geöffnete Hafen, während von Fuzhou und Kanton aus offiziell mit Südostasien gehandelt werden durfte. Der Kaiser der Hongzhi-Ära (1488–1505) besiegelte den Niedergang der Hochseeschifffahrt mit einem Dekret, das den Bau von Schiffen mit mehr als zwei Masten verbot. Der Kaiser der Jiajing-Ära (1522–1566) ließ 1525 sogar alle noch vorhandenen hochseetüchtigen Schiffe zerstören und ihre Mannschaften festnehmen. Aber selbst die Küstenschifffahrt wurde rigiden Beschränkungen unterworfen, als 1551 auch deren Schiffe nur noch einen Mast haben durften. Der Schmuggel von Silber, Kupfer, Gold und Seidenwaren florierte dennoch entlang der ganzen Küste. Die Übergriffe japanischer Schiffe und auch chinesische Piraterie können als Antwort auf die Abgrenzung verstanden werden. 1530 wurde der offizielle Handel über Ningbo als Reaktion auf die gestiegene Piratentätigkeit und Auseinandersetzungen zweier Gesandtschaften in Ningbo, die für sich den offiziellen Status reklamierten, aufgehoben. Der mühevolle Kampf gegen die Piraterie und die Gewalt bestärkte wiederum die Befürworter der Abschottung, die in der Restriktion des Privathandels und einer strengen Überwachung aller Fremden im Reich die Lösung sahen.

Silber

Die Herrschaft der Ming – in der Übersetzung »hell« – erscheint widersprüchlich. So ist sie die Zeit, in der China zur führenden Seemacht aufstieg, sich aber kurz darauf immer mehr abschottete und mit der Großen Mauer ein Bauwerk schuf, das bis heute ein Symbol für die Abgrenzung Chinas geblieben ist. Der Dynastiegründer hinterließ ein Testament, das

Um 1600 war **China** das größte, am weitesten entwickelte und am effizientesten organisierte Land der Erde. Die Zentralisierung und der Machtanspruch des Kaisers an der Spitze des Staates bewirkten, dass die Religionen einer wirksamen Kontrolle des Staates unterstellt waren und sich die prosperierenden Städte nicht zu unabhängigen Machtzentren ausbilden konnten. Lese- und Schreibfähigkeit erreichten ein hohes Maß in der Bevölkerung. Staatliche Manufakturen oder in Gilden organisierte Handwerker produzierten hochwertige Waren in hoher Stückzahl. Hohe Steuern und der enorme Arbeitsdruck bewirkten aber auch Aufstände unter den Arbeitern. 1601 streikten die Seidenweber in Suzhou, einer Metropole im Delta des Yangzi. Im gleichen Jahr begehrten auch die Arbeiter der Porzellanmanufaktur in Jingdezhen, Jiangxi, auf.

von dem Ideal einer unveränderlichen Wirtschaft und Gesellschaft ausging. Doch der Wandel ließ sich nicht aufhalten und die Einflüsse des internationalen Handels brachten schließlich auch große Silbermengen aus der Neuen Welt nach China. In China wurden von 1600 an die Steuern zum Teil in Silber erhoben.

In der Mitte des 16. Jahrhunderts gelang es den Portugiesen in Macao Fuß zu fassen. Sie kauften auf lokalen Märkten chinesische Seide auf und verschifften sie nach Japan. Dort tauschten sie Seide gegen Silber aus japanischen Bergwerken. Silber wurde in China höher veranschlagt als in Japan und so konnten sie gute Gewinne erzielen. Die Portugiesen waren aber nicht die einzige europäische Macht, die in den internationalen Silberhandel eintrat.

Spanien errichtete in den siebziger Jahren des 16. Jahrhunderts einen Stützpunkt in Manila auf den Philippinen, so dass über die Spanier nun auch mexikanisches und peruanisches Silber nach China strömte. An diesem Markt beteiligten sich auch chinesische Händler, die sich in Manila niederließen, um selbst Textilien gegen Silber zu tauschen.

Gegen Ende der Wanli-Ära (1573–1620), zu einer Zeit, als sich der Kaiser weitgehend vom politischen Leben zurückgezogen hatte und jahrelang keine Hofaudienzen abhielt, löste der gewaltige Silberstrom in China eine Inflation und Handelsspekulationen aus. Unruhen an der Nordostgrenze störten zudem die Wirtschaftskreisläufe der Händler, die mit Wechseln einen ersten Schritt in Richtung Banksystem gegangen waren. Die Basis der Ming-Wirtschaft bildete nach wie vor der landwirtschaftliche Sektor. Gerade dort machten sich jedoch zu dieser Zeit korrupte Eunuchen-Steuereintreiber und ihre Bevollmächtigten breit.

Unter dem **Kaiser der Wanli-Ära** (reg. 1573–1620) taten an die 16 000 Eunuchen Dienst im Reich. Sie bekamen eine zentrale Rolle, als der Kaiser ihnen außer ihrer Tätigkeit bei Hof auch militärische Macht und die Eintreibung der Steuern in den Provinzen übertrug. Unter Wanlis Enkeln stieg der Eunuch Wei Zhongxian (1568–1627) zu einer dominierenden Kraft bei Hof auf.

Zwar ermöglichten es Verbesserungen in den Anbaumethoden sowie neue Nutzpflanzen aus der Neuen Welt Chinas Bauern eine noch größere Anzahl an Menschen als zuvor zu ernähren, doch litten sie besonders darunter, ihre Steuern in Silber entrichten zu müssen. Das Einbrechen der Holländer und Engländer in die Handelsimperien der Spanier und Portugiesen führte zu einem Rückgang der chinesischen Silberimporte. Die Folge waren Silberhortung und ein Verfall der Kupfer-Silber-Parität. Die Bauern verkauften ihre Ernte gegen Kupfer, das aber 1643 nur noch einen Bruchteil des Wertes besaß, das es noch wenige Jahre zuvor gehabt hatte.

Das Ende der Ming-Herrschaft

Naturkatastrophen, Rebellionen oder äußere Feinde haben meist das Ende einer Dynastie besiegelt. Im Falle der Ming kam dies alles zusammen. Die Regierung versagte bei der Flutkontrolle und es kam zu Überschwemmungen. Es gelang in der Folge nicht, ausreichende Hungerhilfe in den Notstandsgebieten zu leisten. Es folgten Epidemien. Schilderungen der

Matteo Ricci, **Kupferstich aus dem Jahre 1602.**

Erkrankung und ihrer Verbreitung lassen vermuten, dass es sich um die Pest gehandelt haben könnte, die nach China eingeschleppt wurde und gegen die die Chinesen, ähnlich wie die Urbevölkerung Südamerikas und Nordamerikas angesichts der Masern und der Pocken, machtlos waren.

Aufgrund des Finanzdrucks angesichts der hohen Militärausgaben zum Schutz gegen die Mandschu im Nordosten, entließ der Staat im Nordwesten Personal. Dies traf auch Li Zicheng (1606–1645), einen ehemaligen Postangestellten, der sich von einer Militäreinheit in Shaanxi anwerben ließ. Als die Regierung es versäumte, Proviant zu stellen, meuterten die Soldaten. Li Zicheng konnte die Führung übernehmen und eroberte mit wechselnden Allianzen 1644 Beijing. Der letzte Kaiser der Ming soll sich daraufhin auf einem Hügel in einem kaiserlichen Garten hinter den Mauern der Verbotenen Stadt erhängt haben. Li Zicheng gelang es aber nicht, ein eigenes Reich zu etablieren. Kurze Zeit später wurde er von den Mandschu besiegt, die als neue Herren des Landes das Erbe der Ming antraten.

> Gegen Ende der Ming-Herrschaft kam **Matteo Ricci** (1552–1610), ein Jesuitenmissionar, an den Hof. Er wurde zwar aufgrund seiner in China erworbenen Kenntnisse der Sprache und Kultur von den chinesischen Gelehrten akzeptiert, seine Missiontätigkeit stieß zunächst jedoch weitgehend auf Unverständnis und Ablehnung.

■ Die letzte Dynastie (1644–1911)

Mit den Mandschu, so wie sich die Dschurdschen der Mandschurei später nannten, begann die letzte Phase des chinesischen Kaiserreichs. Ihr Oberhaupt Nurhaci (1559–1626) war allmählich zum Führer verschiedener Stämme aufgestiegen und hatte sich 1616 jenseits der Großen Mauer in Anlehnung an das Jin-Reich (1115–1234) zum Großen Khan der Späteren Jin ausrufen lassen. Sein Nachfolger Abahai (reg. 1626–1643) beschloss, sein Volk solle fortan nicht mehr die als beschämend empfundene Bezeichnung Dschurdschen tragen und prägte die neue glückbringende Bezeichnung »Mandschu«. Er drang in das Ming-Reich ein und proklamierte die Große Qing-Herrschaft. Es dauerte jedoch mehrere Jahrzehnte, bis alle Rebellen geschlagen und das ganze Reich erobert werden konnte. Lange hielt sich Widerstand im Südwesten, und auch Taiwan, das ohnehin noch nicht lange zum chinesischen Reich gehört hatte, wurde erst 1683 eingenommen. Letztlich bewirkte die expansive Politik der Mandschu, dass China unter ihrer Führung 1759 seine größte Ausdehnung erfuhr.

Auf die Qing geht auch der Anspruch Chinas auf Tibet zurück. Den Kaisern der Ära Kangxi (reg. 1661–1722), Yongzheng (reg. 1723–1735) und

Qianlong (reg. 1736–1796) gelang es, mittels Druck und gleichzeitiger Förderung die chinesischen Beamten für sich zu gewinnen und einen blühenden Staat zu errichten. Die Wissenschaften erreichten ein hohes Niveau. Einige Wirtschaftszweige, wie z. B. die Textilindustrie, produzierten fast auf industriellem Niveau. Der massive Kupferabbau und Exportgewinne über den Fernhafen Kanton ließen die kursierenden Geldmengen steigen und kurbelten bei gleichzeitiger staatlicher Stabilitätspolitik den Handel an. Der Agrarsektor wurde gefördert und neue Gebiete erschlossen. Obwohl das Gefälle zwischen wohlhabenden Städtern und den einfachen Bauern sehr groß war, verglichen mit den französischen Bauern unter Louis XV. ging es den chinesischen Bauern zu Beginn der Qing-Zeit in der Yongzheng-Ära und der ersten Hälfte der Qianlong-Ära durchschnittlich relativ gut. Es kam daher zu einem raschen Anstieg der Bevölkerung.

Erst ab 1800 stellten steigende Kosten der militärischen Expansion, Korruption, aber auch die Forderung der westlichen Kolonialmächte, sich dem internationalen Handel zu öffnen sowie der Aufstieg des Nachbarn Japans

China unter der Herrschaft der Qing (1644–1911).

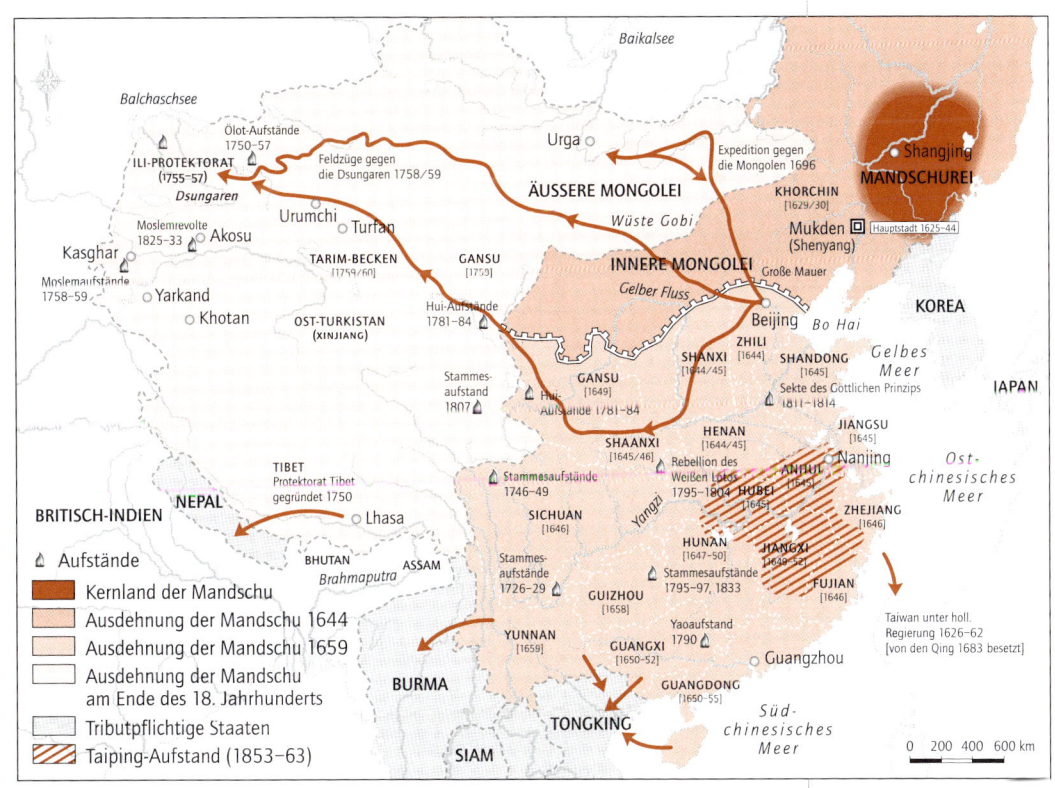

die Qing vor Herausforderungen, denen sie am Ende nicht gewachsen waren. Für eine effiziente und rechtzeitige Modernisierung fehlte dem von inneren und äußeren Krisen geschüttelten Riesenreich die Kraft.

Die Mandschu

Die Mandschu waren keine Steppennomaden, sondern lebten als Hirten, Fischer, Jäger und Ackerbauern in der Sungari-Region im heutigen Jilin, im Gebiet des Changbaishan, an der Grenze zu Korea. Ein anderer Teil lebte gemeinsam mit Chinesen im Süden auf der Halbinsel Liaodong.

Unter Nurhaci entwickelte sich aus der bisherigen Stammeskonföderation eine staatliche Bürokratie, die sich des Mandschurischen, einer auf Grundlage des Mongolischen neu geschaffenen Schrift, bediente. Eine ursprünglich zur Identifizierung in der Schlacht eingeführte Einteilung der Truppen in Banner, wurde in den Zivilbereich übernommen und diente als Grundlage für die Registrierung der Bevölkerung. Aufstände der Chinesen 1622 und 1625 in Liaodong hinterließen bei Nurhaci tiefes Misstrauen gegenüber ihnen, was sich in einer Politik der Härte und strikten Trennung äußerte.

1626 starb Nurhaci und sein achter Sohn Abahai alias Hong Taiji konnte die Führung auch dank der Unterstützung seiner chinesischen Berater erringen. Er machte einige der Diskriminierungen rückgängig und schuf eine Verwaltung sowie ein Prüfungssystem den Vorbildern der Ming folgend. Geschickt verstand er es, auch aus den Reihen der Militärs der Ming Überläufer zu gewinnen. 1637 stellte er zwei chinesische Banner auf. Daneben gab es bereits mehrere mongolische Banner mit Kämpfern und ihren Familien, die sich auf die Seite der Mandschu gestellt hatten. Die Mandschu hatten es geschafft, außerhalb der Großen Mauer eine leistungsfähige Staatsstruktur zu schaffen.

1644

Nachdem der letzte Ming-Kaiser angesichts des Vorrückens des Rebellen Li Zicheng Selbstmord begangen hatte, standen sich dieser und die Mandschu gegenüber. Die Schlüsselposition an der Großen Mauer hatte jedoch noch der Ming-General Wu Sangui (1612–1678) inne. Er und andere Ming-Generäle ließen die Mandschu passieren. Einige von ihnen hofften, die Mandschu zuerst für den Kampf gegen die Rebellen zu nutzen, sie anschließend aber wieder fortzuschicken und so die Ming wieder restaurieren zu können. Doch die Mandschu waren keine nomadischen Hilfstruppen, die man nach getaner Arbeit wieder zurückschicken konnte.

Dorgon (1612–1650), Halbbruder des Abahai, übte nach dessen plötzlichem Tod die Regentschaft aus und setzte schließlich den neunten Sohn seines Bruders als Shunzi-Kaiser (reg. 1644–1661) auf den Kaiserthron in der Verbotenen Stadt. Die chinesischen Einwohner Beijings mussten in den südlichen Teil ziehen und als sichtbares Zeichen der Unterwerfung hatten

Der Jesuit **Adam Schall von Bell** (1591–1666) hielt sich seit der späten Ming-Zeit in Beijing auf. Dank seiner Bildung, wurde er unter Dorgon zum Leiter des Astronomieamtes ernannt. Der jugendliche Shunzi-Kaiser nannte ihn »Großvater«.

sich alle Männer die Stirn zu rasieren und einen Zopf zu tragen. Der Sturm der Entrüstung war so groß, dass das Gebot zuerst wieder zurückgenommen wurde, aber 1645 galt dann, wer sich nicht fügte, verlor seinen Kopf.

Konfuzius verpflichtet

Anders als bisherige Fremdherrscher, die sich entweder völlig sinisieren ließen oder aber die chinesische Kultur ablehnten, besaßen die Qing das Selbstverständnis, stolze Nachfahren ihrer eigenen Kultur und gleichzeitig würdige Erben der größten chinesischen Dynastien zu sein. Eine Verschmelzung der Mandschu mit den Han-Chinesen lehnten sie jedoch ab und Mischehen wurden verboten. Die Mandschu pflegten ihre militarischen Werte und das System der Banner behielt lange seine Gültigkeit. Auch das Mandschurische wurde nicht einfach komplett durch das Chinesische ersetzt. Auf der anderen Seite übernahmen die Qing einen Großteil der zivilen Institutionen der Ming und gerade die Mandschu wurden zu entschiedenen Verfechtern des Konfuzianismus und Förderern der traditionellen chinesischen Literatur und Kunst.

Bi-Scheibe aus Jade aus der Shang-Zeit mit einer Lobinschrift aus dem Jahre 1790 der Qianlong-Ära.

Die zentrale Figur war dabei Konfuzius und das Ideal der Pietät. Kangxi selbst fasste 1670 die sittlichen Werte des Konfuzianismus in 16 Maximen zum Zwecke der allgemeinen Verbreitung im Volk zusammen. Bereits sein Vorgänger Shunzi hatte wieder Staatsprüfungen abhalten lassen. Mit der Verleihung spezieller Grade für Hochbegabte und der Vergabe von Kompilationsprojekten versuchten der Kangxi-Kaiser und seine

TAIWAN

Bis zum Ende der Ming-Zeit war Taiwan weitgehend unerschlossen. Eine gefährliche Brandung und Taifune erschwerten die Anbindung ans Festland. Die Ebenen waren von Malaria verseucht. Die Gebirge im Inneren der Insel erwiesen sich als sehr unzugänglich. Eine zusätzliche Abschreckung ging von den Ureinwohnern der Insel aus, von denen einige Stämme als Kopfjäger bekannt waren. Trotzdem ließen sich Händler aus Kanton und Fujian auf der Insel nieder. Auch nutzten chinesische und japanische Piraten sie als Stützpunkt.

1590 kamen die Portugiesen und nannten sie Isla Formosa, »Schöne Insel«. Sie bekamen 1624 von den Holländern Konkurrenz, die im Süden die Festung Zeelandia gründeten. Im Norden ließen sich 1626 die Spanier nieder, die 1642 bereits wieder von den Holländern vertrieben wurden. Diese mussten wiederum 1661 vor Zheng Chenggong alias Koxinga das Feld räumen. Er stammte aus einer Familie, deren umfangreiche Flotte ein Handelsnetz von Nagasaki in Japan bis nach Macao unterhielt. In Xiamen (Amoy) hatten sie einen befestigten, nur von der See zugänglichen Wohnsitz. Von Ming-Loyalisten um Hilfe ersucht, kämpfte Koxinga mit seiner Flotte an der Ostküste Chinas gegen die Qing. Als ein Angriff auf Nanjing fehlschlug und die Qing Amoy einschlossen, griff er das holländische Zeelandia auf Taiwan an. Koxinga starb zwar bereits 1661, die Qing brauchten aber bis zum Jahr 1663, um Taiwan zu erobern. Zuvor hatten sie versucht, die Familie Zheng durch eine Zwangsumsiedlung der chinesischen Küstenbewohner Fujians zu isolieren. 1885 erhielt Taiwan den Status einer eigenständigen chinesischen Provinz.

Nach der Niederlage im Chinesisch-Japanischen Krieg fiel Taiwan 1895 an Japan. Die japanische Herrschaft dauerte bis 1945, als Taiwan gemäß den Beschlüssen der Alliierten am 25.10.1945 an die 1912 gegründete Republik China übergeben wurde. Die im Bürgerkrieg 1945–1949 den Kommunisten unterlegene Spitze der Guomindang setzte sich unter Chiang Kaishek mit samt 1,5 bis 2 Millionen Soldaten und Zivilisten nach Taiwan ab und regierte dort nach Gründung der VR China am 1.10.1945 im Namen der Republik weiter. 1971 kam es zur Wende in der China-Politik der USA, die Taiwan seit dem Korea-Krieg 1950 – 1953 protegiert hatten. Der Anerkennung der VR China durch die USA folgten viele Staaten und Taiwan wurde diplomatisch wenngleich nicht wirtschaftlich isoliert. Die Taiwan-Frage ist bis heute ungelöst und die VR China sieht im inzwischen demokratischen Taiwan eine abtrünnige Provinz.

Karte von Taiwan aus dem Jahre 1856.

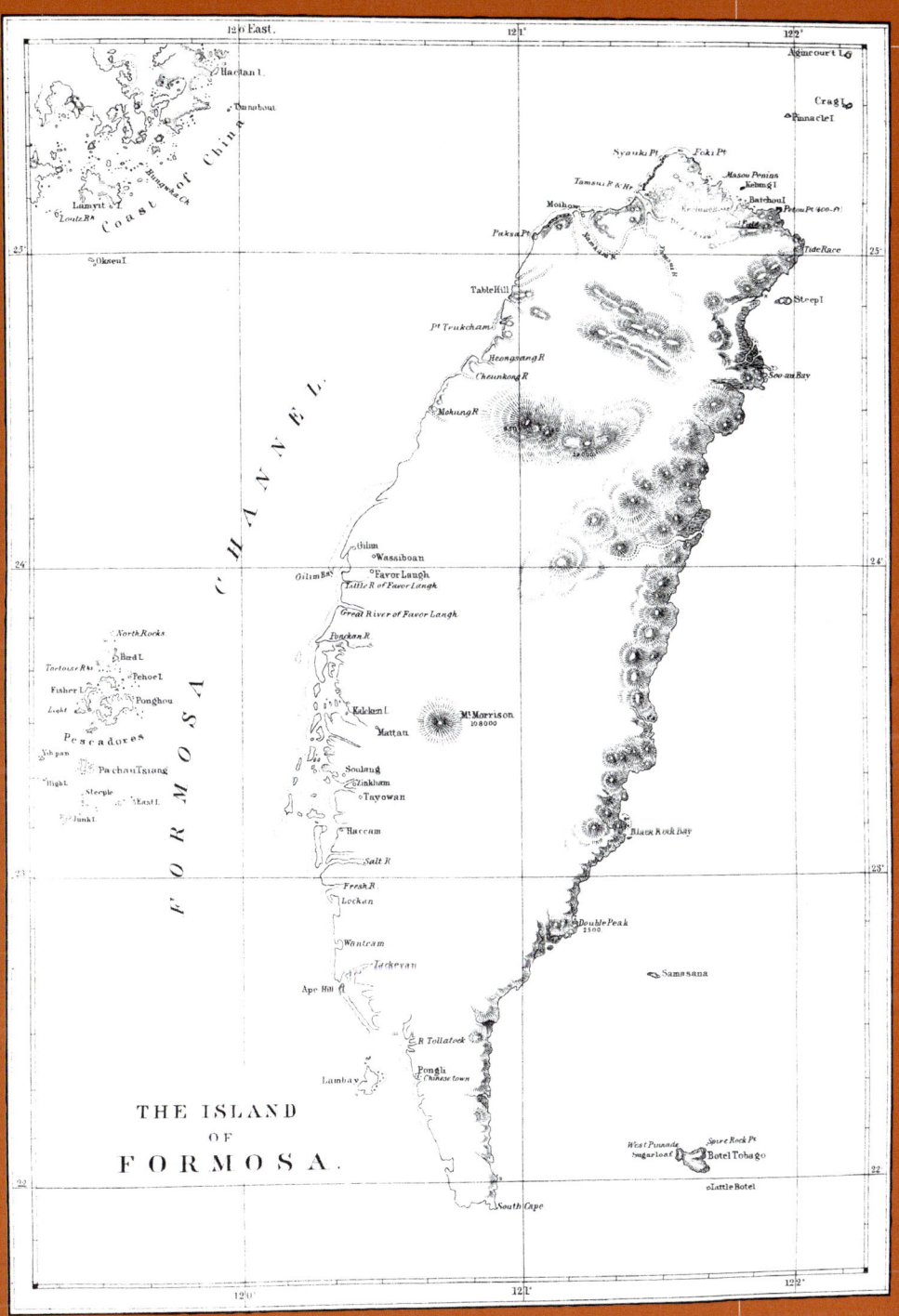

THE ISLAND
OF
FORMOSA.

Nachfolger gerade Gelehrte aus dem Yangzi-Delta für sich zu gewinnen. Gefördert wurden aber auch die Malerei und andere schöne Künste.

Der Süden und Südwesten

Gerade im Süden und Südwesten, einem für die mandschurischen Reiterheere schwer zugänglichen Gebiet, hielt sich der Widerstand gegen die Qing sehr hartnäckig. Obwohl der letzte Ming-Kaiser sich schon vor der Machtübernahme der Mandschu das Leben genommen hatte, dauerte es bis 1683, um tatsächlich alle Ming-Loyalisten zu besiegen.

Der letzte der Nachfahren des Kaiserhauses der Ming, der für sich den Thron beanspruchte, floh nach Burma. 1661 führte Wu Sangui Qing-Truppen nach Burma und forderte die Auslieferung des letzten Thronprätendenten samt seinem Hofstaat. Auf chinesischem Territorium wurde er dann erdrosselt. Formal waren damit die Qing Herren des Reiches. Die militärische Kontrolle des Südens und Südwestens unterstand jedoch drei chinesischen Generälen, von denen einer der bereits erwähnte Wu Sangui war. Sie erschienen aufgrund ihrer Verdienste bei der Machtergreifung loyal und waren durch die Vergabe von Töchtern mandschurischer Adeliger entgegen des allgemeinen Verbotes von Mischehen in besonderer Weise an das Kaiserhaus gebunden. Mit der Thronbesteigung des Kangxi-Kaisers kam wieder ein sehr junger, aber tatkräftiger Herrscher auf den Thron. Als es offenkundig wurde, dass die drei Generäle ihre Gebiete als dauerhafte Lehen ihrer Familien betrachteten, entschloss sich der Kaiser zur Konfrontation. Angesichts der Forderung, den Süden zu verlassen und sich in die Mandschurei zurückzuziehen, beschlossen Wu Sangui und die zwei Söhne der anderen Generäle den Aufstand und stürzten damit auch die Chinesen der Region in eine schwere Loyalitätskrise, denn sie hatten sich ja erst wenige Jahre zuvor auf die Seite der Mandschu stellen müssen. Mit dem Sieg der Mandschu im Süden und Südwesten avancierten 1681 diejenigen, die für eine Politik der Härte eingetreten waren, zum engsten Beraterkreis um Kangxi. Der Süden blieb jedoch unter Kangxi Peripherie des Qing-Reichs.

Sein Nachfolger Yongzheng bemühte sich, Konflikte im Südwesten zu lösen, die dadurch entstanden waren, dass chinesische Siedler die dort eingeborenen Miao mehr und mehr in die Gebirge abgedrängt hatten. Während der Qianlong-Ära kam es 1788–1789 zu einem Feldzug nach Vietnam, nachdem die von den Chinesen anerkannte Lê-Dynastie von den Nguyễn ins Exil nach Guangxi vertrieben worden war. Die Qing setzten daraufhin die Lê wieder ein. Kaum saßen die Lê auf dem Thron, formierten sich die

Nguyễn wieder und gingen gegen sie und die Qing-Truppen vor, die sich geschlagen nach Guangxi zurückzogen. China erkannte daraufhin die Nguyễn an und mischte sich während der Qing-Herrschaft nicht mehr in die Belange Vietnams ein.

Der Norden und Westen

Bereits unter der Ming-Herrschaft hatten sich im Norden am Amur russische Jäger und Siedler ausgebreitet. Russische Händler baten um Erlaubnis, regelmäßig Handelskarawanen entsenden zu dürfen. Kangxi war aber nicht an diesem Handel interessiert und versuchte stattdessen die Russen durch einen Angriff auf ihre Festung Albasin zurückzudrängen. Diese wehrten sich jedoch entschlossen. Mit Hilfe von Dolmetscherdiensten der Jesuiten wurde 1689 der Vertrag von Nertschinsk ausgehandelt, der bis heute im Wesentlichen den Grenzverlauf festlegt. Die Bereitschaft einen solchen Vertrag zweier gleichberechtigter Parteien zu unterzeichnen, mag durch die latente Bedrohung Chinas durch die Dsungaren-Stämme im Westen begründet sein. Kangxi fürchtete eine Allianz zwischen den Russen

Sommerpalast der Qing in Chengde (Jehol), Hebei.

und den Dsungaren, deren Führer Galdan Kasghar, Hami und Turfan erobert hatte und so die Handelsroute durch Zentralasien von China nach Westen kontrollieren konnte. Zudem waren von Galdan besiegte Stämme nach Osten in die Region des heutigen Gansu geflohen, wo sie die innere Sicherheit gefährdeten. Nach der Unterzeichnung des Vertrages von Nertschinsk begann Kangxi mit einer Offensive gegen Galdan: Der Kaiser führte einen Truppenverband durch die Wüste Gobi und Galdan konnte 1696 jenseits des Kerulen-Flusses eingekreist und geschlagen werden. Die Expansion unter Kangxi war damit aber noch nicht abgeschlossen. Unter dem Vorwand, die Ermordung des Dalai Lama zu rächen und aus Protest gegen das neue Oberhaupt rückten 1720 zwei mandschurische Armeen nach Tibet vor und setzten einen neuen Dalai Lama ein, der ihnen treu ergeben war. 1790 und 1791 fielen nepalesische Gurkha in Tibet ein. Die Qing intervenierten und schickten Truppen nach Nepal, das sich verpflichten musste, von nun an alle fünf Jahre Tributzahlungen an den Hof zu liefern. Bis 1908 wurde dieses Abkommen tatsächlich eingehalten.

> Um der sommerlichen Hitze Beijings zu entfliehen, ordnete **Kangxi** 1703 den Bau einer weitläufigen Sommerresidenz in Hebei, nördlich von Beijing in den Bergen an. Die Wohnanlagen sind von mehreren Parklandschaften umgeben. Die Qing-Herrscher ließen außerdem insgesamt acht Tempelanlagen errichten, die traditionellen, buddhistischen und lamaistischen Vorbildern folgten. Am eindrucksvollsten ist eine kleine Kopie des Potala aus Lhasa in Tibet. Mehrfach waren hier Dalai Lamas zu Gast, um ihr Bündnis mit den Mandschu zu bekräftigen.

Das strategische Interesse am Norden und Westen der Mandschu-Gebiete kam auch unter den Nachfolgern Kangxis nicht zum Erliegen. Unter dem Yongzheng-Kaiser wurde 1728 der Vertrag von Kiatcha ausgehandelt, nachdem es durch die Entdeckung von Gold im südlichen Sibirien zu Störungen gekommen war. Die Grenzlinie zwischen den Russen und China wurde weiter geklärt und Handel wurde in begrenztem Maße zugelassen. Außerdem wurde der russisch-orthodoxen Kirche gestattet, in Beijing ein Gotteshaus zu unterhalten.

Im Westen flammten Konflikte mit den Dsungaren wieder auf. Trotz sorgfältiger Planung schlug die 1732 geführte Offensive gegen die Dsungaren fehl. Unter Qianlong kam es 1759 zu einer neuen und erfolgreichen Offensive. Die Dsungaren wurden vernichtet und die »Neuen Territorien«, so der Name der heutigen Provinz Xingjiang im fernen Westen Chinas, einem Militärgouverneur unterstellt. Der größtenteils muslimischen Bevölkerung gegenüber zeigte Qianlong Toleranz. Sie durften ihre Religion ausüben und mussten sich weder die Stirn rasieren noch einen Mandschuzopf tragen. Ihre Führer wurden durch die Vergabe von Titeln an das Qing-Reich gebunden. Die Region blieb eine strategische Sonderzone des Reichs, die nicht zur Kolonisation freigegeben wurde. Die militärische Präsenz der umfangreichen mandschurischen und chinesischen Armeebanner verursachte jedoch hohe Kosten.

Kangxi, Yongzheng und Qianlong – eine Bilanz

Die Regierungsdevisen Kangxi, Yongzheng und Qianlong stehen stellvertretend für die Größe und Kraft der Mandschu-Herrschaft zu Beginn der Qing. Sowohl der Kangxi-Kaiser wie auch der Qianlong-Kaiser konnten am Ende ihres Lebens auf eine Regierungszeit von 60 Jahren zurückblicken und damit die Entwicklung des Reiches entscheidend prägen.

Kangxi, der als Jugendlicher den Thron bestieg, kam die Aufgabe zu, das Reich zu konsolidieren und nach Nordwesten und Süden zu sichern. Als Folge des Ritenstreits mussten zwar viele katholische Missionare China verlassen, Kontakte bestanden aber weiterhin. Unter Kangxi wurde ein System der geheimen Palastdenkschriften eingeführt, bei dem parallel zum amtlichen Kommunikationssystem spezielle Boten dem Herrscher direkte, vertrauliche Informationen überbrachten, die er auf gleichem

Tchien Lung – Emperor of China

Porträt des Qianlong-Kaisers von William Alexander um 1793.

Seidenmalerei aus der Qing-Zeit mit einer Ansicht des Sommerpalastes vor den Toren Beijings.

Weg beantwortete. Der Kangxi-Kaiser gilt als starke, das Reich prägende Persönlichkeit. Er schwankte jedoch hinsichtlich eines Thronfolgers, so dass das Qing-Reich nach seinem Tod kurzfristig Gefahr lief, in einen Nachfolgestreit zu geraten.

Ein reifer Mann wurde sein Nachfolger, der als Yongzheng-Kaiser für sich in Anspruch nahm, auf dem Totenbett seines Vaters beauftragt worden zu sein, das Reich zu führen. Unermüdlich kümmerte er sich um die Regierungsgeschäfte, berichten die Quellen. Seine besondere Aufmerksamkeit galt dem rückständigen Steuersystem, das auf völlig falschen Daten beruhte und Steuerhinterziehung begünstigte. Während er in den nördlichen Provinzen durchaus Erfolge erzielte, stieß er in der Region am Unterlauf des Yangzi auf zähen Widerstand, was die Dringlichkeit seiner Reform jedoch nur unterstrich. Seine Ziele waren eine straffe Zentralregierung sowie Förderung von Ordnung und Effektivität in den ländlichen Regionen, um die Prosperität des Reiches zu erhöhen. Der Kaiser selbst zeigte sich gern in der Rolle des gestrengen, gütigen Vaters, der die Moral des Volkes durch konfuzianische Ermahnungen zu heben strebte.

Sein Nachfolger, der Qianlong-Kaiser, erbte ein wohlbestelltes Reich und konnte über einen extrem langen Zeitraum regieren. Er knüpfte an das Gremium vertrauenswürdiger Staatssekretäre an, das sein Vater unter Umgehung der allgemeinen Bürokratie geschaffen hatte und formte daraus einen Staatsrat, der an Macht alle sechs Ministerien und das kaiserliche Sekretariat übertraf. Unter seiner Herrschaft erweiterte sich das Territorium weit nach Westen und die Bevölkerung wuchs so an, dass sie schließlich die Grenze von 300 Millionen überschritt. Den Problemen der Steuererhebung widmete er jedoch nicht mehr die gleiche Aufmerksamkeit wie sein Vater, so dass die Reformansätze versandeten. Aber auch er pries die konfuzianischen Tugenden und demonstrierte seine Sohnesliebe durch besondere Aufmerksamkeit gegenüber seiner Mutter. Der Sommerpalast (*Yiheyuan*), einstmals außerhalb Beijings gelegen, heute bereits bedrängt von der explodierenden Stadt, war ein Geburtstagsgeschenk des Qianlong-Kaisers für seine 60-jährige Mutter. Gegen Ende seiner Herrschaft kam es angesichts des zunehmenden Bevölkerungsdrucks und der sozialen Spannungen wiederholt zu Aufständen.

Aufstände

In den 1790er Jahren setzte sich in den bergigen Grenzregionen von Hubei, Sichuan und Shaanxi die chiliastische Sekte des »Weißen Lotus« fest, die an Traditionen jahrhundertealter buddhistischer Sekten anknüpfte. Hilfe und Erlösung durch eine Gottheit anstrebend taten sich allerlei Verlierer der Gesellschaft zusammen: Verarmte Bauern und Landarbeiter trafen auf ausgebeutete Treidler entlang des Kaiserkanals. Es gab jedoch kein festes politisches Programm. Die Trias-Gesellschaft, eine ursprünglich auf Taiwan und in der Provinz Fujian im 18. Jahrhundert entstandene Geheimgesellschaft, in der sich Mandschufeindlichkeit mit dem organisierten Verbrechen verband, bemächtigte sich mehrerer Städte in der nordchinesischen Ebene und drang sogar in die Verbotene Stadt ein. Bis die Rebellion unterdrückt werden konnte, fielen ihr an die 70 000 Menschen zum Opfer. Am verheerendsten war der Aufstand der Taiping. Aber auch nach seiner Beendigung kam das Reich nicht zur Ruhe. Entlang des Großen Kanals überfielen Banden die Bevölkerung, beraubten und erpressten sie. Separatistische Aufstände der Muslime im Südwesten und im Nordwesten sowie eine Rebellion der Minderheit der Miao drohten das Reich zu zersprengen. Ähnlich wie zur Tang-Zeit in der Folge des Aufstandes von An Lushan, schufen sich während der Unterdrückung erfolgreiche Militärs eigene Machtbasen, die sie bald zu Kontrahenten um die Nachfolge auf dem Kaiserthron werden ließen. Dem Hof entglitt zunehmend die Kontrolle über den Militärapparat und die Mandschu gerieten in die Abhängigkeit einiger herausragender chinesischer Beamter und Generäle.

Taiping-Aufstand

Der Taiping-Aufstand war mit etwa 30 Millionen Toten und einer Dauer von 15 Jahren der größte weltweit in seinem Jahrhundert. Das christlich-millennaritische »Himmlische Reich des Großen Friedens« (*Taiping tianguo*) bestand zwischen 1851 und 1864 und hatte sein Zentrum in Nanjing.

Siegel des Hong Xiuquan.

Ihr Anführer Hong Xiuquan (1814–1864) entstammte der Volksgruppe der Hakka, (chin.: *kejia* – »Zugewanderte«), die bis heute eine ethnische Minorität im Süden Zentralchinas bilden.

Frustriert, nachdem er bei der Provinzprüfung durchgefallen war, hatte Hong Xiuquan 1837 eine Vision, die ihn in ein Reich im Himmel führte.

1843 trat er erneut bei den Prüfungen an, hatte aber abermals keinen Erfolg. Zufällig fiel ihm nun ein kleines Büchlein in die Hände, das Liang Afang, einer der Konvertiten der Guangzhou-Mission, aus Bibelstellen zusammengestellt hatte. Mithilfe dieses Textes deutete Hong Xiuquan seine Vision von 1837 und sah sich als jüngerer Bruder Jesu, der dazu auserkoren war, die Menschen auf Erden in ein neues Reich zu führen. In einer entlegenen Region im heutigen Guangxi sammelte Hong Anhänger unter den Hakka und den lokalen Minderheiten der Zhuang und der Yao. Er fand aber auch einen Getreuen unter den Großgrundbesitzern. Von besonderem Nutzen waren lokale Bergleute, da sie über vielfältige Fachkenntnisse verfügten. Die Bewegung wurde straff organisiert. Alkohol und Opiumgenuss wurden unterbunden. Besitz wurde ge-

> In der Beurteilung des **Taiping-Aufstandes** scheiden sich bis heute die Geister. Während er für die einen im Kontext der Bauernbewegungen gesehen wird, in denen sich die Unterdrückten der Gesellschaft aus Not gegen die Herrschenden erhoben, stellt er für andere eine autochthone Reaktion auf die christliche Erweckungsbewegung im Kontext des Imperialismus und Kolonialismus des Westens dar.

meinsam verwaltet. Pseudochristliche Zeremonien bildeten die spirituelle Basis der Gemeinschaft. Als sichtbares Zeichen der Rebellion schnitten sich die Männer die Zöpfe ab und trugen ihr Haar offen. Nach einem Konflikt verschanzte sich Hong mit seinen Anhängern in der kleinen Stadt Jintian, in der heutigen Provinz Guangxi. Dort fiel einer der anderen Führer, Yang Xiuqing, in ein Koma. In der Folge sprach er in einer Weise, die von den anderen dahingehend interpretiert wurde, dass Gott durch ihn sprach, während sich ein Mann namens Xiao Zhaogui als Sprachrohr Jesu zeigte.

Von den Qing als Rebellen gebrandmarkt, erklärte die Bewegung den Mandschu den Kampf. Hong Xiuquan ernannte sich am 11.01.1851 zum himmlischen König des *Taiping tianguo*. Beseelt von ihren Visionen erwiesen sich die Taiping als tapfere Kämpfer. An ihrer ursprünglichen Basis durch Truppen der Mandschu bedroht, brachen sie 1851 zu einem Zug auf, der sie durch Hunan, Hubei und Anhui weiter bis Nanjing führte, wo sie sich nach der Tötung der gesamten mandschurischen Bevölkerung festsetzten. Hong schlug in einem der früheren Kaiserpaläste der Ming seine Residenz auf.

Ihr utopisches Reich gestalteten sie auf der Grundlage einer Mischung biblischer Texte und Weisungen ihrer beiden Medien. Wie die Erweckungsmission gaben sie eigene Schriften heraus, predigten und missionierten in ihrem Sinne. Hong Rengan, Vetter des Hong Xiuquan, der in Hongkong bei der China-Inland-Mission eine Ausbildung absolviert hatte, legte gegen Ende der Taiping-Herrschaft 1859 ein umfassendes Reformprogramm vor, das die Schaffung einer modernen Infrastruktur und moderne westliche Institutionen umfassen sollte. Neue Examina sollten auch Mitglieder der gebildeten Schicht für das Taiping-Reich werben. Die Frauen sollten sich nicht die Füße binden. Die Gleichstellung von Mann und Frau sowie gleiches Grundeigentum sollten die Basis der Gesellschaft bilden.

Tatsächlich ergaben sich in Nanjing, der neuen Hauptstadt der Taiping, aber rasch Konflikte innerhalb der Führungsgruppe und Schwierigkeiten bei der Umsetzung ihres radikalen und auch autoritären Programms. Ihr Rückhalt in der lokalen Elite war gering und auch die christlichen Missionare des Auslands hielten sich nun auf Distanz. Bei Versuchen Shanghai einzunehmen, reagierten die westlichen Ausländer mit einem eigenen Gegenangriff. Die Qing waren lange machtlos gegenüber den Taiping. 1853 stand eine Truppe der Taiping sogar kurz vor den Toren von Beijing. Der Hof war bereits geflohen, da drehten die Taiping aus eigenem Entschluss wieder ab. Schließlich fanden die Mandschu in Zeng Guofan (1811–1872) jemanden, dem es mithilfe einer Armee aus loyalen Truppen seiner Heimat Hunan gelang, den Widerstand der Taiping zu brechen, in dessen Folge es wiederum zu einem massiven Blutbad in Nanjing kam.

> **Opium** wurde in China seit dem 11. Jahrhundert in bescheidenem Umfang wegen seiner heilenden und schmerzstillenden Wirkung eingesetzt. Als gefährliche Droge entpuppte es sich erst, nachdem sich das Tabakrauchen im 17. Jahrhundert eingebürgert hatte und 1721 Soldaten bei ihrer Rückkehr von einem Einsatz gegen Aufständische in Taiwan auch die Technik des Opiumrauchens auf das Festland brachten. Der Yongzheng-Kaiser erkannte die Gefahr schnell und versuchte das Opiumrauchen ohne medizinische Indikation zu unterbinden. Die Zahl Opiumsüchtiger nahm aber trotzdem rasch zu.

Opiumkriege

Zu Beginn des 18. Jahrhunderts war den Europäern erlaubt worden in Kanton über Vermittlung einer örtlichen Vereinigung chinesischer Kaufleute, die seit 1782 ein Monopol besaß, Handel zu treiben. Haupthandelsgüter waren Tee und Seide. Bis 1825 blieb die Handelsbilanz für China positiv. Neben dem legalen offiziellen Handel entwickelte sich in der zweiten Hälfte des 18. Jahrhunderts auch ein privater Handel, der Opium, das in Indien unter dem Monopol der britischen Kolonialverwaltung angebaut wurde, mittels chinesischer Schmugglerboote aufs chinesische Festland brachte. Die Briten bezogen allein ein Siebtel ihrer Einkünfte aus dem Opiumexport. Ein stetiger Silberabfluss in China war die Folge und wie schon zu Zeiten der Ming-Herrschaft zahlten erneut die Bauern die Zeche. Der Silberpreis zog im Verhältnis zum Kupferpreis an. Da Kupfer für die täglichen Geschäfte benutzt wurde, aber Steuern in Silber zu entrichten waren, bewirkte dies kontinuierliche Steuererhöhungen.

Unruhen auf dem Land waren die Folge. Zeitweilig waren schätzungsweise sechs Millionen Menschen im Qing-Reich trotz eines offiziellen Verbots opiumsüchtig.

Alarmiert von den sozialen und wirtschaftlichen Folgen wurde 1839 Lin Zexu vom Daoguang-Kaiser (reg. 1821–1850) beauftragt, das Opiumverbot in Kanton mit äußerster Härte durchzusetzen. Es kam zu Gefangennahmen britischer Händler, Beschlagnahmung von Schiffsladungen und zur Unterbrechung der Schifffahrt. Dies wurde von der britischen Regierung zum Anlass genommen, mit einer militärischen Intervention zu reagieren. Das britische Parlament entsandte auf Antrag von Palmerston eine Seestreitmacht von 4000 Soldaten, die Kanton im Juni 1840 erreichte. In Kämpfen entlang der chinesischen Küste bis zu den Forts von Dagu, die den Zugang zu Beijing kontrollierten, profilierten sich die Briten als Sieger und die Chinesen waren gezwungen im August 1842 in Nanjing den ersten der Ungleichen Verträge zu unterzeichen, in deren Folge sich die Kolonialmächte Zugang zum chinesischen Handel erstritten.

Der Vertrag von Nanjing

Der Vertrag von Nanjing ermächtigte Vertreter der britischen Regierung mit den chinesischen Beamten auf direkter Ebene zu verkehren. Die Briten durften Konsuln in die fünf per Dekret geöffneten Häfen Kanton, Xiamen (Amoy), Fuzhou, Ningbo und Shanghai entsenden. Briten lebten dort unter dem Privileg der Exterritorialität und durften Handel treiben. Außerdem wurde die Insel Xianggang (Hongkong) an die Briten abgetreten und es waren 21 Mio. Dollar an Kriegsentschädigungen zu zahlen. 1844 erhielten die USA und Frankreich ebenfalls Handelsvorrechte und zusätzlich das Recht, christliche Mission zu betreiben. 1947 stießen Schweden und Norwegen zur Gruppe der privilegierten Mächte. Die Briten und Franzosen waren unzufrieden mit den errungenen Vorrechten und strebten es an, China im sogenannten Zweiten und Dritten Opiumkrieg zu einer weiteren Öffnung zu zwingen. Die Tötung eines katholischen Missionars in Guangxi, wo der Taiping-Aufstand tobte, und die Festsetzung der chinesischen Besatzung eines unter britischer Flagge registrierten kleinen Handelsschiffes gaben den Anlass für die Gewalttätigkeiten. Die Verhandlungen kamen erst zu einem vorläufigen Abschluss, als ein britisch-französisches Geschwader das strategisch wichtige Dagu Fort eroberte und Tianjin bedrohte, wodurch den Streitkräften der Weg nach Beijing offenstand. Im Juni 1858 ging die chinesische Regierung im Vertrag von Tianjin auf die Forderungen der Briten und Franzosen ein.

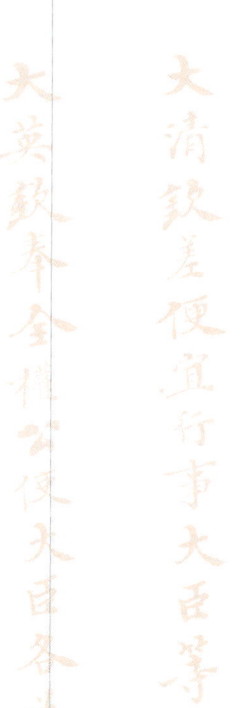

Dazu gehörten u. a. die Eröffnung von Botschaften, freie Missionstätigkeit, Erweiterung des Handels entlang des Yangzi ins Landesinneree sowie vier neue Vertragshäfen am Yangzi, weitere in der Mandschurei, Shandong, Taiwan, in Guangdong und auf der Insel Hainan im Süden. Andere Absprachen betrafen Zölle, Standardgewichte und Maße. Das Englische sollte fortan als offizielle Verkehrssprache anerkannt sein und die Bezeichnung *yi* (»Barbaren«) in chinesischen Dokumenten durfte fortan auf die Engländer nicht mehr angewandt werden. Opium durfte gegen einen Einfuhrzoll wieder legal nach China importiert werden, auch wenn der Bin-

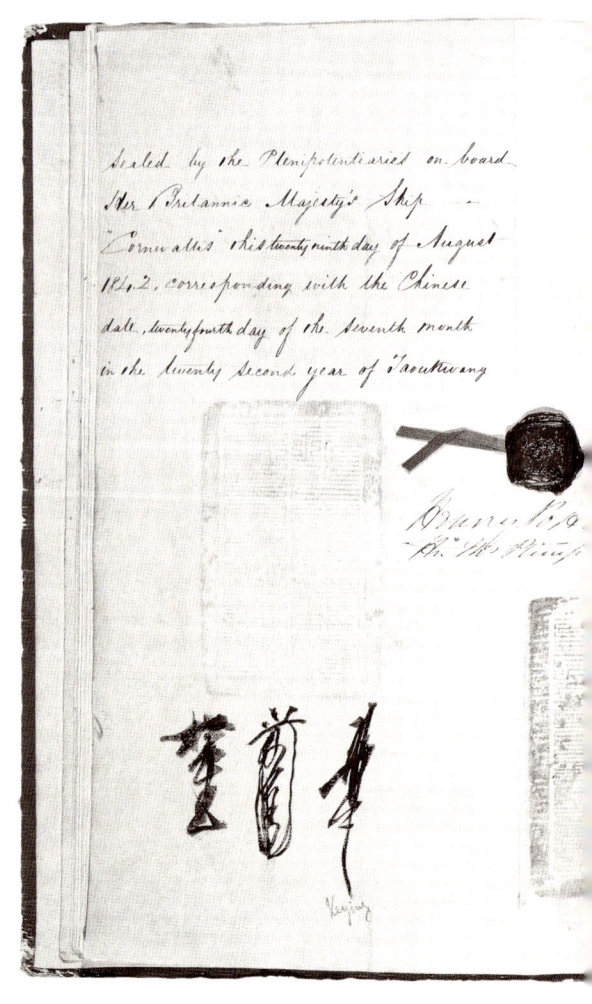

nenhandel über Chinesen erfolgen sollte. Auch die USA und Russland, welche die Verhandlungen verfolgt hatten, forderten neue Vorrechte. Entgegen der Absprache verbarrikadierte die chinesische Regierung jedoch den Bai-Fluss bei Beijing und weigerte sich, die Verträge zu ratifizieren. Großbritannien und Frankreich antworteten daraufhin mit Waffengewalt. Nach Einnahme des Forts Dagu drangen die Truppen bis Beijing vor. Der Qing-Kaiser floh in seine Sommerresidenz nach Jehol, Chengde, nördlich der Großen Mauer, während Lord Elgin am 17.10.1860 den Sommerpalast der Hauptstadt Beijing in Brand stecken ließ.

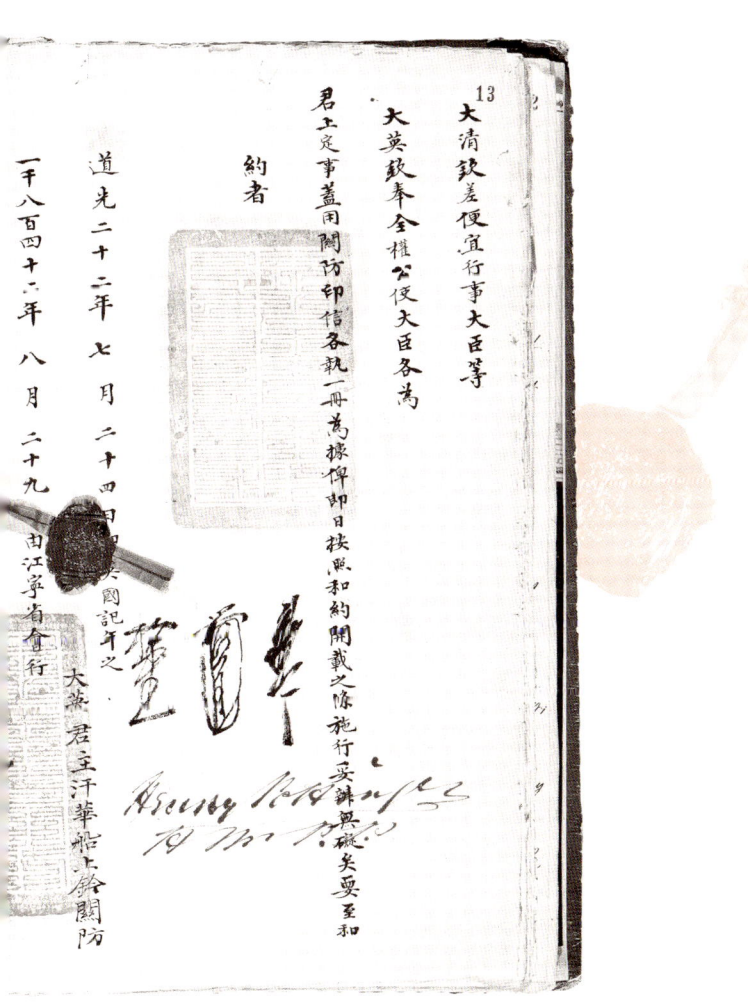

Ungleicher Vertrag von Nanjing vom 29. August 1842.

Am 25.10.1860 gab die chinesische Seite nach und ratifizierte den Vertrag von Tianjin. Fortan sollte nicht mehr das Ritenministerium für Belange der Ausländer zuständig sein und das Protokoll entsprechend des Tributsystems der vergangenen Jahrhunderte regeln. Das *Zongli yamen*, eine Art Außenministerium, übernahm nun diese Aufgabe. Neben Entschädigungszahlungen wurde China dazu verpflichtet, die Halbinsel Jiulong (Kowloon) an die Briten abzutreten. Elf Häfen mussten geöffnet werden. Ausländische Handelsschiffe durften den Yangzi bis Hankou aufwärts fahren und der Handlungsspielraum der Ausländer erweiterte sich stark. Mit einem von den Chinesen auszustellenden Pass durften sich Ausländer nun auch außerhalb der Vertragshäfen bewegen. Sie unterstanden auch nicht mehr der chinesischen Gerichtsbarkeit, wenn sie angeklagt wurden, da auch in Zivilprozessen die Exterritorialität der Ausländer Geltung haben sollte. Christliche Missionare erhielten Niederlassungsfreiheit.

»Sich selbst stärken«

Sich selbst stärken, das war das Ziel der Qing-Regierung nach den Erfahrungen der Opiumkriege. In Anbetracht der deutlichen Überlegenheit ausländischer Waffen und Technologien, wurde nun der Versuch unternommen, China zu modernisieren. Japan hatte unter der Meiji-Regierung (1868–1912) ein sehr erfolgreiches Modernisierungsprogramm aufgelegt, das auch vor innenpolitischen Reformen nicht zurückschreckte. In China hingegen stritten verschiedene Lager am Hof über den richtigen Weg. Der Konfuzianismus und das Kaiserreich sollten in ihrer Substanz nicht angetastet werden. Erste Initiativen erfolgten im Bereich der Militärs, die ihre Ausrüstung mit ausländischen Kanonen verbesserten und selbst begannen, moderne Waffen und Dampfschiffe herzustellen.

1861 setzte sich Prinz Gong (1833–1898) am Hof für die Selbststärkung ein. Mittels moderner ausländischer Waffentechnik und Militärberater sollten die zahllosen im Reich tobenden Aufstände niedergeschlagen werden. Europäischen Vorbildern folgend wurden erst in Beijing, dann im ganzen Reich moderne Armeeeinheiten ausgebildet und ausgerüstet. In Jiangsu und Zhejiang begann man mit dem Bau einer modernen Flotte und legte Waffenarsenale an. Sprachenschulen in Beijing, Shanghai und Kanton sollten Fachpersonal ausbilden, um wichtige westliche Werke ins Chinesische zu übersetzen. Forderungen der Reformer, auch das Curriculum der Beamtenanwärter um naturwissenschaftliche Inhalte zu erweitern, wurden verworfen. 1872 gingen aber die ersten chinesischen Auslandsstudenten in die USA.

Eine Verschlechterung der Beziehungen zu den ausländischen Mächten, die Bedrohung im Westen durch Moslemaufstände, die wachsende Konkurrenz der Russen im Norden sowie die Landung der Japaner auf Taiwan 1874 setzten den Hof vermehrt unter Druck. Den Schwerpunkt der Anstrengungen bildete nun der Aufbau einer modernen Marine. Doch die Mittel waren knapp, so dass einige Führer der Selbststärkungsbewegung zivile Unternehmen in Form von Aktiengesellschaften schufen, um so Mittel für Militärausgaben und den Rückkauf bereits vergebener Wirtschaftsrechte an Ausländer zu erarbeiten. Vom Staat bekamen diese neuen Gesellschaften Monopole verliehen. Schwerpunkte der Aktivitäten waren Bergbau, das Kommunikationswesen sowie die Textilindustrie. Im Zuge dieser staatlich unterstützten Industrialisierung erblühte auch die Privatindustrie. Im Umfeld der großen Häfen konzentrierte sich eine Schicht kritisch denkender Beamter, Literaten und Kaufleute, die ihrerseits eine Diskussion über die Schwächen des alten Systems begannen. Eine wichtige Funktion übernahm dabei die moderne chinesische Presse, die Mitte des 19. Jahrhunderts aus dem Schatten der Missionspresse heraus in Shanghai, Hongkong, Beijing und Tianjin entstanden war. Als Missstände wurden neben der

Li Hongzhang (1823–1901), einer der bedeutendsten Politiker, General und Unternehmer der Qing.

Li Hongzhang beendete erfolgreich mehrere große Rebellionen. Als einer der führenden Köpfe der Selbststärkungsbewegung trat er für Reformen im Bildungswesen ein, verhandelte geschickt mit den ausländischen Mächten und tat sich, der Maxime »dem Staat die Aufsicht und dem Kaufmann die Leitung« folgend, als Unternehmer hervor. Zur Brechung der Dominanz der ausländischen Mächte in vielen Wirtschaftssektoren gründete Li 1872 eine chinesische Handelsdampfschifffahrtsgesellschaft, kurbelte 1877 den Kohleabbau an und eröffnete 1878 angesichts der steigenden Textilimporte eine Baumwollspinnerei in Shanghai. Aufgrund der offensichtlichen Schwäche der Qing musste Li jedoch oftmals in schwierigen Verhandlungen mit den ausländischen Mächten für China demütigende Bedingungen akzeptieren.

大清國慈禧皇太后

Korruption die alten Institutionen des Kaiserreichs angeprangert und damit Reformen gefordert, die weit über das hinausgingen, was zu Beginn der Selbststärkungsbewegung angestrebt worden war. Die Niederlage im Chinesisch-Japanischen Krieg 1894/95 unterstrich zwar die Notwendigkeit weitreichender Reformen, doch mit der Kaiserinwitwe bei Hof setzte sich noch einmal eine konservative Strömung durch.

Kaiserinwitwe Cixi

Die Kaiserinwitwe Cixi war während der Jahre 1861 und 1908 die eigentliche Kraft neben dem Prinzen Gong (1833–1898). Als 1861 der Kaiser der Xian-feng-Ära (reg. 1851–1861) starb, hinterließ er das Reich seinem 5-jährigen Sohn. Angeschlagen durch die Opiumkriege und angesichts des verheerenden Taiping-Aufstandes befand sich das Kaiserreich in einer kritischen Situation. Prinz Gong, der Bruder des verstorbenen Kaisers, ergriff die Initiative. Er schaltete den ursprünglichen Regentschaftsrat aus und ließ sich selbst zum Prinzenberater des neuen Tongzhi-Kaisers ernennen, während er der Kaisergemahlin Cian und der Mutter des neuen Kaisers, Cixi, den Status als Mitregentinnen zusichern ließ.

Zunächst dominierte Prinz Gong. Gegenüber den ausländischen Mächten vertrat er eine versöhnliche Haltung. 1860 handelte er den Frieden mit den britischen Invasionstruppen in Beijing aus, in dessen Folge die Opiumkriege beendet wurden.

Es kam zu einer Entfremdung zwischen ihm und der Kaiserinwitwe, als sie selbst eine Koalition loyaler hoher chinesischer und mandschurischer Beamter um sich scharte und anstelle ihres Sohnes die Regierungsgeschäfte übernahm. Ihr Sohn erlag jedoch am 1. Januar 1875 im Alter von nur 18 Jahren den Pocken, woraufhin Cixi ihren dreijährigen Neffen zum Kaiser proklamieren ließ. Damit verstieß sie gegen die Nachfolgeregelungen der Qing, da der neue Guangxu-Kaiser zur gleichen Generation gehörte wie sein Vorgänger und so keine kultischen Handlungen zu Ehren des verstorbenen Kaisers durchführen konnte, wie es das Gebot der Sohnespietät vorsah. Mit ihrer Wahl schaltete Cixi auch die schwangere Gemahlin des Tongzhi-Kaisers aus, die unter ungeklärten Umständen starb, noch ehe ihr Kind geboren worden war.

Cixi hatte die Macht wieder fest in ihren Händen. Sie war eine ungewöhnliche Frau. 1835 als Tochter einer angesehenen Mandschu-Familie geboren, war sie zunächst nur eine von vielen Gemahlinnen des Xianfeng-Kaisers. Die Geburt eines Sohnes 1856 ließ sie jedoch zu seiner Favoritin aufsteigen. Fortan besprachen beide gemeinsam die Regierungsgeschäfte

Porträt der Kaiserinwitwe Cixi von Hubert Vos um 1904/1905 gemalt.

und Cixi bekam Einblick in die den Hof erreichenden Denkschriften der Beamten. Aufgrund ihrer außergewöhnlich guten Bildung und ihres Machtinstinktes gelang es ihr, den Vorschriften der Schicklichkeit entsprechend hinter einem Wandschirm verborgen, die Regierungsgeschäfte zu führen. Ihre Politik war widerspruchsvoll. So versuchte sie die Vorrechte der Mandschu zu wahren, ging gleichwohl auf einige Vorschläge der reformorientierten Kräfte ein, die China modernisieren wollten. Gegen Ende ihrer Herrschaft versuchte der Guangxu-Kaiser (reg. 1871–1908) aus ihrem Schatten zu treten und initiierte zwischen Juni und September 1895 die »Hundert Tage Reform«. Viele der eingebrachten Denkschriften griffen Fragestellungen der Selbststärkungsbewegung auf. Doch im gleichen Jahr noch stoppte Cixi die Reform und ließ ihren Neffen in Palasthaft nehmen, weil er angeblich ein Komplott zu ihrer Entmachtung geschmiedet hatte. 1908 starben sowohl der Guangxu-Kaiser wie auch Cixi und mit Puyi (1905–1967) bestieg ein Dreijähriger als letzter Kaiser den Thron.

Der Chinesisch-Japanische Krieg

Der Chinesisch-Japanische Krieg 1894/95 entzündete sich an Auseinandersetzungen um Korea. Die Qing sahen in Korea einen Teil ihres Tributsystems, während Japan Korea als einen unabhängigen Staat betrachtete und nach 1876 dort zunehmend seinen Einfluss geltend machen wollte. Auf der chinesischen Seite bemühte sich einer der führenden Politiker der Zeit, Li Hongzhang, Japan gegen die westlichen Mächte auszuspielen. Die Japaner versuchten daraufhin 1882 und 1884 durch Staatsstreiche eine projapanische Regierung in Korea zu installieren, scheiterten aber. Die Konkurrenzsituation zwischen China und Japan verschärfte sich zusätzlich, als Russland sich zum Bau der Transsibirischen Eisenbahn entschloss und Koreas Bedeutung für Japan dadurch noch mehr anwuchs. In Verhandlungen verpflichteten sich beide Seiten schließlich, alle Truppen aus Korea abzuziehen und nur nach vorheriger Benachrichtigung wieder zu entsenden.

Nachdem sich Korea mit der Bitte um militärische Unterstützung gegen die xenophobisch religiöse Donghak-Bewegung an China gewandt hatte, entsandte auch Japan Truppen. Keine Seite war nun willens sich zurückzuziehen. Die Versenkung eines chinesischen Truppentransporters Ende Juli 1894 hatte eine beiderseitige Kriegserklärung zur Folge. In diesem Krieg zeigte sich nun deutlich die militärische Überlegenheit, die Japan seit dem Beginn der Meiji-Reformen errungen hatte. Nicht nur Korea geriet unter japanische Kontrolle. Auch die mit Mühe aufgebaute moderne chinesische Nordflotte wurde am 17.09.1894 vernichtet. Die Japaner landeten auf der

Halbinsel Liaodong, nahmen Port Arthur (Lüshun) ein, während eine andere Abteilung in die Mandschurei eindrang. Im Frühjahr 1895 besetzten die Japaner Taiwan. China konnte der Expansion Japans nichts entgegensetzen und hoffte vergeblich auf eine Intervention der westlichen Staaten.

Im Friedensvertrag von Shimonoseki des 17. April 1895 musste sich China verpflichten, die Halbinsel Liaodong samt Port Arthur sowie die Insel Taiwan abzutreten, Kriegsentschädigungen zu leisten, vier Häfen für Japan zu öffnen und einen Handelsvertrag mit Japan abzuschließen, der Japan u.a. das Recht gewährte, in China Industriebetriebe zu gründen. Nur die eigenen Interessen der westlichen Mächte, brachten diese dazu, doch gegen eine Abtretung Liaodongs zugunsten Japans zu intervenieren. Im Chinesisch-Japanischen Krieg demonstrierte Japan seinen Willen Hegemonialmacht in Ostasien zu werden. Für die Chinesen war die Niederlage durch seine ostasiatischen Nachbarn ein Trauma, das durch den Chinesisch-Japanischen Krieg (1937–1945) noch verstärkt werden sollte und das bis heute die chinesisch-japanischen Beziehungen belastet.

Boxeraufstand

Gegen Ende des 19. Jahrhunderts, nach der Niederlage Chinas im Krieg gegen Japan 1894/95, litt das ländliche Shandong unter extremer Armut und dem Bandenunwesen. Der zunehmende Druck der Kolonialmächte auf China hatte eine ausgeprägte Fremdenfeindlichkeit bewirkt. Fremdenfeindliche Anhänger einer Boxkampftechnik schlossen sich zu kleinen Selbstschutzgruppierungen zusammen. Zu ihrer Kampfkunst gehörten auch religiöse und magische Praktiken. Kollektive Trancezustände sowie Talismane und Beschwörungsformeln verhießen den Kämpfern Unverwundbarkeit.

Als es in Shandong im Jahre 1898 zu verheerenden Überschwemmungen gekommen war, fanden die Kämpfer großen Zulauf unter den Flüchtlingen. Die Boxer griffen christliche Missionare und chinesische Konvertiten an, denen die Bevölkerung großes Misstrauen entgegenbrachte. An vielen Orten herrschte ein alter Groll gegen Konvertiten, die oftmals aus den untersten Schichten stammten. Unverständnis und eine Vielzahl von Gerüchten über die Christen und ihre Praktiken hatten bei der Bevölkerung Furcht hervorgerufen. Naturkatastrophen wie Überschwemmungen oder die Dürre 1899 wurden als sichtbarer Ausdruck des himmlischen Zorns auf die Christen gedeutet. Die Ausschreitungen waren symptomatisch für die starke Xenophobie. Nahrungsmittel der geplünderten Missionen und Schutzgelder der Großbauern sicherten den Boxern neue Unterstützung.

JAPAN UND CHINA – VORBILD ODER FEIND?

Während der Tang-Zeit erstrahlte die chinesische Kultur bis nach Japan. 630 traf die erste von vielen japanischen Gesandtschaften in Chang'an ein. Eine große Rolle spielten aber auch japanische Mönche, die sich zum Studium des Buddhismus nach China begaben und neben buddhistischen Schriftrollen auch intensive Kenntnisse der chinesischen Kultur mit nach Japan brachten. China wurde zum Vorbild. Die japanischen Kanji-Schriftzeichen entstammen der chinesischen Schrift. Aber auch in der japanischen Architektur, Malerei und der Musik lebt bis heute chinesisches Kulturgut weiter.

Die Schwäche des chinesischen Kaiserreichs nach dem Ende der Tang brachte die offiziellen Kontakte zum Erliegen, gehandelt wurde aber weiterhin, besonders intensiv während der Herrschaft der Südlichen Song. Der Zen-Buddhismus gelangte unter dem Kamakura-Shogunat (1192–1333) von China nach Japan. Versuche der mongolischen Herrscher auch Japan in ihr Imperium einzugliedern, scheiterten. Zu Beginn der Ming-Zeit intensivierte sich der Handel kurzfristig, litt dann aber durch die damalige instabile Lage in Japan und die Abschottung der Chinesen.

Versuche Japans während der Tokugawa-Herrschaft (1603–1867) die offiziellen Handelsbeziehungen mit China wieder zu

Am 12.02.1912 gab der Qing-Hof die Abdankung des letzten chinesischen Kaisers, des sechsjährigen Puyi, bekannt. Von den Japanern wurde er 1932 als Marionettenherrscher über Mandschukuo »Land der Mandschu«, in der von ihnen beherrschten Mandschurei eingesetzt und 1934 sogar in Changchun, Jilin als Kaiser von Mandschukuo inthronisiert. Er überlebte den Krieg und starb 1967 in der VR China.

beleben, stießen bei den Qing auf Widerstand. Stattdessen verhängten die Qing ein Seehandelsembargo. Der inoffizielle Handel über Nagasaki florierte dennoch. Zunehmend wurde von japanischen Intellektuellen die Vorherrschaft chinesischer Kultur in Frage gestellt und der Shintoismus als Ausdruck der japanischen Kultur propagiert. Unter der Meji-Regierung (1868–1912) gelang Japan eine umfassende Modernisierung, die in China aufmerksam beobachtet wurde.

Nun wurde Japan zum Vorbild Chinas. Nach der Niederlage im Chinesisch-Japanischen Krieg 1894/95 ließen sich trotz oder vielleicht auch gerade wegen des erlittenen Traumas Tausende Auslandsstudenten in Japan nieder, um hier Zugang zu westlichem Denken zu erhalten und von den Modernisierungen Japans zu lernen. Unter ihnen war auch Sun Yatsen (Sun Yixian) (1866–1925), der nach dem Ende des Kaiserreichs 1912 der erste Präsident der Republik China wurde.

Holzstich nach einer Zeichnung von Ferdinand Lindner (1847–1906), der den japanischen Angriff auf einen der modernen chinesischen Dampfer zeigt.

Nachdem sich die Regierung in Shandong gegen sie stellte, wichen die Boxer nach Beijing und Tianjin aus. Dort bauten die einzelnen Gruppierungen ihre Organisationsstruktur aus, ohne jedoch für eine Koordination zwischen den Einzelgruppen zu sorgen.

Der Kaiserhof war zunächst unentschlossen in seiner Haltung gegenüber den Boxern und die ausländischen Mächte wurden beruhigt, indem man ihnen Entschädigungszahlungen versprach. Nachdem die Boxer im Mai 1900 die Eisenbahn- und Telegraphenverbindung zwischen Beijing und Baoding zerstörten und dabei auch ausländische Angestellte der Eisenbahn töteten, zeigte sich, dass die Regierung kaum Kontrolle über die Boxer besaß. Als Reaktion der ausländischen Mächte trafen im Mai 1900 ausländische Kriegsschiffe in Shandong ein.

Am 10. Juni wurden 2000 Soldaten in Marsch gesetzt. Ihr Ziel war Beijing. Die Boxer belagerten die Hauptstadt, setzten Kirchen und Einkaufsviertel in Brand und ermordeten zahlreiche Zivilisten. Die ausländischen Truppen nahmen daraufhin die Forts von Dagu ein. Dies wiederum beantwortete die Armee der Qing-Regierung mit einem Angriff auf die ausländischen Konzessionen von Tianjin. Die Regentin der Qing, Kaiserinwitwe Cixi, forderte am 19. Juni die Ausländer auf, Beijing innerhalb von 24 Stunden zu verlassen, da sie fürchtete von ihnen zugunsten des aufgeschlosseneren Prinzen Gong abgesetzt zu werden. Der deutsche Gesandte Freiherr von Ketteler machte sich daraufhin auf den Weg zum *Zongli yamen*, dem Außenministerium, wo er über Transportmittel verhandeln wollte. Er wurde jedoch ermordet, woraufhin sich die anderen Ausländer weigerten,

Foto einer Gruppe bewaffneter Boxer um 1900.

abzuziehen. Die Qing-Armee griff daraufhin die ausländischen Gesandt-schaften an, in denen sich 473 ausländische Zivilisten und ca. 3000 chine-sische Konvertiten verschanzten.

Am 21. Juni folgte die offizielle Kriegserklärung durch die Kaiserinwit-we Cixi. Sie betrachtete die Boxer nun als willkommene Hilfstruppen ge-gen die Ausländer und legitimierte deren Handeln. Die Folgen waren ver-heerend. Die Boxer überzogen Henan, Hebei, Shanxi und die Mandschurei mit einer Zerstörungswelle, bei der mehr als 200 Missionare und 3200 chi-nesische Christen ihr Leben verloren. Während sich in der Region des Yangzi und weiter im Süden die einheimische Elite gegen die Boxer stellte und versuchte mit den ausländischen Mächten eine gemeinsame Lösung zu finden, zog eine alliierte Kampfeinheit unter dem Kommando von Alfred von Waldersee nach Beijing und befreite dort am 14. August 1900 die Gesandtschaften. Die Gegengewalt, die nun von dieser alliierten Truppe, zu denen Soldaten aus Großbritannien, Russland, Japan, Italien, Deutsch-land, Frankreich, USA und Österreich-Ungarn gehörten, ausging, übertraf die der Boxer und es kam zu Plünderungen und Gemetzeln. Statt mithilfe der Boxer die Ausländer zu vertreiben, musste China zusätzliche horrende Zahlungen leisten, deren Begleichung auf 39 Jahre angelegt war. Dort, wo es zu fremdenfeindlichen Ausschreitungen gekommen war, durften fünf Jahre keine Beamtenprüfungen abgehalten werden, ein zweijähriges Waffenembargo wurde verhängt und den ausländischen Gesandtschaften mehr Schutz und Rechte zugesprochen. Alle Bedingungen wurden in einem förmlichen Friedensvertrag, dem sogenannten Boxer-Protokoll niedergelegt.

Ende des Kaiserreichs und Gründung der Republik

Aufständische Militärs lösten am 10.10.1911 in großen Teilen Zentral- und Südchinas eine Erhebung aus, die zum Sturz des Kaiserreichs führte. Seit Mitte der 1890er Jahre hatte sich eine Reformbewegung formiert, deren Ziel die Errichtung einer demokratischen Republik war. Einer der führenden Köpfe war Sun Yatsen (1866–1925). Die Bewegung wurde vor allem von einigen Intellektuellen und Auslandschinesen getragen. Frustriert vom Kaiserhof schlossen sich ihnen schließlich auch jene Kräfte an, die eine Modernisierung Chinas im Rahmen einer konstitutionellen Monarchie angestrebt hatten.

Ein letzter Versuch des Kaiserhofes, den mächtigen General Yuan Shikai (1859–1916) mit der Niederschlagung der Aufstandsbewegung zu beauftra-gen, kehrte sich gegen den Hof, als dieser angesichts der Wahl von Sun

Yatsen in Nanjing zum provisorischen Präsidenten der Republik China am 29.12.1911 selber eine Machtposition im neuen China anstrebte.

Puyi, der 1908 als letzter Kaiser der Qing inthronisiert wurde, durfte zwar vorerst in der Verbotenen Stadt bleiben, musste aber abdanken. Yuan Shikai hingegen löste Sun Yatsen am 10.3.1912 als neuer Präsident der Republik ab. Er versuchte sogleich die Regierung zu dominieren und ging schließlich sogar so weit, sich 1915 zum Kaiser erklären zu lassen. Doch er hatte keinen Erfolg und als er ein halbes Jahr später starb, waren Warlords in weiten Teilen des Landes die eigentlichen Herrscher.

Auseinandersetzungen zwischen der Guomindang, der »Nationalen Volkspartei«, die seit 1928 der Regierung der Republik vorstand, und den Kommunisten führten zu einem Bürgerkrieg, der nur durch die massive Aggression der Japaner in China unterbrochen wurde und sie kurzfristig in einer Einheitsfront gegen Japan verband. Diese Einheitsfront zerbrach jedoch rasch nach der Niederlage Japans im Zweiten Weltkrieg. Während sich Verbände der Guomindang unter Chiang Kaishek nach Taiwan flüchteten, erfolgte am 1.10.1949 unter Führung der kommunistischen Partei die Gründung der Volksrepublik China.

China nach dem Sturz der Qing: Sun Yatsen, der provisorische Staatspräsident der Republik China im Kreis seiner Regierung, Januar 1912.

Ein Panorama der chinesischen Kultur

Bronzen, Buchdruckkunst und architektonische Meisterwerke sind nur einige Facetten der von verschiedenen Religionen und Herrschaftsideologien geprägten Kunst des alten China. Erfindungsreichtum und gesellschaftlicher Wandel haben die Kultur darüber hinaus entscheidend beeinflusst.

Archäologie schreibt Geschichte – Neue Funde verändern das Bild der Entstehung der Zivilisation

Die Chinesen waren sich ihrer Vergangenheit stets bewusst und pflegten daher eine umfassende Geschichtsschreibung. Im Gegensatz zum alten Ägypten, Römischen Reich oder antiken Griechenland fehlen aber weitgehend oberirdische Monumente der vergangenen Größe. Statt gewaltiger Steinbauten dominierte in China die Holzbauweise und so veränderten Paläste und Städte rasch ihre Erscheinung oder fielen dem Vergessen anheim. Kamen gelegentlich Bronzen oder andere Gegenstände aus der reichen Grabkultur Chinas wieder zum Vorschein, so wurden sie oft als Kostbarkeiten geschätzt oder Omina genutzt, aber nicht als archäologische Artefakte betrachtet.

Dies änderte sich jedoch bereits zur Song-Zeit. Neben dem großen Interesse an der Erforschung der Natur und ihrer Zusammenhänge begeisterten damals Bronzen und Jaden aus der Shang-Zeit, die während der Herrschaft des Kaisers Huizong in der Region um Anyang zutage traten. Schnell wurden diese Gegenstände zu Vorbildern in der Kunst, aber auch zum Objekt historischer und epigraphischer Studien. Das erste systematische schriftliche Werk, das sich mit Bronzen und Glocken des Altertums befasste, stammt daher bereits aus der Song-Zeit und wurde 1092 von Lü Dalin samt Illustrationen publiziert. Es folgten Werke zu Münzen und vor allem Inschriften. Zhao Mingcheng (1081–1129) und seine Gemahlin Li Qingzhao

Eine belebte Straße, Ausschnitt einer Querrolle von Zhang Zeduan aus dem 12. Jahrhundert mit dem Titel »Flussaufwärts am Frühlingsfest« (Qingming shang he tu).

(1084–ca. 1141), die bis heute als herausragende Dichterin gefeiert wird, sammelten an die 2000 alte Stein- und Bronzeinschriften für einen umfassenden Katalog.

Ende des 19. Jahrhunderts fand die moderne Archäologie ihren Weg nach China. Skeptizismus an der bisher geheiligten traditionellen Geschichtsschreibung paarte sich mit neuen Ansätzen wie der Textkritik aus dem Westen. Der Reformer Liang Qichao (1873–1929) nutzte 1901 bereits Ansätze zur Periodisierung der Geschichte für seine Chronologie. Er griff dabei auf die Erkenntnisse des Dänen Christian Jürgensen Thomsen (1788–1865) zurück, der bereits im 19. Jh. eine historische Einteilung anhand der Verwendung von Stein, Bronze und Eisen für Gerätschaften vorgenommen hatte. Noch bedeutsamer als neue Theorien waren die Funde, die vor allem Reisende und Forscher aus dem Westen und Japan gegen Ende der Qing-Zeit machten. Der Japaner Torii Ryuzo (1870–1953) fand 1895 bei Surveys in Nordostchina Siedlungsspuren vom Neolithikum bis zur Han-Zeit. Mehr noch in der Tradition alter Schatzsucher machte der in Budapest geborene Engländer Aurel Stein (1862–1943) aufsehenerregende Funde entlang der alten Seidenstraße. Fundstücke wurden zu niedrigen Preisen gekauft oder einfach ins Ausland mitgenommen. In China wuchs der Unmut über diese »Plünderungen« und es wurde die Forderung laut, nur noch gleichberechtigt Forschung zu betreiben und die Funde in China zu belassen. So kam es zwischen 1925 und 1935 zu einer schwedisch-chinesischen Kooperation unter der Führung von Sven Hedin (1865–1952) und Xu Bingxu (1888–1976).

Die Entdeckung der Orakelknochen als Schriftträger der Shang um 1908 sowie die Identifizierung von Anyang als Yinxu, der letzten Hauptstadt der Shang, gab Textstudien neuen Auftrieb und rehabilitierte einen Teil der in Zweifel gezogenen Geschichtswerke. Für die Ausbildung einer modernen Archäologie spielte auf chinesischer Seite das Interesse an der Geologie eine große Rolle. Zusammen mit einer bunten Schar ausländischer Spezialisten führte Ding Wenjiang (1887–1936) im Norden Chinas zahlreiche Feldforschungen durch. Zudem wurden nun auch Studenten in der neuen archäologischen Disziplin ausgebildet. Es war

Gefäß aus Jade aus der Song-Dynastie, dem bronzenen Yi Gefäß der Zhou nachempfunden.

Der Schwede **Sven Hedin** (1865–1952) unternahm zwischen 1893 und 1935 mehrere Feldforschungen in Kooperation mit chinesischen Kollegen. Sie führten nach Xinjiang, Qinghai, Gansu, Ningxia sowie in die Innere Mongolei und Tibet und zeichneten sich bereits durch eine gute Dokumentation aus.

Sven Hedin mit zwei chinesischen Mitarbeitern im Jahre 1930 bei der Arbeit in Chengde, Hebei.

aber der Schwede Johann Gunnar Andersson (1874–1960), der 1921 dazu beitrug, dass u. a. die Bedeutung der paläolithischen Fundstätte Zhoukoudian bei Bejing erkannt wurde. Dort wurde später der Peking-Mensch (*Sinanthropus pekinensis* – 700 000–200 000 v. Chr.) freigelegt. Auch fand er im Dorf Yangshao, in der heutigen Provinz Henan, eine neolithische Siedlung, die einer ganzen Keramikgruppe ihren Namen geben sollte. Da Andersson glaubte, die bemalte Keramik aus Yangshao sei per Migration über den Westen nach China in das Tal des Gelben Flusses gelangt, fokusierte er weitere Forschungen auf Gansu und Qinghai. Seine Chronologie, die er anhand weiterer Funde aber ohne moderne Techniken wie dem Radiocarbontest etablierte, blieb lange einflussreich.

Neue Funde

Inzwischen wurden Anderssons Theorien aber dank einer Vielzahl von Funden revidiert und die Archäologie ließ verschiedene hochentwickelte Regionalkulturen wieder ans Licht treten. Neben einer Reihe von Regionalkulturen, die bis in das 5. Jahrtausend zurückgehen, fanden sich in Shandong Zeugnisse einer weiteren hochentwickelten Kultur des 3. Jahrtausends, der Longshan-Kultur. Neben einer hochwertigen, dünnwandigen, auf der Töpferscheibe gefertigten, schwarzen Keramik belegen Überreste umfangreicher Umwallungen aus Stampflehm ihre hochentwickelte Organisation. Dies wird zudem durch unterschiedlich reich ausgestattete Gräber in Friedhöfen außerhalb der Dörfer bestätigt. Manche der Toten

Schwarze, dünnwandige Keramik der Longshan-Kultur (um 2500 v. Chr.). Die Vase wurde auf der Töpferscheibe hergestellt.

wurden sogar schon in bemalten Holzsärgen bestattet. Ganze Sets an Keramikgefäßen begleiteten diese Toten, die sicher an der Spitze einer hierarchischen Gesellschaft gestanden hatten. Gebrannte und gesprungene Hirschknochen lassen an die Orakelkochen der nachfolgenden Shang denken. Lange war man sich uneinig darüber, wie sich die Longshan-Kultur zur Yangshao-Kultur, die bis in die 50er Jahre als die einzige neolithische Kultur galt, verhielt. Mit jedem Fund wurde das Bild komplexer, so dass inzwischen Yangshao als Überbegriff für viele der westlichen neolithischen Kulturen gilt, die sich meist durch eine relativ grobe bemalte Keramik auszeichnen, während Longshan zum Überbegriff der östlichen Kulturen und ihrer meist elaborierten und monochromen Keramik geworden ist.

Die Liangzhu-Kultur wurde nach Funden in einem kleinen Dorf in der Nähe von Hangzhou in der Provinz Zhejiang benannt. Bereits 1936 erkannte Shi Xigeng (1912–1939) ihre Bedeutung. Inzwischen konnten an die 300 Fundstätten im südlichen Jiangsu, Zhejiang und um Shanghai ermittelt werden. Sie decken eine Zeitspanne von 3200 bis 2000 v. Chr. ab und widerlegen die These von der Entstehung der chinesischen Hochkultur allein am Gelben Fluss. Die Siedler der Liangzhu-Kultur bauten Reis an, doch sie jagten auch, fischten und hielten Nutztiere. Zudem waren sie versiert in allerlei Handwerk, wie der Seidenherstellung, dem Töpfern, Körbeflechten, Lackarbeiten und vor allem der Bearbeitung von Jade. Sie lebten in Grubenhäusern oder Pfostenbauten in der Nähe von Flussläufen und scheinen gut organisiert gewesen zu sein. Um das 2. Jahr-

Mythischer Reiter, Umzeichnung der Darstellung auf einer Jade der Liangzhu-Kultur.

Die **Liangzhu-Kultur** zeichnet sich besonders durch hochwertige und oft komplex verzierte Jaden aus.

Der Fund einer **überlebensgroßen Bronzefigur** (13.–10. Jh. v. Chr.) aus Sanxingdui in der Provinz Sichuan weist auf eine bislang vergessene hochentwickelte Regionalkultur zur Zeit der Shang-Herrschaft in Zentralchina hin.

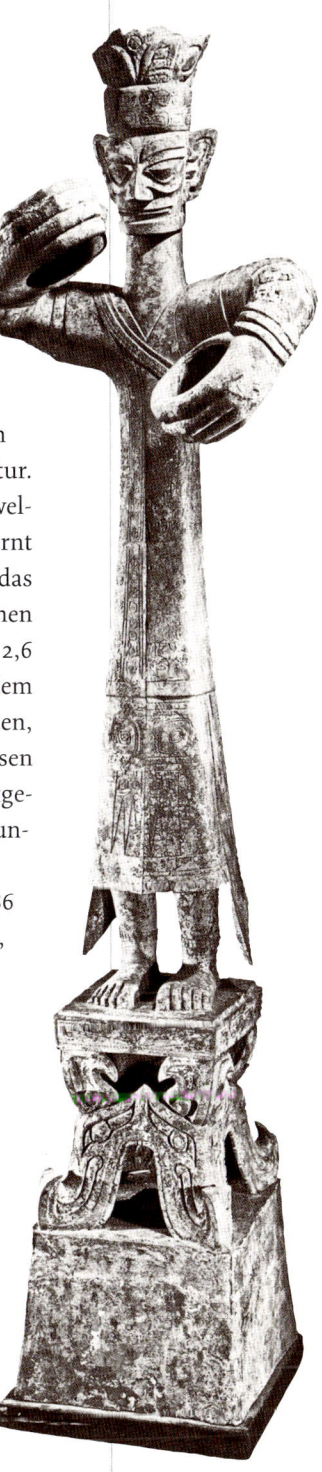

tausend verlieren sich ihre Spuren. Es ist unklar, ob Flutkatastrophen oder Feinde von außen ihre Zivilisation beendeten.

In Sichuan, einer Region im Westen Chinas, die dank ihrer geographischen Lage umgeben von Gebirgen oftmals eine Sonderrolle in der chinesischen Geschichte spielte, lag zwischen 2800 und 1000 v. Chr. das Zentrum einer anderen, vergessenen Kultur. Ihren Namen erhielt sie nach dem Hauptfundort, Sanxingdui, welcher ca. 40 km nördlich von der Provinzhauptstadt Chengdu entfernt liegt. Mit ihrer Entdeckung erweitert sich unser Geschichtsbild, das ehedem zu dieser Zeit nur die Shang im Blick hatte. Reste von hohen Erdwällen im Süden, Osten und Westen umfassten einst eine ca. 2,6 km² große Stadt, die zudem mit Wassergräben gesichert war. Auf dem Stadtgebiet konnten neben einer Vielzahl von Gebäudefundamenten, Areale der Handwerker, Brennöfen und Gräberfelder nachgewiesen werden. Es fanden sich Jade-, Stein-, Bronze-, Gold- und Keramikgegenstände. Diese Stadt konnte sich durchaus mit Zhengzhou, der ungefähr gleich alten Stadtanlage der Shang messen.

Erstaunlich waren die Funde aus zwei Opfergruben, die hier 1986 gemacht wurden: Bronzegegenstände in Gestalt von Menschen, Masken, Augen, mythischen Bäumen mit Vögeln sowie Gegenstände aus Jade, Stein und Gold und eine große Zahl von Elefantenstoßzähnen. Die größte Sensation war eine überlebensgroße Bronzefigur auf einem Bronzesockel. Mit einer Höhe von 262 cm und einem Gewicht von 180 kg ist sie einzigartig. Es ist umstritten, ob es sich um einen vergöttlichten König, einen Schamanen oder Opferpriester handelt. Das dreiteilige Gewand der Figur ist reichhaltig verziert und zeigt ein sonst unbekanntes Drachenmotiv. Der Kopfschmuck ist ebenfalls außergewöhn-

Überlebensgroße Bronzefigur aus Sanxingdui, Sichuan. Es ist unklar, ob die Figur einen vergöttlichten König oder Schamanen darstellt.

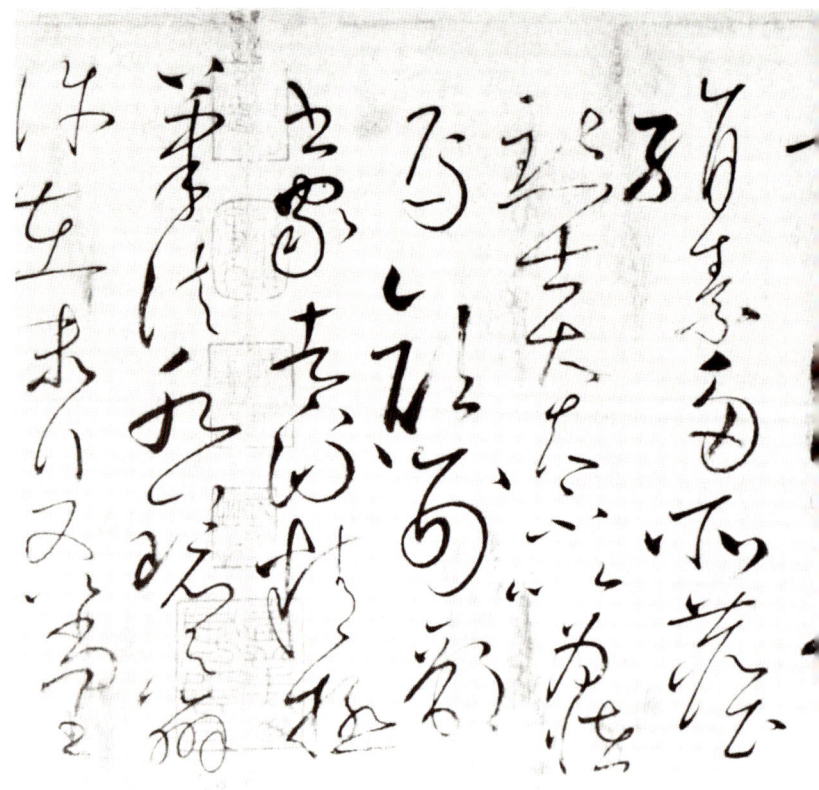

Kalligraphie des
Mönchs Huai Su aus
dem Jahre 777.

lich. Das Gesicht ähnelt denen anderer markanter Bronzeköpfe, die ohne einen Körper in Sanxingdui gefunden wurden. Der Gegenstand, den die Figur mit ihren großen Händen trug, fehlt. Bis heute gibt es keine einheitliche Deutung aller Objekte. Texte, die Aufschluss über ihre Funktion geben, fanden sich in Sanxingdui nicht. Allerdings finden sich in später entstandenen Schriften Hinweise, die den Schluss nahelegen, in den Funden Überreste der aus den Quellen bekannten Shu-Kultur zu sehen. Sanxingdui könnte ein bedeutendes rituelles Zentrum gewesen sein.

■ Die chinesische Schrift und Sprache

Der chinesischen Schrift kommt eine Schlüsselfunktion zu, da sie über die Jahrhunderte hinweg als Bindeglied und Ausdruck der chinesischen Hochkultur verstanden wurde und auch heute noch – mit Einschränkungen – Chinesen unterschiedlicher politischer Gemeinschaften verbindet. Das

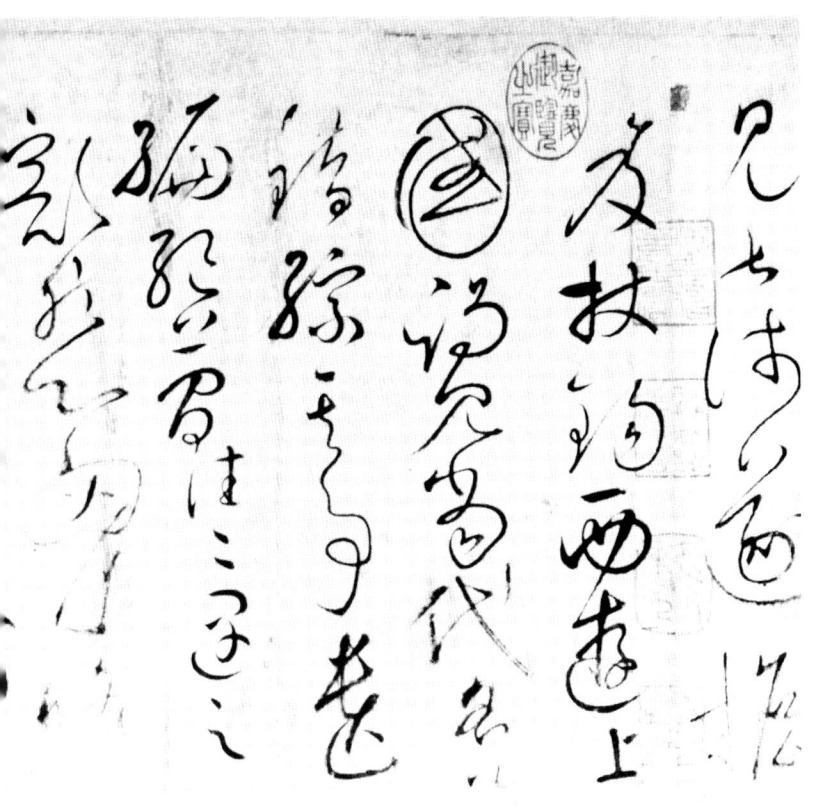

liegt darin begründet, dass die Schriftzeichen keine Lautschrift formen, sondern jeder Sprecher zu seiner Zeit das mit dem Schriftzeichen bezeichnete Wort deuten muss.

Insgesamt lassen sich sechs Bildungsprinzipien der Schriftzeichen unterscheiden. Die frühesten Formen waren sicher Bildschreibungen, gefolgt von den Symbolschreibungen und Sinneszusammensetzungen. Komplexer sind etymologische Schreibungen. Dabei wird ein Zeichen auch zur Schreibung eines mit diesem als verwandt eingestuften Begriff verwendet. Ebenso vielschichtig sind die phonetischen Schreibungen, bei denen ein Wort mit dem Zeichen eines gleich lautenden Wortes geschrieben wurde, was z. T. dazu führte, das für das ursprüngliche Wort ein neues – ggf. durch ein Determinativ erweitertes – Zeichen gefunden werden musste, was als semantisch-phonetische Schreibung erklärt werden kann.

Der Ursprung der chinesischen Schrift ist unklar. Während im Vorderen Orient Wirtschaftstexte die ersten Schriftträger bildeten, stellen in China

Wesentlich früher als in Europa durch Johannes Gutenberg (um 1450) wurde in China der Holzdruck (vor 869) und dann der Druck mit beweglichen Lettern erfunden. Der Universalgelehrte Shen Gua (1030–1094) beschreibt, wie sein Zeitgenosse Bi Sheng Schriftzeichen in feuchte Tonstempel ritzte und brannte, die dann auf einer mit Kiefernharz, Wachs und Papierasche vorbereiteten eisernen Druckplatte befestigt wurden. In kürzester Zeit konnte man damit eine hohe Auflage drucken. Die Verfügbarkeit von Papier seit der Han-Zeit, die Notwendigkeit eines effizienten Schriftverkehrs und Dokumentation innerhalb des riesigen chinesischen Reiches und seiner zentralen Verwaltung, aber auch der im Buddhismus beheimatete Glaube, die Vervielfältigung heiliger Texte bewirke eine günstige Wiedergeburt, mögen allesamt die Entwicklung einer regelrechten Druckindustrie ab dem 10. Jahrhundert gefördert haben. Der Druck mit beweglichen Lettern löste jedoch erst spät den verbreiteteren Druck mit Holzplatten ab. Holzplatten waren billig und für den Druck mit chinesischer Tusche geeigneter. Oft auch wurden umfangreiche Illustrationen auf den Holzplatten mit angelegt. Die extrem hohe Zahl unterschiedlicher Schriftzeichen im Chinesischen im Gegensatz zu unserer klar begrenzten Alphabetschrift stellte ein Hindernis für den Druck mit beweglichen Lettern dar, weil immer wieder Typen extra anzufertigen waren. Schließlich wurden aber unter den Mandschu in der 1673 in Beijing errichteten kaiserlichen Druckerei bedeutende Großprojekte mithilfe unzähliger Kupfertypen realisiert.

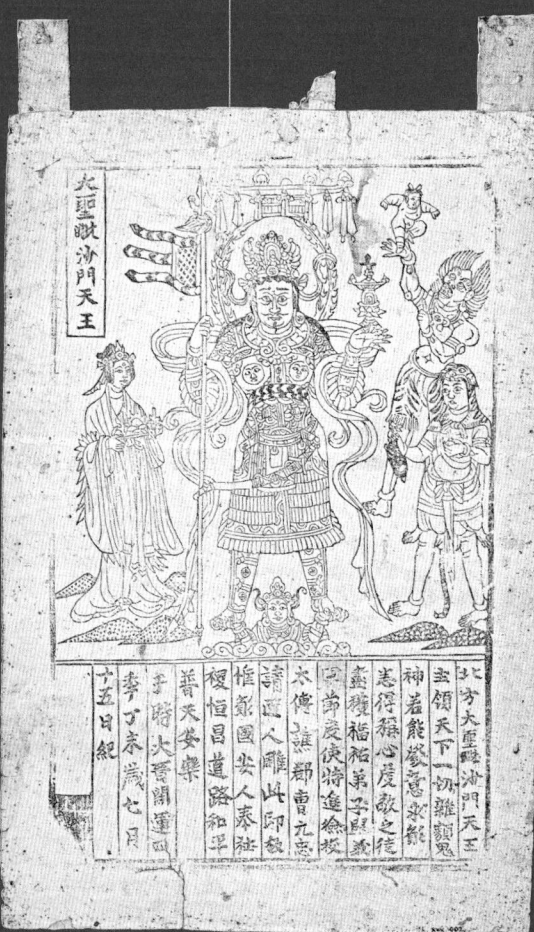

In der Oasenstadt Dunhuang am Ausgangspunkt der Seidenstraße wurde einer der frühesten Holzblockdrucke aus dem Jahr 947 gefunden. Neben dem Text ist Vaishravana oder auch Kubera, einer der Wächter der vier Himmelsrichtungen (*lokapala*) dargestellt.

die Orakelknochen der Shang die ältesten sicheren Belege der komplexen Schrift dar. Älter noch sind Ritzungen auf Keramik, die aber nicht sicher als Vorform der Schriftzeichen und somit Träger der chinesischen Sprache zu deuten sind. Wichtigstes Schreibgerät für die Zeichen war der Pinsel. Bronzegegenstände mit Inschriften, Holzleisten, Bambustäfelchen, Seide und ab der Han-Zeit auch Papier sind Hauptträger der Schrift.

Chinesisch gehört zur Gruppe der sino-tibetischen Sprachfamilie. Es lassen sich aber auch austroasiatische, sowie tocharische, d.h. indogermanische Elemente im Chinesischen nachweisen. Die chinesische Sprache entwickelte sich kontinuierlich über die Jahrtausende, so dass die Schriftzeichen je nach Epoche ein unterschiedliches Chinesisch wiedergeben. Das heutige offizielle Hochchinesisch ist lediglich eine Form, die aus der Beamtensprache der Region Beijing hervorgegangen ist und zum Standard erhoben wurde. Daneben gibt es eine Vielzahl von Dialekten, deren Sprecher sich nur mittels Schriftzeichen verständigen können.

Der Sohn des Himmels

»Sohn des Himmels« (*tianzi*) lautet eine alte Bezeichnung für den Herrscher. Sie drückt seine besondere Stellung als Mittler zwischen den Mächten des Himmels und dem Volk aus. Damit war der Herrscher weit über seine Untertanen erhoben, was durch Äußerlichkeiten und Rituale betont wurde. Gleichzeitig sollte ein idealer Herrscher durchaus kritikfähig sein, wodurch sich die Gelehrtenbeamten ihr Recht auf Partizipation an der Macht zu sichern versuchten. Weitere Konzeptionen sahen den Herrscher als ruhenden Pol eines im Idealfall in völliger Harmonie mit den kosmischen Kräften befindlichen Reichs. Statt aktiver Politik wurde das mögliche Maß an »Nicht-Handeln« zum Gradmesser der Harmonie. Grundsätzlich war es aber die Pflicht des Kaisers dem Himmel, der zur Zhou-Zeit als die Instanz beschrieben wurde, die das Herr-

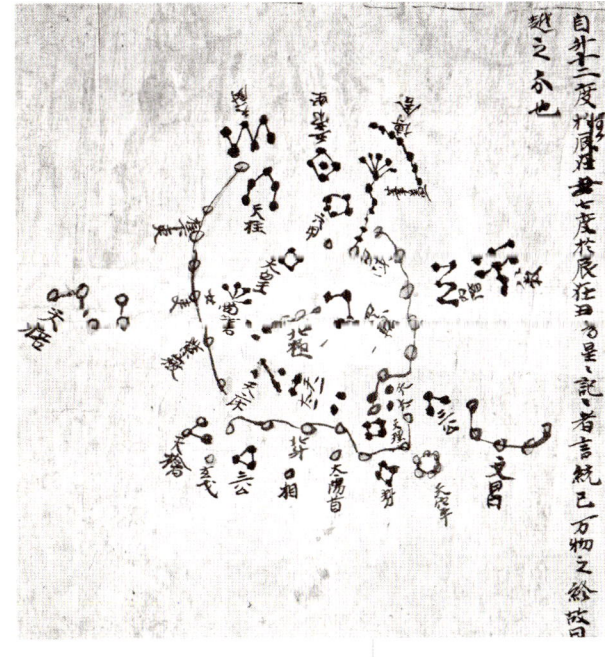

Sternenkarte aus der Tang-Zeit. Die Einteilung des Himmels der nördlichen Hemisphäre erfolgte anhand der 12 Jupiterstationen.

schaftsmandat vergibt, mit Opfern seinen Respekt zu bezeugen und Rechenschaft abzulegen.

Eingebunden in Vorstellungen der Korrelation zwischen dem Mikrokosmos und dem Makrokosmos kam der Himmelsbeobachtung und dem Kalenderwesen seit der Frühzeit eine große Bedeutung zu. Die frühen Chronisten waren gleichzeitig für kultische Belange und Fragen der Astrologie

Der Himmelstempel in Beijing wurde südlich außerhalb der Palaststadt von den Ming-Kaisern angelegt. Jedes Jahr brachte der Kaiser zur Wintersonnenwende ein Speiseopfer dar und bat um eine gute Ernte.

und Astronomie zuständig. Mit der Etablierung des Kaiserreichs unter den Qin und Han galt es, vielfältige regionale Kulte mit der neuen zentralistischen Herrschaftsauffassung zu verbinden und in einen Staatskult zu integrieren. Eine Reform im Jahre 31 v. Chr. führte dazu, dass fortan die wesentlichen Opfer an den Ort der Hauptstadt verlegt wurden. Nicht mehr den Göttern der fünf Weltgegenden, der vier Himmelsrichtungen und der Mitte, sondern dem Himmel und der Erde wurde geopfert. Manche der späteren Herrscher bedienten sich auch des Buddhismus oder des Daoismus, um ihre Position zu legitimieren. Mit der Song-Zeit gewann dann der Neokonfuzianismus eine staatstragende Bedeutung, als Ideologie, welche alle Beamten des Reichs mit ihrem Herrscher verband. Ort der rituellen Verehrung war der Konfuziustempel. Auch die Mandschu-Kaiser der Qing bedienten sich der Ordnungskonzepte des Neokonfuzianismus. Der Sohn des Himmels war auch der oberste Lehrer des Volkes. Auch knüpften sie an den Staatskult der Ming an und setzten die Opfer am Himmelstempel fort.

■ Das Reich der Mitte

Mittelpunkt der zivilisierten Welt, umgeben von Barbaren, die je ferner umso unzivilisierter erschienen, das war die frühe Eigenwahrnehmung Chinas. Der Begriff »Reich der Mitte« (*Zhongguo*), der heute für China verwendet wird, bezog sich in der Frühzeit lediglich auf die »Mittellande« der Konföderation von Lehnstaaten unter den Zhou-Königen. Während die Reichseinigung unter dem ersten Qin-Kaiser 221 v. Chr. den Grundstein für das Einheitsstreben folgender Jahrhunderte legte, formte sich das chinesische Selbstverständnis in kultureller und nicht ethnischer Abgrenzung von den umgebenden Völkerschaften. In erster Linie waren dies die Reitervölker aus dem Norden und Westen. Die Urbevölkerung des Südens sowie Fremde, die China über den Seeweg erreichten, waren für diesen Prozess erst später von Bedeutung.

Bezeichnend ist die Wahrnehmung der Xiongnu, einer Konföderation von Steppennomaden, die zu Beginn der Kaiserzeit Chinas das Han-Reich bedrohte. Die Xiongnu züchteten hervorragende Pferde und waren gute Kämpfer. Zeitgenössische Beobachter in China bemängelten jedoch, dass sie keine Schrift besäßen und keine Familiennamen führten. Scheinbar mangele es ihnen an Kindespietät gegenüber den Alten; sie betrieben keinen Ackerbau und hätten keine festen Häuser und Städte. Kurzum diesen »Barbaren« schien es an allem zu fehlen, was die chinesische Zivilisation ausmachte. Und doch sah man in den Xiongnu Nachfahren des mythischen

QIN SHIHUANGDI –
TYRANN ODER NATIONALHELD

Kaum ein Herrscher der chinesischen Geschichte ist so umstritten wie der Erste Kaiser von Qin (259–221 v. Chr.). Für die einen ist er bis heute ein Symbol des Tyrannen, für die anderen der Begründer der Einheit Chinas. Seine auf die Ewigkeit angelegte Dynastie erwies sich als kurzlebig und so liegt hierin schon der erste Grund für die Kritik späterer Zeiten. Die ihm nachfolgenden Dynastien erkannten zwar seine Verdienste um die Einheit an und strebten ihm in vielerlei Hinsicht nach, doch wenn es um das Idealbild einer moralisch gerechtfertigten und lang währenden Herrschaft ging, beriefen sie sich doch z. B. lieber auf die Zhou.

Die Ablehnung der zumeist konfuzianisch geprägten Gelehrten beruht sicher darauf, dass er gerade dieser Gruppe ihre Existenzberechtigung entzog, denn ein uneingeschränkter Herrscher und ein umfassendes Gesetzeswesen sollten fortan über Ritus, Moral und ererbtem Rang stehen. Ihrem Selbstverständnis nach waren die Gelehrten die moralische Instanz des Staates. Spezialkenntnisse der konfuzianischen Schriften und der historischen Werke ermöglichten ihnen, dem Herrscher einen Spiegel vorzuhalten, um ihn indirekt zu kritisieren.

Ein prinzipieller Streit um die richtige Regierungsform bei einem Bankett 213 v. Chr. endete mit einer systematischen Bücherverbrennung konkurrierender politischer Schulen. Der Gelehrte Shunyu Yue aus dem vormaligen Lehnstaat Qi hatte empfohlen, dem Vorbild früherer Dynastien zu folgen und wieder Lehen zu vergeben. Dies lehnte Li Si, Kanzler des Ersten Kaisers, entschieden an. Er erklärte die Lehren der Vergangenheit für nutzlos und sah die Konfuzianer als potentiell gefährliche Oppositionelle. Er forderte die Vernichtung aller Archive der besiegten Staaten. Allein die Annalen des Staates Qin sollten zukünftig den Maßstab bilden. Um eine strikte Kontrolle über das Geistesleben im Staat zu erhalten, sollten sämtliche in Privatbesitz befindliche Schriften, die nicht von direktem Nutzen für den Staat waren, von ihren Besitzern innerhalb von 30 Tagen ausgeliefert und anschließend verbrannt werden. Davon war nur eine kleine Gruppe von Staatsgelehrten ausgenommen. Den übrigen war lediglich der Besitz von Fachschriften zur Medizin, zur Prognostikation und zur Landwirtschaft gestattet.

Totalitäre Tendenzen, die jegliche private Gelehrsamkeit unterbinden sollten, eingebunden in ein legistisch zentralisiertes Verwaltungssystem, der Versuch die Geschichtsschreibung zugunsten des Staates Qin zu beschneiden sowie Zwangsarbeit an Großprojekten und der persönliche Verfolgungswahn, gepaart mit der verzweifelten Suche nach einer Droge der Unsterblichkeit, ließen den Ersten Kaiser als Tyrannen erscheinen.

Auf der anderen Seite gilt der Erste Kaiser bis heute als Verkörperung der Einheit und der militärischen Stärke Chinas. Angesichts separatistischer Tendenzen wird sein Einigungswerk von manchen als schmerzhafter aber notwendiger Prozess gesehen, um China zu wahrer Größe zu verhelfen. Wie schon in den 70er Jahren, als die Konfuziuskritik der Kulturrevolution einen Höhepunkt erreichte und Qin Shihuangdi zum führenden Anti-Konfuzianer stilisiert wurde, erscheint es bis heute in der breiten Öffentlichkeit nur schwer möglich, den Ersten Kaiser losgelöst von seinem Symbolgehalt, den er für China zweifelsohne besitzt, zu betrachten. Die Geschichte lässt sich leicht instrumentalisieren und wie schon in der Antike werden Leitfiguren der Geschichte weiterhin als abschreckende Beispiele simplifiziert oder als Verkörperungen von Kardinaltugenden geehrt.

Holzschnitt mit dem idealisierten Bildnis des Ersten Kaisers Qin Shihuangdi aus dem Jahr 1640.

Kaisers Yu, wodurch sie als ferne Verwandte galten, die bisher unkultiviert an der Peripherie der chinesischen Welt lebten. In den Augen der Chinesen hatten sie sich zu unterwerfen und Tribut zu bringen, woraufhin sie dann mit Gegengeschenken rechnen durften.

In der Konfrontation mit militärisch überlegenen, aber als unzivilisiert angesehenen Steppennomaden, lag ein häufig wiederkehrendes Dilemma chinesischer Außenpolitik. Dem Selbstverständnis als Reich der Mitte entsprach es, Überlegenheit demonstrieren zu müssen. Dabei geriet das Kaiserreich rasch in Schwierigkeiten, wenn im Rahmen des Tributsystems, Grenzvölker nicht durch großzügige Geschenke in Form von Getreide, Seide oder Geld zufriedengestellt werden konnten. Ein Konzept gleichberechtigter Handelsbeziehungen mit Ausländern widersprach dem chinesischen Tributgedanken. Mehrfach gelang es Völkerschaften, die sich in Zentralasien, der Mongolei oder Mandschurei geformt hatten, eine Fremdherrschaft zu errichten. Nun standen sie vor der Wahl, ihr eigenes Kulturgut zu bewahren oder ihre Herrschaft an die veränderten Bedingungen der chinesischen Agrargesellschaft anzupassen. Die Akkomodation an chinesische Städtebautraditionen und Verwaltungsstrukturen sowie die teilweise Übernahme der chinesischen Schrift und Sprache wird als Prozess der Sinisierung bezeichnet. Dieses Konzept beruht auf der – zu überprüfenden – Annahme, keiner könne sich auf Dauer der Überlegenheit der chinesischen Kultur entziehen. Einflüsse, die die sogenannten Fremdvölker auf die Entwicklung der chinesischen Kultur genommen haben, sind nicht mit einem einzelnen Begriff zu fassen und doch

Kniender Tributbringer aus Jade, vermutlich aus dem 8.–11. Jahrhundert.

zeigt sich bei genauer Betrachtung, dass die komplexe chinesische Kultur das Ergebnis einer immerwährenden gegenseitigen Befruchtung verschiedener Bevölkerungsgruppen innerhalb des großen Reiches war und ist.

◼ Geister, Götter und das Leben nach dem Tod

Auch wenn dem Konfuzianismus eine rationale Weltsicht nachgesagt wird, so bestimmte doch der Glaube an Geister und Götter in vielfältiger Weise das Leben im alten China. Eingebettet in ein System der Ahnenver-

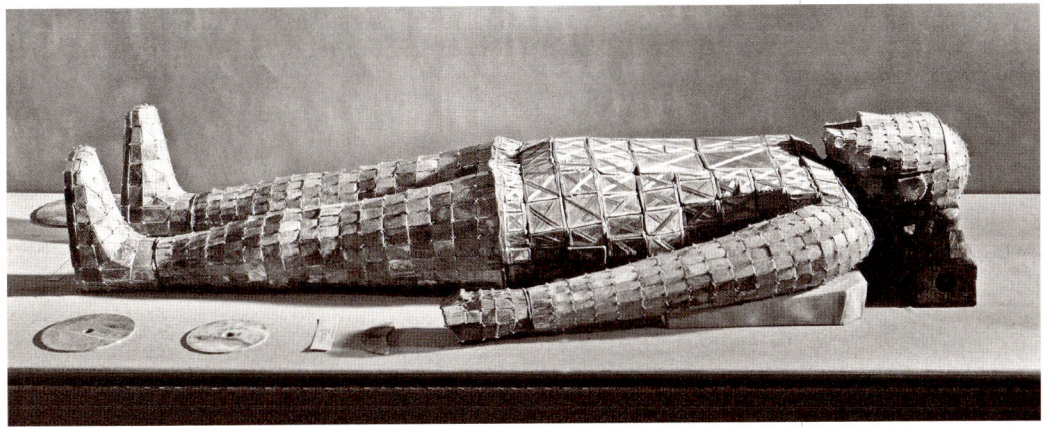

ehrung und der Verpflichtung zur Pietät kam dem Umgang mit den Verstorbenen große Bedeutung zu. Zwar gab es durchaus skeptische Stimmen, die eine Existenz nach dem Tod bezweifelten und daher auch für einfache Begräbnisse plädierten. Textzeugnisse und archäologische Funde belegen jedoch sehr anschaulich den hohen Stellenwert, den aufwendige Begräbnisse für die Elite hatten. Die Vorstellung eines Lebens nach dem Tod und auch die Sorge vor Rache durch unversorgte Tote bestimmte die Begräbnispraxis seit der Frühzeit. Menschliches Grabgeleit wurde zwar im Verlauf der Zeit durch Mitgabe hölzerner und tönerner Figuren ersetzt, doch symbolisiert die materielle Ausstattung vieler Gräber den Status und die Lebenswelt des Grabherrn.

Besonders aufschlussreich war der Fund der letzten Ruhestätte der Marquise von Dai. Sie wurde unweit ihres Gatten, dem Würdenträger Li Cang, der dem König des südlichen Regionalreichs Changsha von 194–186 v. Chr.

Jadepanzer der Prinzessin Dou Wan aus dem späten 2. Jahrhundert, gefunden in Mancheng, Hebei. Der Jade wurde eine besondere Kraft zugesprochen, weshalb man aus einer Vielzahl von Plättchen komplette Totenkleider fertigte.

DIE GROSSE MAUER

Auch wenn es nicht stimmt, dass die Große Mauer vom Weltraum aus erkennbar ist, so ist sie wohl das beeindruckendste Symbol der chinesischen Vergangenheit. Durchschnittlich ca. 7,50 m breit und in manchen Abschnitten mit Mauerziegeln und Steinen bekleidet erstreckte sich die Große Mauer der Ming von ihrem östlichsten Punkt in Shanhaiguan am Meer in der Nähe von Beijing bis Jiaguguan in der heutigen Provinz Gansu, wobei sie sich teilweise in einen nördlichen und einen südlichen Abschnitt teilt.

Bereits der Erste Kaiser der Qin verband vorhandene Mauerabschnitte zum Schutz gegen das Reitervolk der Xiongnu. Seinem Beispiel folgten einige der Fremdherrscher im Norden, um nachrückende Steppennomaden abzuwehren. Die Grenzwälle der Sui bildeten dann für etwa 800 Jahre die letzten großen Defensivbauten. Statt Abschottung gegen potentielle Feinde, strebten die Tang in ihrer Blütephase die Hegemonie über ihre Nachbarn an. Die veränderte politische Landschaft mit Staatenbildungen verschiedener nomadischer und halbnomadischer Völkerschaften im Norden während der Song-Zeit sowie das sich anschließende Mongolenreich machten daraufhin eine Große Mauer weitgehend überflüssig. Unter den Ming kam es zu einer Abschottung, nachdem offensive Angriffe und Handel in Gestalt eines Tributsystems mit den verbliebenen Mongolen im Norden keine Sicherheit an der Nordgrenze schufen. 1473 unternahmen Ming-Truppen daher einen Ablenkungsangriff auf ein mongolisches Zeltlager und begannen intensiv mit dem Bau der Großen Mauer. Schon im folgenden Sommer standen die ersten Wälle in der heutigen Provinz Ningxia, wo der Gelbe Fluss im Ordos-Gebiet einen großen Bogen nordwärts macht. In den nächsten Jahren folgten weitere Abschnitte. Festungen, Wachtürme und ein komplexes System aus Signaltürmen, die auch als Waffenlager dienten, kamen hinzu. Entlang des Mauerverlaufs übernahmen die Signaltürme eine Frühwarnfunktion und bildeten eine Kommunikationslinie bis zur Hauptstadt. So konnten im Angriffsfall Verteidigungskräfte herbeigerufen und koordiniert werden. Unter dem Kaiser der Wanli-Ära (1573–1620) gewannen die Mauern jene Ausprägung, die heute in der Gegend von Beijing von zahllosen Touristen bewundert wird. Letztlich aber versagte die Mauer als Verteidigungsinstrument. 1629 drangen die Mandschu im Nordosten durch eines der kleineren Forts der Großen Mauer. Ein Volk, das sich jenseits der Großen Mauer formierte, löste die Ming ab und schuf unter der Bezeichnung Qing das letzte Kaiserreich der chinesischen Geschichte.

Die Große Mauer nutzt an vielen Stellen die Höhenzüge des Geländes. So konnten Feinde besonders schnell gesichtet und abgewehrt werden.

als Kanzler gedient hatte, begraben. Ein Sohn des Paares wurde, ca. 30-jährig, 168 v. Chr. mit einer großen Grabbibliothek bestattet. Um die 50 Jahre alt, folgte die Marquise ihrem Gemahl und Sohn.

Ihr Grab war bei der Entdeckung erstaunlich gut erhalten. Eingebettet in 20 Lagen feiner Seiden schien ihr Körper kaum der Verwesung anheimgefallen zu sein. Ein komplexes System aus Grabkammern und mehreren lackierten Holzsärgen hatte dank günstiger Feuchtigkeits- und Temperaturverhältnisse ein Klima geschaffen, das ihren Leichnam in eine Art Fettwachsleiche verwandelt und auch die vielfältigen Beigaben hervorragend konserviert hatte. 154 Lackgefäße, 52 Gerätschaften aus Keramik, 48 Bambuskörbe mit Kleidung und anderen Dingen des täglichen Lebens sowie 40 Bambuskörbe mit Tonimitaten von 300 Goldstücken und 100 000 Bronzemünzen standen der Marquise für ihr jenseitiges Leben zur Verfügung. In einer kleinen Kammer war ein Tischchen mit Speisen gedeckt. Die Essstäbchen lagen bereit. Dem vorbuddhistischen Denken der Zeit entsprechend besaßen die Menschen zweierlei Seelen. Die Hauchseele *hun* konnte sich nach dem Tod vom Körper lösen und in ein jenseitiges Reich gelangen. Die Körperseele *po* hingegen schien enger mit dem Leib des Verstorbenen verbunden. Ihr galt vermutlich die umfangreiche Ausstattung des Grabes, auch musste verhindert werden, dass sie als hungriger Geist zurückkehrte und Unheil unter den Lebenden bewirkte.

Das Seelenbanner (*feiyi* – »fliegendes Gewand«) der Marquise aus bemalter Seide, das sich auf dem vierten Innensarg fand, vermittelt uns einen farbigen Einblick in die Jenseitsvorstellungen der frühen Han-Zeit. In mehreren Registern

Umzeichnung des Seelenbanners der Marquise
von Dai aus der frühen Westlichen Han-Zeit.

sind verschiedene Szenen dargestellt. Ganz unten ist eine Art Unterwelt und oben ein jenseitiger Himmelsbereich zu erkennen. Im Zentrum des schmalen unteren Teils ist die Marquise selbst, gestützt auf einen Stock, auf dem Plateau dargestellt. Sie wird von drei Dienerinnen begleitet. Vor ihnen knien zwei Männer. Darüber befinden sich eine Eule und ein Baldachin, auf dem sich ein Phönixpaar niedergelassen hat. Zwei Leoparden schützen den Übergang von einer Ebene zur nächsten. Es ist unsicher, ob es sich hier um den Ritus des Zurückrufens der *hun*-Seele der Verstorbenen oder um ihren Empfang durch himmlische Boten handeln soll. Geflügelte Wesen grenzen diese Szene von dem unteren Bereich ab, in dem Schildkröten und

Seit der Zhou-Zeit wurde in China das **»6-Stab« Liubo-Spiel** gespielt. Nicht nur normale Menschen, sondern Geister und Unsterbliche sollen daran Gefallen gefunden haben. Dieses Tonmodell aus der Späten Han-Zeit zeigt zwei Spieler, die vor dem Spielbrett knien.

Eulen eine irdisch anmutende Opferszene, die von einem Klangstein bekrönt wird, flankieren. Diese Ebene ruht auf einem dickbäuchigen Atlanten, der seinerseits zwei ineinander verwobene Fischwesen und zwei gehörnte Vierfüßler der Unterwelt zu dominieren scheint. Auch wenn Einzelheiten wie z. B. die *bi*-Scheibe, durch die sich die Drachen zu Seiten der Marquise schlängeln, seit der Frühzeit aus Gräbern und als Teil der Kleidung bekannt sind, so mangelt es jedoch aufgrund der lückenhaften Überlieferung an klaren Deutungen. Sicher ist, dass vielen Elementen ein apotropäischer oder glückbringender Charakter zugemessen wurde.

Liubo-Spieler, Figuren aus einem Grab der Späten Han-Zeit.

Der obere Teil des Banners ist dem Himmelsbereich, der von zwei Figuren bewacht wird, vorbehalten. Zwei Reiter auf wundersamen Pferden

QU YUAN UND DAS DRACHENBOOTFEST

In Erinnerung an Qu Yuan (ca. 340–278 v. Chr.), einen der berühmtesten Dichter Chinas und aufrechten Minister des Staates Chu, wird jedes Jahr an vielen Orten am 5. Tag des 5. Monats im Mondkalender das Drachenbootfest gefeiert. Vergebens, so besagt die Legende, habe Qu Yuan seinen König vor seinem kommenden Untergang gewarnt und wurde stattdessen in die Verbannung geschickt. Das von ihm geschaffene Klagelied *Lisao* gilt als Lamento eines verstoßenen Würdenträgers. Dieser bricht in einem drachengeschirrten Wagen zu einer phantastischen Himmelsreise auf. Am Ende angelangt resümiert der Dichter: »Es reicht, im Reich ist keiner, der mich verstünde; wozu hänge ich da noch an der Heimat? Niemand ist würdig mit mir dort zu herrschen, so folge ich Peng Xian [einem legendären Schamanen] in sein Reich!« Qu Yuan soll sich, als er von der Vernichtung seines Heimatstaates durch die Qin erfuhr, im Miluo-Fluss ertränkt haben. Die Fischer der umliegenden Dörfer hätten sich daraufhin sogleich mit ihren Booten auf die Suche nach ihm gemacht und dabei mit Reis gefüllte Blätter (*zongzi*) in den Fluss geworfen, um den Leib des Qu Yuan vor Fischen oder Wasserdrachen zu bewahren.

Auch heute noch werden am Tag des Drachenbootfestes im Kreis von Verwandten und Freunden *zongzi*, kleine mit Blättern umwickelte Klebreiskuchen, gegessen. Das Drachenbootfest, das tatsächlich auf eine Vielzahl regionaler Legenden zurückzuführen sein dürfte, entwickelte sich bereits unter den Sui und Tang auch zu einer sportlichen Veranstaltung. Heute erfreut es sich nicht nur in Asien, sondern auf der ganzen Welt wachsender Beliebtheit.

Das Drachenbootfest erinnert an das traurige Ende des aufrechten Ministers und begnadeten Dichters Qu Yuan.

halten Seile, die zu einer von einem Drachenpaar flankierten Glocke führen. Auf dem einen Drachen reitend könnte Chang'e, Gattin des mythischen Bogenschützen Yi, dargestellt sein. Nach einer Version soll sie ihrem Gemahl das Elixier der Unsterblichkeit gestohlen haben, das jener von der Xiwangmu (»Königin Mutter des Westens«) bekam. Chang'e floh zum Mond und verwandelte sich in die Mondkröte. Auf dem Banner ist die Mondkröte neben dem Hasen dargestellt, von dem es in den Texten heißt, er stampfe dort ein Unsterblichkeitskraut. Die Sonne ist deutlich an ihrem Sonnenraben zu erkennen. Bei dem abgebildeten Baum könnte es sich um den *fusang*-Baum handeln, in dem die Gestirne ruhen, bevor sie ihre Bahn am Himmel ziehen. Ganz in der Mitte sitzt eine weibliche Gottheit, deren Körper in einer Schlange ausläuft, was auf Nügua, eine Schöpfergottheit deuten würde.

Die Kunst der Han-Zeit zeigt ein reiches Repertoire an Darstellungen, die auf die jenseitige Welt weisen. Viele Vorstellungen wirken auch nach dem Aufkommen des Buddhismus weiter oder mischen sich mit ihm.

Ein Grundthema scheint dabei der Aufstieg der Hauchseele in das Reich der *Xian* (»Unsterblichen«) zu sein. Mal wird sie im Himmel und mal in einer bizarren Gebirgslandschaft angesiedelt, die als das von der Xiwangmu (»König Mutter des Westens«) beherrschte mythische Kunlun-Gebirge gedeutet werden kann. Diese Welt erscheint als ein sorgenfreier Raum, während Berichte über die Gelben Quellen an einen unterirdischen Bereich denken lassen, der mit Ängsten besetzt ist.

◼ Buddha – Ein Gott aus dem Westen

Der Buddhismus verbreitete sich entlang der Seidenstraßen und erreichte China um das erste Jahrhundert. Er kam in vielerlei Gestalt und in mehreren Etappen und wurde daher in China nicht als einheitliche Lehre aufgefasst. Buddha erschien zuerst als ein zusätzlicher, hilfreicher Gott aus dem Westen neben den vielen bekannten einheimischen Göttern. Zudem wurden die buddhistischen Botschaften zuerst über daoistisches Vokabular vermittelt und vermischten sich mit dessen Vorstellungen. Später unternahmen einige herausragende Mönche den Versuch anhand neuer Übersetzungen den Buddhismus zu rekonstruieren, wodurch in China einheimische Schulen entstanden.

Obwohl der Buddhismus anfangs als eine weitgehend fremde Religion erschien, die vorwiegend über Ausländer in der Oberschicht verbreitet wurde, eroberte er bis zum 6. Jahrhundert ganz China. Die Fremdherrscher der Reiche im Norden bedienten sich des Buddhismus zur Legitimation und im Süden wurde er Thema in den gelehrten Salons der Aristokratie. Mit der Akzeptanz des Buddhismus in der Elite florierte bald das Klosterwesen. Um 400 soll es im Süden bereits 1700 Klöster und 80 000 Mönche und Nonnen gegeben haben. Mit der Forderung nach Zölibat und dem Verlassen der Familie verstieß der Buddhismus gegen die grundlegende chinesische Vorstellung der Kindespietät, doch gab er gerade der Laienanhängerschaft in Gestalt des Mahayana-Buddhismus, der allen den Weg zur Erlösung wies, Trost. Tempelfeste und Prozessionen wurden zum Teil der Volkskultur. Die Haltung des chinesischen Staates gegenüber dem Buddhismus war jedoch stets gespalten. Auf der einen Seite zeigten sich Herrscher als fromme Förderer des Buddhismus und investierten große Summen in religiöse Bauvorhaben, auf der anderen Seite strebten sie danach den Klerus und die Klostergemeinschaften zu kontrollieren.

Seinen Höhepunkt erreichte der Buddhismus in China zur Zeit der Sui und Tang. Die Kaiserin Wu Zetian, die während der Tang-Zeit ihre eigene Dynastie proklamierte, ließ sich selbst als Inkarnation eines künftigen Buddha verehren und legitimierte so ihre Herrschaft. Gegen Ende der Tang kam es dann unter Wuzong im Jahre 845 zu einer massiven Verfolgung der

links: Stehender Buddha aus dem 5. Jh.

rechts: Die Mogao-Höhlen liegen ca. 15 km außerhalb der Oasenstadt Dunhuang, Gansu.

DUNHUANG

Außerhalb der Oasenstadt Dunhuang im Westen der Provinz Gansu liegen die buddhistischen Mogao-Höhlen. Angelegt im Jahre 366 bestanden im Jahr 698 bereits an die 1000 Höhlen und Nischen. Sie bezeugen die große Bedeutung, die der Buddhismus hier an einem der Knotenpunkte der Seidenstraße hatte. Die frühesten Höhlen lassen noch Einflüsse aus der indisch-hellenistischen Gandhara-

Kunst erkennen, während Bildnisse der Tang-Zeit bis heute durch ihre Farbenpracht und ihren Realismus faszinieren.

Im Lauf der Jahrhunderte gerieten die Höhlen jedoch in Vergessenheit und wurden erst in den 1880er Jahren wiederentdeckt. Ein daoistischer Mönch namens Wang Yuanlu entdeckte neben den buddhistischen Höhlenmalereien und Skulpturen auch noch eine um das Jahr 1034 vermutlich angesichts der vorrückenden Tanguten versiegelte Zelle mit vielen Textbündeln. Dies weckte das Interesse des Forschungsreisenden Aurel Stein, der von 1907 bis 1930 mehrfach wiederkehrte und einen großen Teil der Dokumente erwarb. Ihm folgten 1908 der Franzose Paul Pelliot und weitere Ausländer, bis dieser »Aufkauf« schließlich von chinesischer Seite aus unterbunden wurden.

Die Textfunde erwiesen sich als wahrer Schatz. Die meisten von ihnen waren in Chinesisch geschrieben, doch entdeckte man auch Dokumente in Sanskrit, Tibetisch und anderen Sprachen Zentralasiens. Auf der Vorderseite findet sich häufig die Angabe, wer zu welchem Zweck den folgenden buddhistischen Text hatte anfertigen lassen. Damals war Papier kostbar und wurde mehrfach verwendet. So lassen sich auf der Rückseite noch Fragmente ganz anderer Texte, Verträge, literarischer Texte und sogar Schreibübungen von Schülern entdecken. Gerade diese zufällig überlieferten Dokumente vermitteln wertvolle Einblicke in den Alltag der Oasenstadt gegen Ende der Tang-Zeit. Man schätzt, dass ca. 1500 Menschen, darunter eine große Zahl Mönche und Nonnen sowie Abhängige der 13 Klöster wie auch Händler und ihre Familien hier unter der Oberherrschaft eines Militärgouverneurs lebten. Die Klöster besaßen Ländereien und betrieben auch Ölpressen und Getreidemühlen. Die Texte bezeugen, dass Männer aber auch Frauen außerhalb der Klostergemeinschaften spezielle Laienverbände zur gegenseitigen Unterstützung bildeten. Begräbnisse oder große Projekte wie die Ausstattung einer großen Kamelkarawane konnten die Kräfte eines Einzelnen rasch übersteigen. Fromme Aufgaben, wie die Finanzierung von Tempelfesten, bei denen vegetarische Speisen geopfert und anschließend gemeinsam verzehrt wurden, gehörten auch zum Aufgabenbereich der Vereinigungen, die neben den Klöstern das Miteinander der Menschen am Rand des chinesischen Reichs prägten.

Predigt des Buddha Sakyamuni, Seidenstickerei aus dem 8. Jahrhundert, gefunden in der Mogao-Höhle Nr. 17 bei Dunhuang.

Buddhisten. Der sichtbare Wohlstand der buddhistischen Klöster und ihrer Ländereien weckte Begehrlichkeiten des bankrotten Staates und es mehrten sich Stimmen, die den Buddhismus als fremde, barbarische Religion betrachteten, die für die politische und moralische Schwäche des Reichs verantwortlich zu machen war. Quellen berichten, dass an die 260 000 Mönche und Nonnen in den Laienstand zurückgeschickt wurden. Viele Personen, die ehemals in Diensten der Klöster standen, wurden wieder in die Steuerregister aufgenommen. 4600 Klöster wurden enteignet und viele weitere Anlagen säkularisiert sowie viele Kultfiguren aus Metall eingeschmolzen. Diese Maßnahmen wurden zwar bereits kurz nach 845 wieder zurückgenommen, doch der Buddhismus erlangte in China nie wieder seinen vormaligen Stellenwert in der Gesellschaft.

Mit der Song-Zeit kam es zu einer rationalen Wende des Denkens. Der Neokonfuzianismus übte eine starke Anziehungskraft auf das Denken der gebildeten Schichten aus und der Staat trat nicht mehr als Förderer des Buddhismus auf. Auch wenn er in der Masse des Volkes weiterhin viele Anhänger hatte und auch für die Beamtengelehrten kein unüberwindlicher Gegensatz zwischen ihrer konfuzianischen Bindung an den Staat und einem Besuch in einem buddhistischen Tempel bestand, so fehlte es doch an neuen Impulsen, zumal der Buddhismus auch in Indien seine Anziehungskraft eingebüßt hatte. In Zentralasien florierte der Islam und lediglich der tibetische Lamaismus erlangte unter den Mongolen wieder Einfluss, blieb aber ein Fremdkörper im Buddhismus. In Gestalt von buddhistisch inspirierten messianischen Geheimgesellschaften oder buddhistischen Mönchen, die in der Kampfkunst bewandert waren, kam es zu Konfrontationen mit dem Staat, was die Stellung des Buddhismus weiter verschlechterte. Es folgten Zerstörungen buddhistischer Einrichtungen durch die Taiping-Rebellen Mitte des 19. Jh.s im Bereich des Unteren Yangzi. Der Buddhismus war wachsenden Verunglimpfungen ausgesetzt und wurde, angesichts neuer rationaler Gedanken aus dem Westen, als Aberglaube denunziert.

■ Städte Chinas

Der moderne chinesische Begriff für Stadt, *chengshi*, ist aus den Zeichen für »Wall« und »Markt« zusammengesetzt, wobei vor allem *cheng* (»Wall«) in der Vergangenheit Pars pro Toto für Stadt stand. Bis in das Neolithikum lassen sich in China umwallte Siedlungen zurückverfolgen. Heute noch neun Meter hohe Reste von Stampflehmmauern aus der Shang-Zeit vermitteln einen deutlichen Eindruck von den wehrhaften Städten dieser Zeit. Das

Zhou-Reich bestand zu Beginn aus einer großen Zahl von befestigten Stadtstaaten, den Adelssitzen und Militärstützpunkten der Zhou. Die Königsstadt bildete das politische und rituelle Zentrum und wurde später zum Inhalt idealisierter Hauptstadtkonzepte: So sollte die Königsstadt nach kosmologischen Prinzipien in einer klaren Nord-Süd-Ausrichtung und den Relationen einer festen Zahlensymbolik entsprechend ausgerichtet sein. Mit ihrer viereckigen Form entspricht die Stadt der Gestalt der Erde und präsentiert sich mit der Audienzhalle und den Kultstätten als rituelles Zentrum. Durch den Aufstieg einiger Lehnstaaten zu mächtigen und wirtschaftlich prosperierenden Territorialstaaten vollzog sich auch ein Wandel der Städte hin zu pulsierenden Wirtschaftsmetropolen.

»... [die Straßen waren so dicht bevölkert,] dass die Wagen aneinanderschlugen, sich Leute an den Schultern rieben und ihre Kleidung einen endlosen Vorhang formte. Wenn die Leute ihre Ärmel hoben, sah es aus wie ein Zelt, und wenn sie sich den Schweiß abschüttelten, dann war es, als ob es regnete.« (*Shiji*, Kapitel 69 über die **Stadt Linzi des Staates Qi**, in der heutigen Provinz Shandong, zur Zeit der Streitenden Reiche.)

Die spezifische Funktion der Stadt war jedoch stets die eines Verwaltungssitzes und somit auch der Ort der Gerichtsbarkeit und der öffentlichen Bestrafung auf dem Marktplatz. Die Städter waren aber keine freien Bürger mit einem Rathaus und einem Bürgermeister wie im europäischen Mittelalter. Märkte unter staatlicher Aufsicht, nächtliche Ausgangssperren und die Aufteilung der Stadt in separat umwallte Quartiere zügelten das städtische Leben noch unter der Tang-Herrschaft.

Chang'an, kosmopolitischer Mittelpunkt des Tang-Reichs

Die kosmopolitische Hauptstadt Chang'an des Tang Reichs lässt an die Idealvorstellung der Königsstadt der Zhou denken. Die Stadt war nahezu als Quadrat angelegt. Die Stadtmauer, die von Nord nach Süd 8,3 km und von Ost nach West 9,7 km maß, umschloss ein Areal von über 80 km² und bot über einer Million Menschen Platz. Der schachbrettartige, symmetrische Stadtplan gab Raum für 110 ummauerte Viertel, die jedoch nicht alle vollständig bebaut waren. Ein Gitternetz breiter Straßen durchzog Chang'an in geraden Linien.

Die Palaststadt war kosmologischen Vorstellungen entsprechend im Norden angelegt. Darin befand sich der eigentliche Palast, wobei 634 mit dem Bau einer weiteren Palastanlage im Nordosten begonnen wurde. Nördlich, bzw. westlich der Palastanlagen befand sich der kaiserliche Garten. Südlich der Palaststadt war die kaiserliche Verwaltungsstadt mit den unterschiedlichen Ministerien, Inspektoraten, Ämtern und Speichern angesiedelt. Sie wurde von einer breiten Straße in eine nördliche und eine

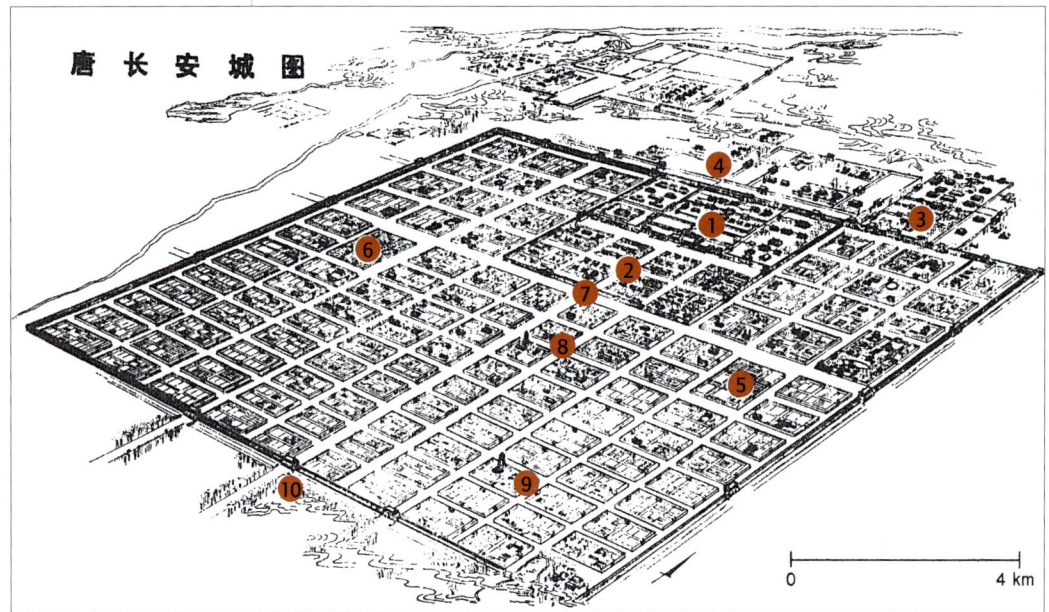

Chang'an zur Tang-Zeit aus der Vogelperspektive.

Die Anlage der Tang-Hauptstadt Chang'an »Langer Friede« zeigt eine strenge Ordnung. Den Norden dominierte der Kaiserpalast und die Kaiserliche Stadt. Umwallte Wohnviertel, Märkte, Klöster, Pagoden und Tempel prägten die übrige Stadtfläche, die ringsum von einer Stadtmauer umschlossen war.

1 *Gongcheng* »Palaststadt« mit dem *Taijigong* »Palast des Äußersten Absoluten"

2 *Huangcheng* »Kaiserliche Stadt", Ort der Regierungs- und Verwaltungsbehörden

3 *Daminggong* »Palast der Großen Helligkeit« Kaiserpalast

4 *Xuanwumen* »Tor des Dunklen Kriegers« im Norden zur kaiserlichen Palaststadt

5 *Dongshi* »Ostmarkt«

6 *Xishi* »Westmarkt«

7 *Zhuqiaomen* »Tor des Roten Vogels des Südens« zentrales Außentor der Kaiserlichen Stadt

8 *Dayanta* »Große Wildganspagode«

9 *Xiaoyanta* »Kleine Wildganspagode«

10 *Mingdemen* »Tor der Strahlenden Tugend«

südliche Hälfte geteilt. Auf dieser breiten Straße verkündete der Kaiser z. B. Amnestien. Viele Adelige unterhielten in Chang'an prächtige Wohnstätten. Dank ihrer finanziellen Förderung, konnte sich Chang'an auch zu einem religiösen Zentrum entwickeln. So gab es zwischen 713–742 ca. 100 buddhistische und 20 daoistische Klöster, drei Kultstätten des Mazdaismus und eine Kultstätte der persischen Lichtreligion.

Die ummauerten Viertel der Stadtbevölkerung hatten im Regelfall je einen Zugang an allen vier Seiten. Es gab spezielle Viertel, zum Beispiel für bestimmte Handwerker oder auch für die Ausländer. Trommeltürme gaben in der Stadt die Uhrzeit an. Über Nacht waren grundsätzlich alle Tore der Stadt wie auch des Palastes geschlossen. Gewöhnlichen Bewohnern ohne Sondergenehmigung für Notfälle war es verboten, nachts auf den Straßen unterwegs zu sein. Patrouillen kontrollierten die Straßen und es gab Polizeiwachen an den wichtigsten Kreuzungen.

Von großer Bedeutung waren die beiden ummauerten und über je zwei Tore zugänglichen Märkte. Zwei Straßen von ca. 15 Metern Länge durchliefen die Märkte von Ost nach West und Süd nach Nord. In der Mitte hatte das Büro des Marktaufsehers seinen Platz. Die größeren Geschäfte waren an der Straßenseite gelegen. Jeder Block des Marktes unterteilte sich in kleine Gassen, an denen sich Lagerräume oder kleine Buden befanden. Die Märkte der Hauptstadt Chang'an übernahmen im Vergleich zu anderen Märkten tangzeitlicher Städte die besondere Aufgabe, Überschüsse und Tributlieferungen, die an den Tang-Hof gesandt worden waren, unter Aufsicht einer speziellen Behörde zu veräußern. Das Handeln auf den Märkten war generell streng geregelt. Ein Büro der Preiskontrolle hatte z. B. die Aufgabe, den Getreidepreis stabil zu halten. Zutritt zu einem Markt erlangte ein Händler nur, wenn er in das spezielle Marktregister eingetragen war und eine Miete für den Stand zahlte.

Die beiden Märkte Chang'ans waren von sehr unterschiedlichem Charakter. Der Ostmarkt lag im dicht bevölkerten Ostteil der Stadt und fungierte überwiegend als lokaler Umschlagplatz. In der Nähe war das Vergnügungsviertel mit Singmädchen, Bordellen und Weinstuben. Der Westmarkt besaß wegen der dort umgeschlagenen Güter einen exotischeren Charakter. Das Gedränge der Kunden und Verkäufer auf den Märkten muss gewaltig gewesen sein. Gesetze regelten daher den Transport. Ausgrabungen auf dem Gelände machten sogar die Spuren auf den Hauptwegen des Marktes sichtbar. Der Westmarkt besaß zudem Kaianlagen, die ihn mit den Kanälen und Flüssen der Stadt verband. Es gab extra für Gerümpel reservierte Plätze. Strikt ging man gegen Anbauten der Standbesitzer vor. Alles, was zu einer Massenpanik führen konnte, war auf das strengste untersagt. Generell war der Markt nur bei Tage geöffnet, wobei der Verkauf erst um 12 Uhr begann.

Stadtgotttempel

Gegen Ende der Tang-Zeit begann eine Phase der Urbanisierung. Die Schwäche der Zentralregierung bewirkte eine Liberalisierung des Handels und die Bedeutung der Städte als Wirtschaftszentren wuchs. Nächtliche

FRIEDEN ÜBER DEM FLUSS – EINE URBANE IDYLLE AUS DEM 12. JAHRHUNDERT

Die Bildrolle von Zhang Zeduan wird meist mit Kaifeng, der Hauptstadt der Nördlichen Song, in Zusammenhang gebracht. Dargestellt ist aber keine reale Stadt mit all ihren negativen Begleiterscheinungen wie Schmutz, Armut oder auch Verbrechen. Vielmehr blicken wir in eine urbane Idylle. Geschäftigkeit und Vergnügen dominieren das Geschehen auf den Straßen. Überall werden Waren feilgeboten. Man sitzt an Tischen zusammen, isst und scheint sich gut zu unterhalten. Vielleicht schuf der Maler diese Querrolle in Gedanken an die verlorene Pracht Kaifengs, das 1127 bei der Niederlage der Nördlichen Song an die Dschurdschen gefallen war.

Kaifeng, bzw. Bianjing (»Hauptstadt am Bian-Fluss«), wie es damals hieß, war unter den Tang als Garnisonsstadt gebaut worden und stieg bereits unter einigen der kurzlebigen Reiche zwischen der Tang- und Song-Zeit zur Hauptstadt auf. Die Song verbanden ihre Hauptstadt Bianjing mit dem Kanalnetz, worauf der Handel zwischen Nord und Süd ein bis dato unbekanntes Ausmaß erreichte. Waren aus allen Landesteilen fanden ihren Weg in die Hauptstadt. Der Tisch der Reichen in der Stadt war so vielfältig gedeckt wie nie zuvor. Zwar war die Stadt ursprünglich auch in Viertel eingeteilt gewesen, doch strenge Regularien der Bevölkerung verloren angesichts des Wirtschaftswachstums und des Anstiegs der Bevölkerung ihre Gültigkeit. 1063 wurde die nächtliche Ausgangssperre abgeschafft. Die ganze Nacht über soll es in den Teehäusern der Stadt hoch hergegangen sein. Neben kulinarischen Genüssen boten hier auch Singmädchen und Prostituierte beiderlei Geschlechts ihre Dienste an. Die klaren Grenzen zwischen den unterschiedlichen Professionen innerhalb der Stadt fielen und neue Organisationsstrukturen bildeten sich. Kaufleute und Handwerker schlossen sich in Gilden zusammen. Beamte standen an der Spitze der Gesellschaft, aber vor allem das Vermögen definierte den Status in dieser mobiler gewordenen Gesellschaft. Statt umfassender staatlicher Ordnung und Kontrolle herrschte reges geschäftiges Treiben an vielen Orten. Schließlich wuchs die Stadt auch über die Stadtmauern hinaus und Vororte bildeten sich in allen Himmelsrichtungen.

Ausschnitt aus einer Querrolle von Zhang Zeduan aus dem 12. Jahrhundert mit einer Straßenszene, die das pulsierende Stadtleben zeigt.

Ausgangssperren fielen. In den Städten entstand langsam ein neues urbanes Selbstbewusstsein. Der Staat förderte die Errichtung von Stadtgotttempeln, die zu Identität stiftenden Institutionen der Städte wurden. Dort bekamen lokale Kulte quasi unter staatlicher Aufsicht einen Platz und so wurden dort ehemalige lokale Naturgottheiten, tugendhafte Magistrate oder auch Generäle, die sich um eine Stadt verdient gemacht hatten, verehrt. Aber auch Lokalhelden, die eines gewaltsamen Todes gestorben waren und von denen in den Augen der Stadtbewohner ein Gefahrenpotential als Rachegeister ausging, konnten so befriedet werden.

Gebundene Füße – Handlungsräume von Frauen in der chinesischen Geschichte

Gebundene Füße prägen bis heute das Bild, das man sich von chinesischen Frauen der Kaiserzeit macht. Eingeschränkte Bewegungsfreiheit sowie zu erduldende Schmerzen um den gesellschaftlichen Erwartungen gerecht zu werden verbinden sich mit dieser Praxis. Sie fand allerdings erst während der Song-Zeit weite Verbreitung.

Eine Theorie führt dieses Phänomen auf gebundene Füße von Tänzerinnen des 10. und 11. Jh.s zurück. Von dort aus soll es sich zuerst in der Oberschicht verbreitet haben, bevor nahezu alle Mütter es als notwendig betrachteten, ihre Töchter im Alter von fünf bis sechs Jahren dieser Prozedur zu unterziehen, um sie später verheiraten zu können. Innerhalb des patriarchalen konfuzianischen Denkens sind Frauen den Männern untergeordnet. Sie schulden als Töchter, Schwestern, Ehefrauen und sogar als Mütter dem Vater, älteren Bruder, Ehemann oder erwachsenen Sohn Gehorsam.

Der Neokonfuzianismus der Song-Zeit sah in der Familie die Keimzelle eines geordneten und hierarchischen Staates. Die Geschlechtersegregation schrieb den Männern ihren Platz in der Außenwelt und den Frauen im Inneren der Familie zu. Zur Song-Zeit hieß das konkret, dass Frauen ihre gesamte Energie auf den Erhalt der Familie richten sollten, in die sie verheiratet worden waren. Ohne Eifersucht auf weitere Frauen des Mannes sollten sie ihre Kräfte auf die Aufzucht aller Kinder richten und die Schwiegereltern pflegen. Als Witwe schien ein freiwilliges Ausscheiden aus dem Leben besser als eine Wiederverheiratung zu sein, falls sie keine unmündigen Kinder oder hinfälligen Schwiegereltern mehr zu versorgen hatte. Diese neokonfuzianische Sichtweise propagierte ein Ideal, dem eine teilweise abweichende Realität entgegenstand. Wiederverheiratungen kamen durchaus vor und oftmals war es wohl auch mehr der Wunsch, Erbstreitig-

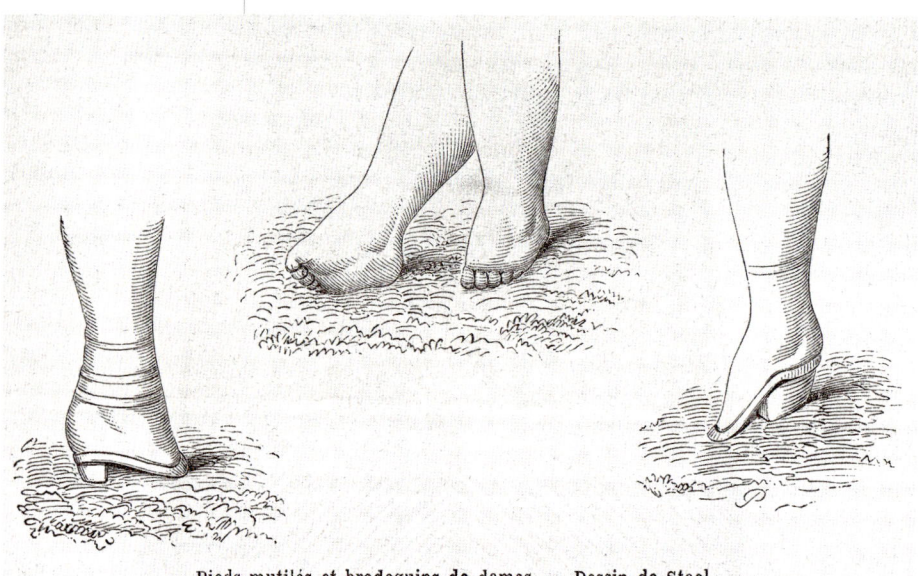

Pieds mutilés et brodequins de dames. — Dessin de Staal.

Gebundene Füße,
französischer Holzstich
aus dem Jahre 1864

keiten zu vermeiden als eine moralische Frage, die die Witwenkeuschheit forderte.

Ein Blick zurück in die chinesische Geschichte lässt zudem schnell erkennen, dass durchaus nicht alle Frauen immer derartigen Restriktionen und Idealen unterworfen waren. Einzelne Frauen an der Spitze der Gesellschaft konnten oftmals eine erstaunliche Machtfülle erlangen. Fu Hao, eine der Gemahlinnen des Shang-Königs Wuding im 12. Jh. v. Chr. erscheint nicht nur als Mutter, sondern auch als gefürchtete Heerführerin in den Texten der Orakelknochen. Die Frau des Dynastiegründers der Han dominierte lange den Hof. Sui Wendi regierte Seite an Seite mit seiner Gemahlin, und zur Tang-Zeit herrschte Wu Zetian sogar formal als Kaiserin über China. Das Los der Frauen abseits vom Thron wies je nach historischer Epoche, ethnischer Zugehörigkeit und sozialer Stellung ganz unterschiedliche Formen auf. War das Leben der Frauen der unteren Schichten vom Kampf ums tägliche Überleben geprägt, konnten Frauen der Elite bisweilen ihre Chancen nutzen und machten den Männern z.B. als Dichterinnen Konkurrenz. Viele Möglichkeiten ein Leben außerhalb einer Familie zu führen, hatten Frauen bis zum Ende des 19. Jahrhunderts nicht. Zeitweilig war der Status als Nonne in einem buddhistischen oder daoistischen Kloster eine Alternative. Mehr der Not gehorchend fanden andere als Dienstbotin, Unterhaltungskünstlerin oder Kurtisane ihr Auskommen.

LIENÜ ZHUAN
»ÜBERLIEFERUNG EXEMPLARISCHER FRAUEN«

Das von Liu Xiang (79–8 v. Chr.) kompilierte *Lienü zhuan* ist das früheste Beispiel eines allein auf die Erziehung von Frauen ausgerichteten Werkes. Anhand von Kurzbiographien aus dem bisherigen Schrifttum werden sieben verschiedene Kategorien von Frauen vorgestellt, die die Charakteristika »mütterlich und vorbildlich«, »fähig und klarsichtig«, „»human und weise«, »treu und folgsam«, »prinzipienfest und mit Rechtlichkeitsempfinden ausgestattet«, »rhetorisch versiert und mit durchdringender Auffassungsgabe« und als letztes »Unglück bringend und verdorben« verdeutlichen sollen. Das *Lienü zhuan* übte während der gesamten Kaiserzeit großen Einfluss auf das Rollenverständnis und die Selbstdarstellung von Frauen aus, obwohl sich der Handlungsspielraum der Frauen mehrfach veränderte. Der Schlüssel für den Erfolg dieses Werkes mag darin liegen, dass es sich generell auf Frauen aller sozialer Schichten beziehen ließ, auch wenn viele der Inhalte an Damen bei Hofe gerichtet waren, deren Verhalten für den Fortbestand und die innere Stabilität der Kaiserhäuser maßgeblich war. Das Werk wurde mehrfach fortgesetzt und illustriert. Über Bilder und mittels mündlicher Tradierung der kurzen Texte erlangten die Geschichten eine große Verbreitung. Neben mütterlichem Verhalten oder der treuen Hingabe als Tochter wurden auch extreme Verhaltensweisen wie Selbstverstümmelung oder Suizid zur Rettung der Keuschheit im Kontext dieses konfuzianisch-moralischen Lehrwerks gerechtfertigt.

»Eine tapfere Konkubine wehrt den Angriff eines Bären auf den Kaiser ab«. Malerei aus der Tang-Zeit nach dem Vorbild der »Ermahnungen der Erzieherin gegenüber den Hofdamen«, einer Bildrolle, die Gu Kaizhi (ca. 344–ca. 406) zugeschrieben wird.

Made in China – von Erfindern und Erfindungen in China

Papier, Schießpulver, Porzellan, Kompass, Buchdruck, Lack und Lacktechnik, Stranggeschirr sowie Kummet, Schubkarren, axiales Heckruder, wasserdichte Schotten … Dies ist nur der Anfang einer Liste vieler technischer Errungenschaften, die China bereits im 14. Jahrhundert besaß. Damit war es in vielen Bereichen der übrigen damaligen Welt voraus. Konkrete Namen, die als Erfinder genannt werden, entpuppen sich oft als Kulturheroen oder Handwerkspatrone. So hat Cai Lun, der als der Erfinder des Papiers gilt, vermutlich um 105 lediglich den Nutzen des Papiers gegenüber dem Hof der Han-Kaiser nachdrücklich betont. Papier aus Hanffasern, Seidenlumpen und anderen Materialien gab es jedoch schon im

Chinesischer Holzstich mit der Darstellung des Cai Lun. Er gilt als der Erfinder des Papiers.

oben: Ein Handwerker einer Porzellanmanufaktur des 18. Jahrhunderts trägt auf seinen Schultern zwei lange, schmale Bretter mit Teetassen. Dekor eines Porzellans aus dem Jahr 1750.

unten: Papierherstellung aus Bambus, Holzschnitt aus dem *Tiangong kaiwu*, einem illustrierten Handbuch zu Landwirtschaft, Handwerk und Technik von Song Yingxing aus dem Jahre 1637.

2. Jh. v. Chr. Allgemeine Verbreitung als Schreibmaterial fand Papier hingegen erst im 2. Jh. n. Chr. Verschiedene Ausgangsmaterialen wurden zu einem Faserbrei verarbeitet, von dem dann ein Vlies geschöpft wurde, das nach kurzem Trocknen gepresst wurde und anschließend an eine geheizte Wand gebürstet wurde.

Die Erfinder des Schießpulvers bleiben hingegen anonym. Bereits zur Han-Zeit waren Salpeter und Schwefel bekannt und wurden für alchemistische Experimente verwendet. Hinweise auf Mischungen, die auf Schießpulver schließen lassen, gegen bis ins 9. Jh. zurück. Um das Jahr 969 fanden Feuerpfeile, die mit einer papierumwickelten Schießpulverladung bestückt waren, ihren Einsatz. Feuerlanzen, mit Schießpulver gefüllte Bambusröhren, werden 1132 das erste Mal erwähnt.

Die Geschichte des Porzellans kann als eine 1000-jährige Suche nach Perfektion erzählt werden. Kaolin, einer der Hauptbestandteile des Porzellans, gehörte bereits zu den Ausgangsmaterialien der Töpfer der neolithischen Dawenkou Kultur im Nordosten Chinas. Protoseladone (*yuanshiciqi*), Steinzeug mit Brandglasur, der Shang und

Zhou bestanden aus einem Kaolin ähnlichen Ton und mussten bei 1200 Grad gebrannt werden. An diese Tradition knüpften zur Han-Zeit Töpfer der Region Zhejiang an und stellten echte Seladone (*qingci*) her, die aber noch deutlich grünlich schimmerten. Zur Song-Zeit erreichten die Töpfer dann ein technisches Niveau, das es ihnen erlaubte den Porzellanrohstoff, hauptsächlich Aluminium- und Quarzsilikate, zusammen mit Kaolin bei hohen Temperaturen zu einem harten, weiß-transparenten Scherben zu brennen. 1004 gründete der Song-Kaiser Jingde (reg. 1004–1007) eine Manufaktur in Jingdezhen, in der heutigen Provinz Jiangxi. Bis heute liegt hier ein Zentrum der Porzellanherstellung, das für seine blau-weißen Waren auch außerhalb Chinas bekannt ist.

Beamte – Bauern – Handwerker – Kaufleute: Idealbild oder Zerrbild der Gesellschaft?

Dem konfuzianischen Denken entsprechend gab es eine klare Hierarchie der unterschiedlichen Bevölkerungsgruppen. An der Spitze sah man die Dienstadeligen bzw. Gelehrtenbeamten (*shi*), während der Staat auf der Arbeitskraft der Bauern (*nong*) basierte. Ihnen folgten die Handwerker (*gong*) und ganz unten waren die Kaufleute (*shang*) angesiedelt, da sie nur von der Produktivität anderer lebten.

In der Realität hingegen rangierten die Bauern und die Handwerker oftmals ganz unten. Arm, ungebildet und häufig abhängig von Großgrundbesitzern galten sie nichts. Der Status der Handwerker variierte über die Jahrhunderte hinweg erheblich. Häufig jedoch befanden sie sich in der Abhängigkeit des Staates oder großer Werkstätten. Die Auffassung, Handwerker als abhängige Arbeiter des Staates zu betrachten, zeigte sich z. B. während der gewaltigen Umsiedlungskampagnen unter der Fremdherrschaft der Tuoba während der Nördlichen Wei (386–534), wo sie zum Bau und der Unterhaltung der neuen Hauptstadt gebraucht wurden. Starre Vorstellungen einer nach Gruppen getrennten Gesellschaft sowie praktische Gründe, bewirkten, dass ihr Status oft erblich war. Obwohl die Gruppe der Kaufleute von den Konfuzianern geringgeschätzt wurde, waren sie es, die neben den Gelehrtenbeamten am häufigsten zu Reichtum gelangten und somit eine Basis für den gesellschaftlichen Aufstieg besaßen. Daran änderten auch offene Handelshemmnisse

> **Chao Cuo** zur Frühen Han-Zeit: »Die Kaufleute, die gemäß Gesetz und Verordnungen benachteiligt werden, sind reich und geehrt, die Bauern hingegen, die durch die gleichen Gesetze in Ehren gehalten werden, sind arm und werden verachtet.«

STAATLICHES PRÜFUNGSSYSTEM FÜR BEAMTE

Die Ursprünge des Prüfungssystems gehen auf die Han-Zeit zurück. Der Kaiser suchte auf diesem Weg geeignete Beamtenanwärter außerhalb des Adels zu finden. Zu einem bestimmenden Faktor der chinesischen Gesellschaft wurden die Staatsprüfungen dann in der Song-Zeit, als die Mehrzahl der Beamten über sie rekrutiert wurde. Die Beurteilung der Kandidaten erfolgte anonym und wurde in allen Präfekturen vorgenommen. Grundsätzlich konnte sich jeder Mann aus einer ehrenwerten Familie – Söhne von Prostituierten waren ausgeschlossen – zur Prüfung melden.

Der Beamtenstatus war nicht nur eine Frage des Postens und der Ehre: Beamte genossen Gerichts- und Steuerprivilegien. Tatsächlich standen die Prüfungen aber wohl nur denjenigen offen, die über ausreichend Mittel zur Ausbildung in staatlichen Schulen oder bei privaten Lehrern verfügten. Aber nicht Fachwissen für spätere Tätigkeiten bildete das Curriculum. Stattdessen galt es, die konfuzianischen Klassiker zu beherrschen. Eine offizielle Interpretation dieser Schriften erfolgte durch den Neokonfuzianer Zhu Xi (1130 – 1200). Das Prüfungssystem gliederte sich hierarchisch. Streng bewacht wurden Kandidaten des 19. Jahrhunderts bei den Provinzprüfungen in winzigen Zellen von nur 2 m^2 für mehrere Tage und Nächte eingeschlossen. Dort hatten sie dann Aufsätze in Prosa oder Versen zu Themen der konfuzianischen Schriften kunstvoll zu verfassen. Auf diesem Wege wurden zwar die Beamten des Zentralreichs auf eine einheitliche ideologische Basis eingeschworen, doch lagen auch die Nachteile auf der Hand: Spezialwissen, das in der Justiz, in der Finanzverwaltung oder beim Militär erforderlich war, musste nach Amtsantritt muhsam erworben werden oder es galt, sich auf eingearbeitete Untergebene zu verlassen. Mit dem Niedergang des Kaiserreichs in der Qing-Zeit wurde auch die Kritik an den traditionellen Staatsprüfungen und ihrem Bildungsideal immer lauter und bereits vor dem Ende der letzten Dynastie wurde es am 02.09.1905 abgeschafft.

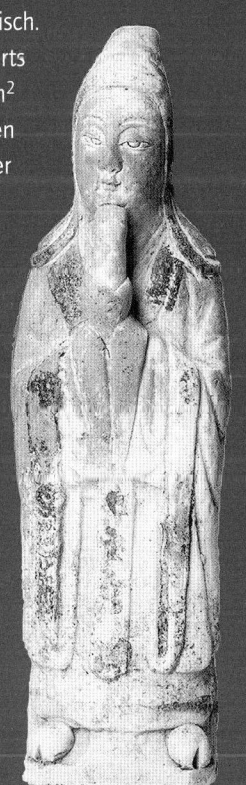

Beamtenfiguren aus unglasiertem Ton aus dem 11. Jahrhundert.

und Luxusgesetze, die den Kaufleuten zu manchen Zeiten das Tragen aufwendiger Kleidung verbot, nichts. Noch erstrebenswerter als Reichtum allein war oft der Beamtenstatus, da dieser Sonderbehandlungen im Rechtssystem und Freistellung von Arbeits- und Militärdiensten brachte und beste Bedingungen für einen sozialen Aufstieg der Familie schuf.

Adel, Aristokratie und Gelehrtenbeamte

Bis zur Tang-Zeit prägten jedoch Adelsfamilien die Geschichte Chinas. Die Lehnstruktur der Zhou basierte auf einer Adelsgesellschaft, an deren Spitze der Zhou-König stand. Als rituelles Oberhaupt vermochte er bis in die Zeit der Streitenden Reiche eine Klammer um die sich dynamisch entwickelnden neuen Territorialstaaten zu bilden. Die Tendenz zur Zentralisierung und die Professionalisierung bewirkte den Niedergang des alten Dienstadels und ließ unter den Qin erstmals ein Kaiserreich entstehen, das nicht durch Adelsfamilien sondern zentral eingesetzte Beamte geführt wurde. Unter der Han-Herrschaft lebte ein Teil des alten Adels fort und neue Adelsfamilien entstanden im Umfeld des Kaiserhauses. Sie stellten einen Teil der hohen Beamten des neuen Staates, hatten aber auch Konkurrenz aus anderen Gruppierungen, wie denen der Kaufleute oder der Militärs. Mit dem Ende der Han etablierte sich im Norden eine auf Rangstufen basierende Gesellschaft, in der die herrschenden Familien eine Art Aristokratie bildeten. Die vielen kriegerischen Auseinandersetzungen verstärkten die Bedeutung militärischer Tugenden. Mischehen mit den neuen Herrschern des Nordens zur Zeit der Fremdherrschaft der Steppennomaden schufen die neue Aristokratie, aus der die Sui und Tang hervorgingen. Mit dem Ende der Tang verlor dann der alte Adel seine Position, es sei denn, er verfügte über Landbesitz oder war in der Lage in anderen Bereichen Mittel zu erwirtschaften, um seine soziale Stellung zu verteidigen. Die Herrscher der Zeit der Fünf Reiche entstammten meist der untersten Schicht und hatten ihre Position aus Profiten des illegalen Salzschmuggels erstritten. Mit der Song-Zeit wurden die Gelehrtenbeamten zu den Pfeilern des Staates. Da die Prüfungen theoretisch jedem offen standen, konnte jeder diesen Status erreichen. Tatsächlich hingen die Bildungschancen aber am materiellen Wohlstand und den Verbindungen der jeweiligen Familie. Heiratspolitik und gegenseitige Unterstützung schufen eine neue Oberschicht, die sich weitgehend aus sich selbst heraus rekrutierte. Mit der Schwäche des Staates Beamtenposten zu vergeben und auch entsprechend zu besolden, verringerte sich der Status dieser Gruppe wieder zugunsten der reichen Landbesitzer und Kaufleute. Die Fremdherrschaft der Mongolen ließ die großen Landgüter des Südens weitgehend unangetastet, so dass diese Familien ihren Status unter den neuen Herren weitgehend bewahren konnten. Das Kaiserreich der Ming wurde von einem Mann aus dem Volk gegründet. Die Herrscherfamilie und ihre Abkömmlinge stiegen während der Dauer der Dynastie an die Spitze der Gesellschaft. Darunter errangen die Gelehrtenbeamten wie schon zur Song-Zeit eine hohe Position. Mit dem Sturz der Ming verloren die Angehörigen der Herrscherfamilie ihre Stellung, während es vielen Gelehrtenbeamten und deren Familien gelang, auch unter den Mandschu an ihre Familientradition anzuknüpfen. Auch Landbesitz spielte weiterhin eine große Rolle. Die Mandschu selbst schufen die Regel, dass die einzelnen Familien beim Tod des Titelinhabers innerhalb ihres Rangsystems, das aus neun Stufen bestand, um eine Stufe absanken. Ehemals hochrangige Mandschufamilien sanken somit über die Zeit auf die Stufe des gemeinen Volkes herab, es sei denn, ein Mitglied erhielt aufgrund besonderer Verdienste eine Beförderung.

China und der Westen – Von der Chinabegeisterung des Westens bis zur »Gelben Gefahr«

Seide war das Handelsgut, das das Chinabild der Antike bestimmte. Kenntnisse über China erlangte man im Westen nur aus zweiter Hand. Dies änderte sich erst im 13. Jahrhundert, als während der Mongolenherrschaft Kaufleute, Missionare und Gesandte bis nach China reisten. Berichte der Jesuitenmissionare, die sich im 17. und 18. Jahrhundert am Hofe der Ming- und Qing-Kaiser aufhielten, ließen China äußerst positiv erscheinen. In der Heimat um Unterstützung für ihre Missionstätigkeit werbend, priesen sie den Fleiß der Bevölkerung und die konfuzianische Ordnung der Gesellschaft mit einem weisen und allmächtigen Kaiser an der Spitze. Dieses positive Chinabild prägte einige der Utopien der Aufklärung. Moralisches Handeln, so schien es Denkern wie Voltaire (1694–1778), war in China auch ohne Religion möglich. Er schrieb Loblieder auf den Qing-Kaiser Qianlong und sah in ihm einen »Philosophen-König«, wie er in Europa keinen fand. Besonders deutlich aber trat die Idealisierung Chinas in Form der Chinoiserie hervor. Einer Mode gleich ließ der Adel nachempfundene chinesische Gärten oder Pagoden erbauen oder richtete zumindest einen

Novissima Sinica (»Das Neueste von China«), so lautete der Titel einer Schrift des Universalgelehrten Gottfried Wilhelm Leibniz (1646–1716). Beeindruckt von der chinesischen Kultur, insbesondere des *Yijing* (»Buch der Wandlungen«) und der chinesischen Schriftzeichen beschäftigte er sich mit der chinesischen Kultur und ging so weit, die Erschaffung einer Weltsprache nach chinesischem Vorbild anzuregen.

chinesischen Salon ein. So entführte während des Rokoko eine Traumwelt auf Porzellan, Lack und Seide in eine exotische Idylle, die mit der chinesischen Wirklichkeit nichts zu tun hatte.

Ende des 18. Jahrhunderts vollzog sich ein Wandel in der Chinaperzeption. Die Chinabegeisterung der Aufklärung machte einer kritischeren Betrachtung Platz, in der China von Montesquieu 1748 als Beispiel des orientalischen Despotismus subsumiert wurde. Der chinesische Kaiser erschien ihm als Tyrann, der sein Volk durch Furcht regiert und so die staatliche Ordnung herstellt. Hegel (1770–1831) beurteilte China gar als Beispiel der »orientalischen« Kulturen, die für ihn mittlerweile ein überholtes Frühstadium der Geschichte darstellten. Berichte protestantischer Missionare und besonders solche der britischen Gesandtschaften über Fremdenfeindlichkeit und Isolationismus gaben dieser negativen Einschätzung Nahrung. Statt einer Projektionsfläche idealer staatlicher Ordnung wurde China nun zum Ziel politischer und wirtschaftlicher Interessen. Grausamkeit, Dekadenz und Stagnation waren die neuen Attribute, die koloniale Ansprüche westlicher Mächte zu legitimieren schienen. Stereotype der Zeit diffamierten Chinesen als »Schlitzaugen«, denen nicht zu trauen sei und beschworen eine »Gelbe Gefahr« herauf. Diese Angst war eigentlich durch das Expansionsstreben Japans ausgelöst worden, wurde aber schließlich zum Bild einer fiktiven Überflutung Europas durch die Asiaten. Höhepunkt der Phobie war die 1900 vom deutschen Kaiser Wilhelm II. gehaltene »Hunnenrede«.

Die Wandlungen die das Chinabild des Westens nach dem Zusammenbruch des Kaiserreichs durchmachte, sind vielfältig. Auf der einen Seite galt China als Inbegriff des Rätselhaften und Exotischen, auf der anderen Seite spiegeln sich in der Chinaperzeption deutlich die politischen Wendungen des 20. Jahrhunderts. Je nach politischer Grundeinstellung schieden sich die Geister: Für die einen war China ein Gegner im Kalten Krieg, während andere aus der Ferne Mao Zedong (1893–1976) feierten und sich selber zu Maoisten erklärten. Mit der Öffnung Chinas nach der Modernisierungspolitik unter Deng Xiaoping (1904–1997) verwandelte sich der vermeintlich schlafende Riese China wieder in eine Projektionsfläche handelspolitischer Interessen. Nachdem sich die Euphorie der 80er Jahre gelegt

Gottfried Wilhelm Leibniz (1646–1716) war ein großer Bewunderer der chinesischen Kultur und Sprache. Seine Informationen stammten allerdings nur aus Berichten anderer.

EMPEREUR CHINOIS

oben: Chinoiserie nach Antoine Watteau (1684–1721) mit dem Titel »Empereur Chinois«, Kupferstich von Gabriel Huquier (1695–1772).

unten: Die »Gelbe Gefahr«, französische Karikatur aus dem Jahr 1917, anlässlich der Kriegserklärung Chinas an Deutschland gegen Ende des 1. Weltkrieges.

DIE CHRISTLICHE MISSION

Christen waren und sind bis heute eine sehr kleine Minderheit in der VR China. Als eine fremde, aus dem Westen stammende Lehre, gelang es dem Christentum im Gegensatz zum Buddhismus nicht, Teil der chinesischen Kultur zu werden. Dabei reicht die erste Begegnung mit dem Christentum bis in die Tang-Zeit zurück. Auf der »Nestorianerstele«, die 1623 in Xi'an wiederentdeckt wurde, findet sich ein Bericht in Chinesisch und der syrischen Sprache, der die Verbreitung der Lehre des Lichts, des Nestorianismus, unter Tang Taizong durch einen Mönch namens Aluoben aus Daqin erwähnt. Die Nestorianer waren in Klostergemeinschaften organisiert. Ein Edikt von 845, das die Säkularisierung der buddhistischen Mönche forderte, ließ auch den Nestorianismus in China niedergehen. Unter der Mongolenherrschaft finden sich wieder Hinweise auf nestorianische Gemeinden im Nordwesten Chinas.

In politischen Bemühungen um Ost-West-Kontakte der Mongolenherrscher kam den Missionaren der Dominikaner- und Franziskanerorden eine bedeutsame Rolle zu. Zwei Bischofssitze, in Beijing und Quanzhou, wurden eingerichtet, aber trotzdem blieben Bemühungen, die u.a. mit dem Namen Giovanni di Monte Corvino (1246–1328) verbunden sind, auf Dauer fruchtlos. Zu eng war die Mission auf das mongolische Herrscherhaus ausgerichtet und zu sehr von machtpolitischen Gesichtspunkten geprägt.

Mit der Niederlassung der Portugiesen in Macau zu Beginn des 16. Jahrhunderts unternahmen die Jesuiten einen neuen Missionsversuch, der unter dem Zeichen der Akkomodation des christlichen Glaubens an die chinesische Kultur stand. Besondere Aufmerksamkeit erregte Matteo Ricci (1552–1610), der neben seiner profunden chinesischen Bildung mit neuen westlichen Kenntnissen, u. a. der Mathematik, Gehör bei den Gelehrtenbeamten der Ming fand. Charakteristisch für diese Zeit war das Bemühen, christliche Inhalte anhand der bestehenden chinesischen Vorstellungen einzuführen. Damit verfolgten die Jesuiten eine Strategie, die zuvor dem Buddhismus in China zum Erfolg verholfen hatte. Zwar bestätigten prominente Konvertiten und Gelehrte, die an einer Synthese arbeiteten, grundsätzlich, dass dies ein Weg sein könne, Anhänger des Christentums zu gewinnen, doch die Zahl blieb klein und auf enge Zirkel unter den Gelehrten beschränkt. Namen wie Adam Schall von Bell (1591–1666) oder Ferdinand Verbiest (1617–1688) erinnern in China an ihre Dienste im kaiserlichen Astronomieamt und ihre Vermittlung abendländischer Mathematik sowie der Naturwissenschaften, Technik, aber auch Malerei.

Die Jesuiten spielten auch eine Rolle als Dolmetscher beim Vertrag von Nertschinsk (1689), in dessen Folge russisch-orthodoxe Priester nach China kamen.

Das Toleranzedikt von 1692 ließ zudem Missionare anderer Orden, so der Augustiner, Franziskaner und Dominikaner nach China streben. Schließlich ereignete sich der sog. Ritenstreit, als es während der Jahre 1693–1705 in Rom zu heftigen Auseinandersetzungen kam, inwieweit die Akkomodation in China reichen dürfe. Besondere Probleme ergaben sich hinsichtlich der Verehrung der Ahnen und des Konfuzius. Die in China tätigen Missionare akzeptierten diese Riten, während Rom dies ablehnte. Als Reaktion auf die negative Haltung Roms verbot der Yongzheng-Kaiser das Christentum und die Missionare mussten ausreisen.

Mit den protestantischen und katholischen Missionsbewegungen des 19. und 20. Jahrhunderts begann ein vierter Versuch, China zu christianisieren. Angesichts des Verbots der Missionstätigkeit unter den Qing bediente man sich von Hongkong aus chinesischer Evangelisten. Die Erfolge waren jedoch sehr bescheiden. Weitaus zukunftsweisender war hingegen die Bibelübersetzung von Robert Morrison (1782–1834). Mit der Niederlage der Chinesen in den Opiumkriegen wurde eine Öffnung des Reichs gegenüber den Missionaren durch den Westen erzwungen. Im Gefolge und unter Protektion fremder und als feindlich empfundener Mächte kamen nun mehr und mehr Missionare nach China. Das Christentum und der Kolonialismus waren eine unheilige Allianz eingegangen. Gegenseitiges Unverständnis und eine starke Ablehnung auf chinesischer Seite waren die Folge und entluden sich zwischen 1860 und 1901 in zahlreichen Konflikten. Als traumatischen Irrweg falsch verstandener christlicher Lehren verstärkte der Taiping-Aufstand von 1851–1864 die Abwehr. Der Höhepunkt der Feindseligkeiten gegen die Christen wurde mit dem Boxeraufstand 1900/01 erreicht, in dessen Verlauf eine hohe Zahl ausländischer wie chinesischer Christen ermordet wurde. Gleichwohl leisteten christliche Initiativen in der Folge einen Beitrag für die Gesellschaft, indem sie Schulen, Universitäten, Krankenhäuser und auch Presseorgane gründeten. Ähnlich wie zur frühen Qing-Zeit vermittelten sie westliches Wissen und Werte ohne jedoch langfristig eine grundlegende Christianisierung zu bewirken. Umgekehrt legten gerade die frühen Missionare mit ihren grundlegenden Arbeiten über China die Basis für die Sinologie und schufen damit einen Ausgangspunkt für ein verbessertes gegenseitiges Verständnis.

Ferdinand Verbiest, Holzstich aus dem Jahre 1897.

hat, hört man nunmehr wieder ängstlichere Töne von denjenigen, die in China einen Konkurrenten auf dem Weltmarkt und im Kampf um Rohstoffe sehen. Vielfach reduziert sich nun die Wahrnehmung Chinas auf die Skyline Shanghais. Es ist jedoch zu hoffen, dass Handelskontakte, Tourismus, Studentenaustausch und gemeinsame Projekte als Chance zu einem besseren Verständnis genutzt werden.

Reis oder Nudeln? – Von der regionalen Vielfalt Chinas, nicht nur beim Essen

Reis oder Nudeln? Obwohl sich anhand dieser Frage inzwischen nicht mehr grundsätzlich klären lässt, ob man sich in Südchina oder Nordchina befindet, so charakterisieren regionale Unterschiede bis heute in starker Weise vor allem die Randzonen Chinas. Der Norden mit seinem trockenen, kontinentalen Klima ist die traditionelle Heimat des Trockenfeldanbaus von Hirse und Weizen. Immer wieder rieben sich hier Völkerschaften der Steppe mit Ackerbauern. Kriege, Massenfluchten oder erzwungene Umsiedlungen ließen die Menschen oftmals ihre Heimat wechseln. Angehörige von Turkstämmen, Mongolen und Mandschuren mischten sich im Laufe der Zeit mit der bereits ansässigen Bevölkerung. Das raue Klima und häufige Bedrohungen ließen Härte und Wehrhaftigkeit als Tugenden erscheinen und beeinflussten in diesem Sinne u.a. die Lyrik des Nordens.

Die ältesten Nudeln der Welt wurden in China gefunden. Hirsenudeln aus der Jungsteinzeit bestätigen die frühe Verwendung von Getreide zur Nudelherstellung in China.

Aber auch der Stolz, mit Xi'an und Beijing Heimat der Hauptstädte der großen Dynastien sowie der heutigen VR China zu sein, prägt die Bewohner des Nordens.

Der Westen hingegen beherbergt das Erbe der Seidenstraße und damit eine Vielzahl an Relikten der buddhistischen Frömmigkeit. Zu Beginn des 11. Jh.s machte der Buddhismus dem Islam Platz, der mit seinem religiösen Leben und seiner Architektur bis heute das uigurische autonome Gebiet Xinjiang prägt, obwohl die turksprachigen muslimischen Uiguren durch die gesteuerte Zuwanderung von Han-Chinesen nicht mehr die Mehrheit

Eingebunden in religiöse Handlungen und lokale Kulte war **Reis** stets mehr als ein einfaches Nahrungsmittel. Erstmals domestiziert wurde der Nassreis vermutlich im Einzugsgebiet des Yangzi-Mittellaufes. Bis zur Tang-Zeit rangierte er im Norden weit hinter Hirse und Weizen als Grundnahrungsmittel. Die Einführung der **Champa-Varietät**, einer Nassreissorte aus dem Gebiet des heutigen Vietnam während der Song-Zeit, ermöglichte mehrere Ernten und eine größere Zahl Menschen konnte ernährt werden. Die Bevölkerung wuchs und Handwerk und Handel erblühten. Unter der Mongolenherrschaft wurde Reis per Schiff an der Küste entlang oder über den Kaiserkanal in großen Mengen in den Norden transportiert. Obwohl auch im Norden der Reisanbau vorangetrieben wurde, liegt das Zentrum der Produktion bis heute im Süden.

bilden. Einen ebenso großen Kontrast zur zentralchinesischen Kultur bietet Tibet und das nicht nur wegen des Genusses von Buttertee und *Tsampa*, Bällchen aus gerösteter und gemahlener Gerste. An der Grenze zu Burma, Laos und Vietnam im sogenannten Goldenen Dreieck gelegen, befindet sich Yunnan. Während der Geschichte Chinas lag diese Region oftmals außerhalb der Reichsgrenzen. Hier formten sich eigenständige Kulturen. Zwischen dem 4. – 1. Jahrhundert v. Chr. blühte hier die Dian-Kultur. Zwischen dem 7. und dem 13 Jh. behaupteten sich die Königtümer von Nanzhao und später Dali gegenüber ihren chinesischen Nachbarn. Heute ist Yunnan

Reisfelder in Guilin, Guangxi.

Muslimische Garküche. Frische Fladenbrote oder die Herstellung von Kebab-Spießen auf kleinen, transportablen Holzkohleöfen sind sichtbarer Ausdruck einer orientalischen Atmosphäre im äußersten Westen Chinas.

diejenige Provinz der VR China, die die größte Zahl unterschiedlicher Ethnien aufweist und auch die zugewanderten Han-Chinesen stammen aus den unterschiedlichsten Teilen des Landes.

Eine Vielzahl unterschiedlicher Ethnien und historischer Einflüsse prägt bis heute auch Guangxi und Guangdong, die ehemals die Region Lingnan, (wörtlich: »der Süden der Ling-Gebirgskette«) bildeten. Durch diese natürliche Barriere abgeschlossen lebten hier ursprünglich Thai und Mon-Khmer-Gruppen, die jedoch seit dem 3. Jh. von Zuwanderern aus Zentralchina zurückgedrängt und beeinflusst wurden. Während der Tang-Herrschaft wurde ein wichtiger Pass im Gebirge geöffnet und vor allem Kanton entwickelte sich rasch zu einem bedeutenden Handelshafen. Eine zweite Migrationswelle führte im 12. Jh. die Volksgruppe der Hakka in diese Region, die bis heute eine eigene Sprachgruppe bildet. Eine rege Handelstätigkeit und enge Verbindungen zu den überall auf der Welt lebenden Auslandschinesen gaben Raum für eine sehr eigenständige Entwicklung, die sich bis heute in einem großen Selbstbewusstsein seiner Bewohner widerspiegelt. Folgt man der Küste von Süd nach Nord gelangt man von Fujian, Zhejiang, Jiangsu bis in den Norden nach Shandong, so trifft man auf die Gebiete, die besonders von der Öffnung Chinas in den 80er Jahren profitierten. Die Rückschau bestätigt seit der Han-Zeit Migrationswellen in diese Regionen, die durch einen regen Handel und rasche Urbanisierung erblühten. Heute wie in der Vergangenheit sind die Tische der Wohlhabenden hier besonders reich gedeckt.

Literaturhinweise

Überblickswerke, Lexika

Ebrey, P.: China. Eine illustrierte Geschichte, Frankfurt 1996.

Elvin, M.: The Pattern of the Chinese Past. A Social and Economic Interpretation, Stanford Cal. 1973.

Franke, H./Trauzettel, R.: Das Chinesische Kaiserreich, Frankfurt 1968.

Gernet, J.: Die Chinesische Welt. Die Geschichte Chinas von den Anfängen bis zur Jetztzeit, Frankfurt 1985.

Hansen, V.: The Open Empire. A History of China to 1600, New York 2000.

Holcombe, C.: The Genesis of East Asia 221 B.C. – A.D. 907, Honolulu 2001.

Schmidt-Glintzer, H.: Das Alte China. Von den Anfängen bis zum 19. Jahrhundert, München 1995.

Schmidt-Glintzer, H.: China – Vielvölkerstaat und Einheitsstaat. Von den Anfängen bis heute, München 1997.

Staiger, B./Friedrich S./Schütte H. (Hg.): Das Große China-Lexikon. Hamburg 2003.

Wilkinson, E.: Chinese History, A Manual. Revised and Enlarged, London 2000.

Von der Vielfalt zur Einheit – Der lange Wege zur Einheit

Birrell, A.: Chinese Mythology. An Introduction, Baltimore 1993.

Das Alte China: Menschen und Götter im Reich der Mitte 5000 v. Chr.–220 n. Chr. Kulturstiftung Ruhr, München 1995.

Loewe, M./Twitchett, D. (Hg.): The Ch'in and Han Empires 221 B.C. – 220, in: The Cambridge History of China, Vol. 1, Cambridge 1986.

Loewe, M./Shaughnessy, E. (Hg.): From the Origins of Civilisation to 221 B.C, The Cambridge History of Ancient China, Cambridge 1999.

Pirazzoli-t'Serstevens, M.: China zur Zeit der Han-Dynastie, Kultur und Geschichte, Stuttgart 1982.

Getrennte Wege – Norden und Süden zur Zeit der Teilung (220–589 n. Chr.)

Gernet, J.: Buddhism in Chinese Society: An Economic History from the Fifth to the Tenth Centuries, trans. Verellen, F., New York 1995.

Holcombe, C.: In the Shadow of the Han. Literati Thought and Society at the Beginning of the Southern Dynasties, Honolulu 1994.

Watt, J. (Hg.): China, Dawn of a Golden Age, 200–750 AD, New York, 2004.

Zürcher, E.: The Buddhist Conquest of China: The Spread and Adaption of Buddhism in Early Medieval China, Leiden 1972.

Den Blick weit nach Westen: China unter den Sui und den Tang (589–960)

Backus, C.: The Nan-chao Kingdom and T'ang China's southwestern frontier, Cambridge 1981.

Debon, G.: Li Tai Bo. Stuttgart 1962.

Fairbank, J./Twitchett D./(Hg.): Sui and T'ang China, 589–906, Part 1, in: The Cambridge History of China, Vol. 3, Cambridge 1979.

Kuhn, D. (Hg.): Chinas Goldenes Zeitalter. Die Tang-Dynastie und das kulturelle Erbe der Seidenstraße (618–907), Heidelberg 1993.

McMullen, D.: State and Scholars in T'ang China, Cambridge 1988.

Thilo, T.: Chang'an – Metropole Ostasiens und Weltstadt des Mittelalters 583 – 901. Wiesbaden 1997. (2 Bde.)

Twitchett, D./Wright, A. (Hg.): Perspectives on the T'ang, New York 1973.

Bürokratie und Städtisches Leben unter den Song (960–1279)

Chaffee, J.: The Thorny Gates of Learning in Sung China: A Social History of Examinations, New York 1985.

Franke, H./Twitchett D. (Hg.): Alien Regimes and Border States, 907–1368, in: The Cambridge History of China, Vol. 6, Cambridge 1994.

Gernet, J.: Daily Life in China on the Eve of the Mongol Invasion, 1250–1276, Stanford 1962.

Kuhn, D.: Die Song-Dynastie (960 bis 1279), Weinheim 1987.

China als Teil des mongolischen Weltreichs (1279–1368)

Franke, H.: China under Mongol Rule, Aldershot 1994.

Rachewitz, I.: Papal Envoys to the Great Khans, London 1971.

Rossabi, M.: Khubilai Khan: His Life and Times, Berkeley 1988.

Weiers, M. (Hg.): Die Mongolen: Beiträge zu ihrer Geschichte, Darmstadt 1986.

Wood, F.: Did Marco Polo Go to China?, London 1995.

Neuanfang – die Ming (1368–1644) zwischen Expansion und Abschottung

Dreyer, E.: Zheng He. China and the Oceans in the Early Ming Dynasty, 1405–1433, New York 2007.

Huang, R.: 1587. A Year of no Significance: The Ming Dynasty in Decline, New Haven 1987.

Mote, F./Twitchett, D. (Hg.): The Ming Dynasty (1368–1644), in: The Cambridge History of China, Vol. 7, Cambridge, 1988,

Mote, F./Twitchett, D. (Hg.): The Ming Dynasty, Part 2, in: The Cambridge History of China, Vol. 8, Cambridge, 1998,

Waldron A.: The Great Wall: From History to Myth. Cambridge 1990.

Die letzte Dynastie (1644–1911)

Elman, B.: From Philosophy to Philology: Intellectual and Social Aspects of Change in Late Imperial China, Cambridge Mass. 1984.

Fairbank, J. (Hg.): Late Ch'ing 1800–1911, Part 1, in: The Cambridge History of China, Vol. 10, Cambridge, 1978.

Fairbank, J./Liu Kwang-Ching (Hg.): Late Ch'ing, Part 2, in: The Cambridge History of China, Vol. 12, Cambridge, 1980.

Spence, J.: Chinas Weg in die Moderne, München 1995.

Ein Panorama der chinesischen Kultur

Bauer, W. (Hg.): China und die Fremden – 3000 Jahre Auseinandersetzung in Krieg und Frieden, München 1980.

Bauer, W.: China und die Hoffnung auf Glück, München 1989.

Boltz, W.: The Origin and Early Development of the Chinese Writing System, New Haven 1994.

Chang, K.C: Food in Chinese Culture: Anthropological and Historical Perspectives, New Haven 1977.

Ebrey, P.: The Inner Quarters. Marriages and Lives of Chinese Women in the Sung Period, Berkeley 1993.

Elman, B.: A Cultural History of Civil Examinations in Late Imperial China, Berkeley 2000.

Eggebrecht, A. (Hg.): China, eine Wiege der Weltkultur, Mainz 1994.

Gernet, J.: Christus kam bis China. Eine erste Begegnung und ihr Scheitern, Zürich/München 1984.

Harrell, S. (Hg.): Cultural Encounters on China's Ethnic Frontiers, Seattle 1995.

Lewis, M., Sanctioned Violence in Early China, Albany NY 1990.

Loewe, M.: Chinese Ideas of Life and Death: Faith, Myth and Reason in the Han Period, London 1982.

Mungello, D.: Curious Land: Jesuit Accomodation and the Origins of Sinology, Stuttgart 1985.

Needham J. u. a. (Hg.): Science and Civilisation in China, Cambridge, 1954–1995, 1996.

Norman, J.. Chinese. Cambridge 1988.

Wright, A.: Buddhism in Chinese History, Stanford 1959.

Xiaoneng Yang (Hg.): The Golden Age of Chinese Archeology, Washington 1999.

◼ Dynastieübersicht

21.–16. Jh. v. Chr.	**Xia**		
ca. 1570– ca. 1045 v. Chr.	**Shang**		
ca. 1045–221 v. Chr.	**Zhou**	West-Zhou-Zeit *(Xi Zhou)*	1025–770 v. Chr.
		Ost-Zhou-Zeit *(Dong Zhou)*	770–256 v. Chr.
		Frühling und Herbst-Epoche *(Chunqiu)*	722–481 v. Chr.
		Zeit der Streitenden Reiche *(Zhanguo)*	453/03–221 v. Chr.
221–207 v. Chr.	**Qin**		
206 v. Chr.–220 n. Chr.	**Han**	Westliche Han-Zeit *(Xi Han)/* Frühe Han-Zeit *(Qian Han)*	206 v. Chr.–9 n. Chr.
		Xin – Interregnum	9–23
		Östliche Han *(Dong Han)/* Späte Han-Zeit *(Hou Han)*	24–220
220–280	**Drei Reiche** *(Sanguo)*	Wei	220–265
		Shu	221–263
		Wu	222–280
265–317	**Westliche Jin** *(Xi Jin)*		
317–420	**Östliche Jin** *(Dong Jin)*		
420–581	**Südliche und nördliche** **Dynastien** *(Nanbeichao)*	Südliche Dynastien Liu Song	420–479
		Südliche Qi *(Nan Qi)*	479–502
		Liang	502–557
		Chen	557–589
		Nördliche Dynastien Nördliche Wei *(Bei Wei)*/Tuoba Wei	386–534
		Östliche Wei *(Dong Wei)*	534–550
		Westliche Wei *(Xi Wei)*	535–557
		Nördliche Qi *(Bei Qi)*	550–577
		Nördliche Zhou *(Bei Zhou)*	557–581
581–618	**Sui**		
618–907	**Tang**		
907–960	**Fünf Dynastien** *(Wudai)*	Späte Liang *(Hou Liang)*	907–923
		Späte Tang *(Hou Tang)*	923–936
		Späte Jin *(Hou Jin)*	936–947
		Späte Han *(Hou Han)*	947–950
		Späte Zhou *(Hou Zhou)*	950–960
960–1279	**Song**	Nördliche Song *(Bei Song)*	960–1127
		Südliche Song *(Nan Song)*	1127–1279
907/46–1125	**Liao** *(Khitan)*		
1115–1234	**Jin** *(Dschurdschen)*		
1271–1368	**Yuan** *(Mongolen)*		
1368–1644	**Ming**		
1644–1911	**Qing** *(Mandschu)*		

Personenregister

Hinweise zur Umschrift und zur Aussprache

Chinesische Namen, Buchtitel und Termini sind bis auf wenige Ausnahmen (so z. B. Sun Yatsen statt Sun Yixian und Chiang Kaishek statt Jiang Jieshi) nach dem System *Hanyu pinyin* umschrieben. Die Aussprache unterscheidet sich erheblich vom Deutschen.

Bei den Anlautkonsonaten gilt:

c	wie in	Zange
h	wie in	acht
j	wie in	Jeep *(engl.)*
q	wie in	Chili
w	wie in	way *(engl.)*
x	wie in	ich, China
z	wie in	Katze
ch	wie in	deutsch
sh	wie in	schön
y	wie in	Jahr
zh	wie in	Dschungel

Bei Vokalen gilt:

ao	wie in	bauen
ai	wie in	sein
e	wie in	rinnen
ei	wie in	eight *(engl.)*
ie	wie in	jetzt
ian	wie in	Jenseits
iao	wie in	jauchzen
iang	wie in	young *(engl.)*
iong	wie in	jung
ong	wie in	Hoffnung
ou	wie in	know *(engl.)*
ua	wie in	Qualle

Bildnachweis

Bibliografische Information Der Deutschen Bibliothek
Die Deutsche Bibliothek verzeichnet diese Publikation in der
Deutsche Nationalbibliografie; detaillierte bibliografische
Daten sind im Internet über http://dnb.d-nb.de abrufbar.

Umschlaggestaltung: Stefan Schmid, Stuttgart, unter Verwendung von
Abbildungen der picture-alliance, Frankfurt/Main

© 2007 Konrad Theiss Verlag GmbH, Stuttgart
Alle Rechte vorbehalten
Die Herausgabe dieses Werkes wurde durch die Vereinsmitglieder der WBG ermöglicht.
Lektorat und Bildredaktion: Ursula Kohaupt, München
Kartografie und Zeittafel: Peter Palm, Berlin
Reihen-Gestaltung und Satz: Katrin Kleinschrot, Stuttgart
Reproduktionen: reproteam siefert, Ulm
Druck und Bindung: Uhl, Radolfzell
ISBN: 978-3-8062-2086-5

Besuchen Sie uns im Internet: www.theiss.de